集装箱运输与多式联运

（第2版）

主　编◎刘丽艳　　王宇楠
副主编◎相　飞　　郑斐匀
　　　　张丽平

清华大学出版社
北京

内 容 简 介

我国目前正在积极推进"一带一路"倡议，这为集装箱多式联运的发展带来了历史性契机。为了满足业务发展的需要，本书系统地介绍了集装箱运输与多式联运的理论和实务知识，力求在系统阐述基础知识的同时，配备具有实践性和可操作性的实训演练供教师在课堂上进行情境模拟，达到学以致用、强化技能培养的目的。

本书框架清晰、知识体系鲜明，适合交通运输、物流工程、物流管理、国际经济与贸易等专业及相近专业选用，可作为各类成人教育培训教材，也可作为集装箱运输与多式联运从业人员的参考用书。

图书在版编目（CIP）数据

集装箱运输与多式联运 / 刘丽艳，王宇楠主编. —2 版. —北京：清华大学出版社，2022.9(2025.2重印)
ISBN 978-7-302-61828-7

Ⅰ．①集… Ⅱ．①刘… ②王… Ⅲ．①集装箱运输—多式联运—教材 Ⅳ．①U169

中国版本图书馆 CIP 数据核字（2022）第 166662 号

责任编辑：杜春杰
封面设计：刘　超
版式设计：文森时代
责任校对：马军令
责任印制：宋　林

出版发行：清华大学出版社
网　　　址：https://www.tup.com.cn，https://www.wqxuetang.com
地　　　址：北京清华大学学研大厦 A 座　　　　　邮　　编：100084
社 总 机：010-83470000　　　　　　　　　　邮　　购：010-62786544
投稿与读者服务：010-62776969，c-service@tup.tsinghua.edu.cn
质量反馈：010-62772015，zhiliang@tup.tsinghua.edu.cn
印 装 者：三河市龙大印装有限公司
经　　销：全国新华书店
开　　本：185mm×260mm　　印　张：13.25　　字　数：311 千字
版　　次：2017 年 2 月第 1 版　2022 年 9 月第 2 版　印　次：2025 年 2 月第 3 次印刷
定　　价：58.00 元

产品编号：095605-01

第 2 版前言

我国目前正在积极推进"一带一路"倡议，为集装箱多式联运的发展带来了历史性契机。集装箱多式联运的发展将加速带动周边市场的繁荣，促进国际贸易活动，助力国家"一带一路"倡议，因此急需适应我国国际物流环境，既具有知识的系统性又具有较强操作性的应用型人才。在这种背景下，我们组织编写了本教材。

本版教材综合考虑并吸收了读者对第 1 版教材的使用意见和建议，沿袭第 1 版突出操作性、实用性的原则，在保持第 1 版教材的基本结构框架及主要内容不变的基础上，全面更新每章开篇的引导案例及部分章节的案例分析，力图使新选案例更简明通俗，具有时代性并更加契合理论内容。

本版教材由大连科技学院刘丽艳、辽宁对外经贸学院王宇楠主编并统稿，大连科技学院相飞、桂林航天工业学院郑斐匀、北京市顺义区教育研究和教师研修中心张丽平担任副主编。具体编写分工为：第一章、第六章由王宇楠编写，第二章、第三章由相飞编写，第四章、第七章由郑斐匀编写，第五章、第八章由刘丽艳编写，张丽平负责全书图片选取和内容校对。

在教材编写过程中，我们借鉴、引用了大量国内外有关集装箱运输与国际多式联运的网络资源、书刊资料和业界的研究成果，编者已尽可能详细地在参考文献中指出，同时还得到了有关专家教授的具体指导，在此一并致谢。由于编者水平有限，书中难免有疏漏和不足之处，恳请同行和读者批评指正，以便修正。

编 者
2022 年 4 月

第1版前言

集装箱多式联运是物流运输的高级发展阶段，是改善物流效率和行业生态的有效手段，被看作各国货运现代化进程的重要标志。我国目前正在积极推进"一带一路"倡议，为集装箱多式联运的发展带来了历史性契机。集装箱多式联运的发展将加速带动周边市场的繁荣，促进国际贸易活动，助力国家"一带一路"倡议，因此急需适合我国国际物流环境，集理论和实践于一体，既具有知识的系统性又具有较强操作性的应用型人才。在这种背景下，我们组织编写了本教材。

全书共八章，以培养学习者的应用能力为主线，按照集装箱运输与多式联运的业务组织及其管理过程，结合实际，突出实操性。本书内容包括：集装箱运输与多式联运概述，集装箱管理，集装箱码头及其营运管理，集装箱货物进出口实务，海、陆、空集装箱运输组织，集装箱运费计算，集装箱运输与国际多式联运货损事故处理等基本知识与实务。

本书以培养应用型人才为出发点，在系统介绍理论知识的基础上，配备了案例分析及实训演练模块，以提高学生利用理论知识解决实际问题的能力，不仅适合交通运输、物流工程、物流管理、国际经济与贸易等专业及相近专业选用，也可作为各类成人教育培训教材和集装箱运输与多式联运从业人员的参考用书。

本书由刘丽艳主编并统稿，张荣、支海宇担任副主编，张冠男、丁贺和王吉靓参与了本书的编写。具体编写分工为：第一章、第六章由张冠男和张荣编写，第二章、第三章由丁贺和支海宇编写，第四章、第七章由王吉靓和支海宇编写，第五章、第八章由刘丽艳编写。

在本教材编写过程中，我们借鉴、引用了大量国内外有关集装箱运输与国际多式联运的书刊资料和业界的研究成果并得到有关专家教授的具体指导，在此一并致谢。由于编者水平有限，书中难免有疏漏和不足之处，恳请同行和读者批评指正，以便修正。

编　者

2016 年 9 月

目　录

第一章 绪 论

本章学习目标

- ☐ 掌握集装箱运输的定义和特点。
- ☐ 了解集装箱运输的发展历程和发展趋势。
- ☐ 掌握多式联运的定义和特点。
- ☐ 了解多式联运的产生及发展。
- ☐ 掌握集装箱运输与多式联运的关系。

技能目标

- ☐ 掌握集装箱运输系统及其业务机构的组成。
- ☐ 能够判断货物适合集装箱运输的程度。

引导案例

每年，数以百万计的动物被空运到世界各地参加比赛，进行繁殖、饲养甚至被屠宰。2018 年 4 月，国际航空运输协会（IATA）启动了一项新的标准化全球认证计划——CEIV 活体动物计划，以确保空运动物的安全与舒适。

2019 年 3 月，由劳伦斯·安东尼创立的"地球组织"从乌克兰马戏团拯救了 4 只年幼的狮子并由土耳其航空货运部赞助，将它们从乌克兰的基辅经土耳其的伊斯坦布尔运回南非的自然栖息地。同年 6 月，卢森堡货运航空将两头白鲸从中国运到冰岛。这两头白鲸的运输过程复杂，涉及空运、陆运和海运多个环节。它们会"坐上"为其量身定制的担架，由起重机吊出水族馆，再小心地放进特别设计的集装箱中。护理团队对这两头白鲸进行了监控，以确保其在近 12 个小时的飞行中保持安全与舒适。卢森堡货运航空的一名工程师还上机处理与运输集装箱有关的业务工作并协助护理团队处理供水系统。

这种定制服务，再加上训练有素的员工，以及在活体动物运输方面设定标准，可保证在不损害动物福祉的前提下，确保它们安全、健康地抵达目的地。

资料来源：中国民航网. 保护动物权益 动物航空运输的福利来啦！[EB/OL].（2019-07-25）[2022-02-27]. https://mp.weixin.qq.com/s/0Q2GnRT5OSYWA7VwuKUOBg.

第一节　集装箱运输与多式联运的基本概念

一、集装箱运输的基本概念

（一）集装箱运输的定义

集装箱运输是指以集装箱这种大型容器为载体，将货物集合组装成集装单元，以便在现代流通领域内运用大型装卸机械和大型载运车辆进行装卸、搬运作业和完成运输任务，从而更好地实现"门到门"运输货物的一种新型的、高效率和高效益的运输方式。

（二）集装箱运输的特点

普通散件杂货运输长期以来存在着装卸及运输效率低、时间长，货损、货差严重等影响货运质量和工作效率的问题，加上货运手续繁杂，会对货主、船公司及港口的经济效益产生极为不利的负面影响。而实践证明，集装箱运输可解决采用普通货船运输散件杂货存在的以上无法克服的问题。

要加快商品的流通过程，降低流通费用，节约物流的劳动消耗，快速、低消耗、高效率以及高效益地完成运输、生产过程并将货物送达目的地交付给收货人，就要采用高效率、高效益以及高运输质量的运输方式，而集装箱运输正是这样一种运输方式，它具有以下特点。

1. 高效益的运输方式

集装箱运输经济效益高主要体现在以下几个方面。

（1）简化包装，大量节约包装费用。为避免货物在运输途中受到损坏，必须有坚固的包装，而集装箱具有坚固、密封的特点，其本身就是一种极好的包装。使用集装箱可以简化包装，甚至可以实现件杂货无包装运输，可大大节约包装费用。

（2）减少货损、货差，提高货运质量。集装箱是一个坚固、密封的箱体，货物装箱并铅封后，途中无须拆箱倒载，一票到底，即使经过长途运输或多次换装，箱内货物也不易损坏。集装箱运输可减少被盗、潮湿、污损等引起的货损和货差，深受货主和船公司的欢迎。同时，由于货损率、货差率的降低减少了社会财富的浪费，集装箱运输也具有很大的社会效益。

（3）减少营运费用，降低运输成本。由于集装箱的装卸基本不受恶劣气候的影响，船舶非生产性停泊时间缩短，又由于装卸效率高，装卸时间缩短，对船公司而言，可提高航行率，降低船舶运输成本，对港口而言，可以提高泊位通过能力，从而提高吞吐量，增加收入。

2. 高效率的运输方式

传统的运输方式具有装卸环节多、劳动强度大、装卸效率低、船舶周转慢等缺点，而集装箱运输完全克服了这些问题。

首先，普通货船一般每小时装卸 35 t 左右，而集装箱每小时可装卸 400 t 左右，装卸效率大幅度提高。同时，由于集装箱装卸的机械化程度很高，因而每班组所需装卸工人数很少，平均每个工人的劳动生产率大大提高。

此外，由于集装箱装卸效率很高、受气候影响小，船舶在港停留时间大大缩短，因而船舶航次时间缩短，船舶周转加快，航行率大大提高，船舶生产效率随之提高，从而提高了船舶运输能力，在不增加船舶艘数的情况下，可完成更大的运量，增加船公司收入，这样，高效率导致高效益。

3．高投资的运输方式

集装箱运输虽然是一种高效率的运输方式，但是它同时又是一种资本高度密集的行业。

首先，船公司必须对船舶和集装箱进行巨额投资。根据有关资料表明，集装箱船每立方英尺的造价约为普通货船的 3.7～4 倍。集装箱的投资相当大，开展集装箱运输所需的高额投资使得船公司总成本中的固定成本占有相当大的比例，高达 2/3 以上。

其次，集装箱运输中港口的投资也相当大。专用集装箱泊位的码头设施包括码头岸线和前沿、货场、货运站、维修车间、控制塔、门房以及集装箱装卸机械等，耗资巨大。

最后，开展集装箱多式联运还需有相应的内陆设施和内陆货运站等，为了配套建设，就需要兴建、扩建、改造、更新现有的公路、铁路、桥梁、涵洞等，需要投入的资本更是惊人。

4．高协作的运输方式

集装箱运输涉及面广、环节多、影响大，是一个复杂的运输系统工程。集装箱运输系统包括海运、陆运、空运、港口、货运站以及与集装箱运输有关的海关、商检、船舶代理公司、货运代理公司等单位和部门。这些单位和部门如果互相配合不当，就会影响整个运输系统的功能的发挥，如果某一环节失误，必将影响全局，甚至导致运输、生产停顿和中断。因此，要保证整个运输系统各环节、各部门之间的高度协作。

5．高风险的运输方式

（1）全集装箱船常有 2/3（有时高达 1/2）的集装箱装在甲板上，这样就增加了船舶的重量，降低了稳定性。另外，甲板上的堆箱会影响驾驶台的视线和消防通道的通畅。1973 年 6 月，美国"海巫号"集装箱船在纽约港内与一艘油轮相撞失火，由于甲板上集装箱阻隔，无法扑救，致使大火连烧 8 天 8 夜，以全损告终。

（2）全集装箱船为使箱子入舱，其舱口必须大于普通货船，因此与普通货船相比，集装箱船抗纵向变形的能力减弱了许多。

（3）货物装箱、铅封后，在途中无法知道箱内货物的状态。采用集装箱运输方式，如果在装箱时处置不妥，途中没有任何纠正的机会，因此可能发生比件杂货运输方式更严重的货损。

6．适用于组织多式联运

由于集装箱运输在不同运输方式之间换装时无须搬运箱内货物，而只需换装集装箱，这就提高了换装作业效率，适用于不同运输方式之间的联合运输。在换装转运时，海关及有关监管单位只需加封或验封转关放行，从而提高了运输效率。

此外，由于国际集装箱运输与多式联运是一个资金密集、技术密集且管理要求很高的行业，是一个复杂的运输系统工程，这就要求管理人员、技术人员、业务人员等具有较高的素质，如此才能胜任工作，才能充分发挥国际集装箱运输的优越性。

二、多式联运的基本概念

（一）多式联运术语的英文表达

虽然多式联运应用广泛，但国际上关于该概念的特定称谓尚未统一，相关的概念主要有联合运输、联运、集装箱运输。

（1）inter-modal transport 与 intra-modal transport。在美国，inter-modal transport 通常是指使用两种或两种以上运输方式的联合运输，而 intra-modal transport 通常是指使用同一种运输方式的联合运输。显然，虽然 inter-modal transport 与 intra-modal transport 均可译为多式联运，但它们之间仍有一定的差别。事实上，多式联运是指 inter-modal transport 一词。

（2）multimodal transport。在欧洲以及 1980 年《联合国国际货物多式联运公约》（*United Nations Convention on International Multimodal Transport of Goods*）中，多式联运用 multimodal transport 表示。它是两种或两种以上运输方式之间的联合运输。

（3）combined transport。在国际商会（ICC）于 1973 年制定的《联合运输单证统一规则》（*Uniform Rules for a Combined Transport Document*）中，多式联运用 combined transport 表示，定义为"至少使用两种不同的运输方式，将货物从一国运往另一国的运输"。显然，它与 multimodal transport 的含义并无差别。不过，从字面上讲，combined transport 通常被译为联合运输或联运，而且单纯从语义上讲，联合运输也包括由单一运输方式组成的联运。在实务中，联合运输确实也应用于联运而非仅限于多式联运中，如中国远洋运输公司的联合运输单据（combined transport documents）便可用于单一运输方式组成的联运。由此可见，在汉语中，联合运输与多式联运的含义并不完全相同。

（4）through transport。through transport 通常译为联运，它通常指同一种运输方式之间的联合运输。也有人将其译成一贯运输，认为它表达的是一种"门到门"（door to door）的不中断的货物运输，联合运输、综合运输、多式联运都是实现这一理想的手段。因此，它是实践中用得很不严格的称谓。

（5）container transport。container transport 一词译成集装箱运输。一般而言，集装箱运输本身就是多种运输方式的联合运输，而多式联运是集装箱运输的高级形式。目前，发达国家的集装箱运输已经进入多式联运时代。因此，虽然集装箱运输并非一定由多种方式组成，多式联运也并非一定以集装箱为载体，但在实务中人们仍常常将二者混同使用。

目前，实践中主要采用 multimodal transport 和 combined transport 作为多式联运的术语。例如，国际商会《跟单信用证统一惯例》（UCP 600）在第十九条"至少包括两种不同运输方式的运输单据"［a transport document covering at least two different modes of transport（multimodal or combined transport document）］中仍将 multimodal transport 和 combined transport 作为多式联运的术语。不过，multimodal transport 一词因准确地描述了多式联运的特点而得到了广泛应用。

（二）集装箱运输与多式联运的关系

国际货物多式联运是在集装箱运输的基础上发展起来的，是以实现货物整体运输的最优化效益为目的的一种国际货物运输组织形式。由于集装箱运输的飞速发展，多式联运成为国际货物运输的主要方式之一。它打破了过去海上运输、陆地运输、航空运输等单一运输方式互不连贯的传统做法，而将海上运输、铁路运输、公路运输、航空运输等单一运输方式有机地结合起来，连为一体，构成一种跨国（地区）的连贯运输方式，被喻为运输业的一次革命。

由于集装箱在不同运输方式之间的转运十分方便，所以集装箱运输在多式联运中得到极为普遍的应用。也正因如此，虽然集装箱运输并不一定采用多式联运方式，多式联运也并不一定要利用集装箱来装运货物，但在实务中人们常常将二者混同使用。

（三）集装箱多式联运的特点

（1）以集装箱为运输单元的多式联运可以提高运输效率，实现"门到门"运输，在运输途中不需要换装，可以减少中间环节及换装可能带来的货物损坏，缩短运输时间，降低运输成本，提高运输质量。

（2）多式联运适用于海运、陆运、空运和铁路运输等运输方式，由于国际贸易中85%左右的货物是通过海运来完成的，所以海运在国际多式联运中占主导地位。多式联运中必须由一个多式联运经营人承担或组织完成全程联运任务，对全程运输负责，由于海运在国际多式联运中占主导地位，多式联运经营人多为有船承运人或无船承运人。

（3）多式联运采用一次托运、一次付费、一单到底、统一理赔、全程负责的运输业务方法，这有利于提高运输管理水平、最大程度地发挥现有设备的作用、选择最佳运输路线组织合理化运输。

在多式联运中，对于货主来讲，可以得到优惠的运价；将货物交给第一（实际）承运人后即可取得运输单证并可据此结汇，结汇时间比分段运输有所提前，有利于资金的周转；由于采用集装箱运输，可以节省货物的运输费用和保险费用。此外，多式联运全程运输采用一张单证，实行单一费率，简化了制单和结算的手续，节约了货主的人力和物力，可以扩大运输经营人的业务范围，提高运输组织水平，实现合理运输，各种运输方式的经营人一旦发展成为多式联运经营人或作为多式联运的参加者（实际承运人），其经营的业务范围即可大大扩展。

第二节　集装箱运输与多式联运的产生与发展

一、集装箱运输的产生与发展

集装箱运输作为一种现代化运输方式，经历了十分漫长的发展过程，具体可分为以下几个阶段。

（一）初始阶段（19 世纪初—1966 年）

集装箱运输起源于英国。早在 1801 年，英国的詹姆斯·安德森博士已提出将货物装入集装箱进行运输的构想。1845 年，英国铁路曾使用载货车厢互相交换的方式，视车厢为集装箱，使集装箱运输的构想得到初步应用。19 世纪中叶，在英国的兰开夏已出现运输棉纱、棉布的一种带活动框架的载货工具，这是集装箱的雏形。

正式使用集装箱运输货物发生在 20 世纪初期。1900 年，英国铁路首次试行了集装箱运输，后来相继传到美国（1917 年）、德国（1920 年）、法国（1928 年）及其他欧美国家。1966 年以前，虽然集装箱运输取得了一定的发展，但在该阶段，集装箱运输仅限于欧美地区的一些先进国家，主要应用于铁路、公路运输和国内沿海运输；船型以改装的半集装箱船为主，其典型船舶的装载量不过 500 TEU（20 ft 集装箱换算单位，简称"换算箱"），速度也较慢；箱型主要采用断面为 8 ft×8 ft，长度分别为 24 ft、27 ft、35 ft 的非标准集装箱，部分使用了长度分别为 20 ft 和 40 ft 的标准集装箱；早期，箱的材质以钢为主，后期开始出现铝制箱；船舶装卸以船用装卸桥为主，只有极少数专用码头上有岸边装卸桥；码头装卸工艺主要采用海陆联运公司开创的底盘车方式，跨运车刚刚出现；集装箱运输的经营方式是仅提供"港到港"运输服务。以上这些特征说明，在 1966 年以前，集装箱运输还处于初始阶段，但其优越性已经得以显现，这为之后集装箱运输的大规模发展打下了良好的基础。

（二）发展阶段（1967—1983 年）

1967—1983 年，集装箱运输的优越性越来越被人们承认，以海上运输为主导的国际集装箱运输发展迅速，这一阶段是世界交通运输进入集装箱化时代的关键时期。

1970 年集装箱运输量约有 23 万 TEU，1983 年达到 208 万 TEU。这一阶段，集装箱船舶的航线已遍布全球范围。随着海上集装箱运输的发展，各港纷纷建设专用集装箱泊位，世界集装箱专用泊位到 1983 年已增至 983 个。世界主要港口的集装箱吞吐量在 20 世纪 70 年代的年增长率达到 15%。专用泊位的前沿均装备了装卸桥，鹿特丹港的集装箱码头出现了第二代集装箱装卸桥，每小时可装卸 50 TEU。码头堆场上，轮胎式龙门起重机、跨运车等机械得到了普遍应用，底盘车工艺则逐渐趋于没落。在此阶段，传统的件杂货运输管理方法得到了全面改革，与先进运输方式相适应的管理体系逐步形成，电子计算机也得到了更广泛的应用，尤其是 1980 年 5 月在日内瓦召开了有 84 个联合国贸易和发展会议成员国参加的国际多式联运会议，通过了《联合国国际货物多式联运公约》。该公约对国际货物多式联运的定义、多式联运单证的内容、多式联运经营人的赔偿责任等问题均有所规定。该公约虽未生效，但其主要内容已被许多国家所援引和应用。虽然在 20 世纪 70 年代中期，由于石油危机的影响，集装箱运输发展速度减慢，但是这一阶段历时较长，特别是许多新工艺、新机械、新箱型、新船型以及现代化管理都是在这一阶段涌现出来的，世界集装箱向多式联运方向发展也孕育于此阶段，因此可称之为集装箱运输的发展阶段。

（三）成熟阶段（1984 年以后）

1984 年以后，世界航运市场摆脱了石油危机所带来的影响，开始走出低谷，集装箱运输又重新走上稳定发展的道路。据统计，到 1998 年，世界上约有各类集装箱船舶 6800 艘，总载箱量达 579 万 TEU。集装箱运输已遍及世界上所有的海运国家，随着集装箱运输进入成熟阶段，世界海运货物的集装箱化已成为不可阻挡的发展趋势。

集装箱运输进入成熟阶段的特征主要表现在以下两个方面。

（1）硬件与软件的成套技术趋于完善。干线全集装箱船向全自动化、大型化发展，出现了 2500～4000 TEU 的第三代和第四代集装箱船。一些大航运公司纷纷使用大型船舶组织了环球航线。为了适应大型船舶对于停泊和装卸作业的需要，港口趋向大型、高速，自动化装卸桥也得到了进一步发展。为了使集装箱从港口向内陆延伸，一些先进国家对内陆集疏运的公路、铁路和中转场站以及车辆、船舶进行了大量的配套建设。在运输管理方面，随着国际法规的日益完善和国际管理的逐步形成，实现了管理方法的科学化、管理手段的现代化。一些先进国家已从原仅限于港区管理发展为与口岸相关各部门联网的综合信息管理，一些大公司已能通过通信卫星在全世界范围内对集装箱实行跟踪管理。先进国家的集装箱运输成套技术为发展多式联运打下了良好的基础。

（2）开始进入多式联运和"门到门"运输阶段。实现多种运输方式的联合运输是现代交通运输的发展方向，集装箱运输在这一方面具有独特优势。先进国家由于建立和完善了集装箱的综合运输系统，使集装箱运输突破了传统运输方式的"港到港"概念，综合利用各种运输方式的优点，为货主提供"门到门"的优质运输服务，从而使集装箱运输的优势得到充分发挥。"门到门"运输是一项复杂的国际性综合运输系统工程，先进国家为了发展集装箱运输，将此作为专门学科，培养了大批集装箱运输高级管理人员、业务人员以及操作人员，使集装箱运输在理论和实务方面都得到逐步完善。

二、集装箱运输未来的发展趋势

综观集装箱运输的发展轨迹以及运输技术的未来变化，可以预见，今后集装箱运输将会出现以下发展趋势。

（一）国际集装箱运输量继续增长

相比其他运输方式，集装箱运输是一种较新的方式，这种运输方式本身还在不断地发展和变化，它将在整个运输行业中承担越来越大的市场份额。这种增长主要来自于适合装入集装箱的货物进一步集装箱化，同时，短途的沿海集装箱运输量将有明显增长。

（二）国际集装箱船舶的大型化

根据规模经济的规律，生产规模的扩大能使生产成本下降。为了参与国际范围内的竞争、降低运输成本，各大跨国航运公司纷纷投资，大力发展大型集装箱船舶，使世界集装箱船舶的平均载箱量逐年上升。

（三）国际集装箱码头的深水化、大型化和高效化

随着集装箱船舶的大型化，水深越来越成为船公司选择港口的重要因素。船舶的大型化要求有自然条件良好的、处于航运干线附近的深水港与之配套，因此全球运输中的枢纽港的作用日益重要，而这些起枢纽作用的港口的稳定货源必须有众多的支线港予以支撑，而枢纽港的非直接供应地的货源所占比重会不断提高。这种集装箱向少数一些港口集聚的趋势已表现得越来越明显，我国香港和新加坡的集装箱吞吐量急剧上升印证了这一点。因此，集装箱码头规模的扩大，码头深水化、高效化已成为枢纽港的必要条件。为此，集装箱码头将向着全自动化作业方向发展，装卸工艺将有突破性改进，作业设备将进入新一轮的更新换代时期。

（四）挂靠港减少、干线运输网络扩大

航运公司优化运力配置带来的最大效果就是运输服务质量的提高，这表现为航线挂靠港减少、服务密度提高、交货期缩短。在重组的以枢纽港为核心的新的港口群中，港口密度将进一步提高，大中小港口、大中小泊位、专业与通用泊位将更强调相互协调发展，港口群体将更注重港口之间密切的相互协作和高度的互补性，从而促进采用更为先进的港口技术设施。

（五）适应现代社会对集装箱运输系统的柔性化需求

运输系统所服务的客户已越来越不满足于原先那种被动适应运输需要的方式，而正在寻求适应自身需要的运输。客户对于运输的多样化需求预示着运输方式应具有更强的适应性，即不能再像过去那样无法对客户的需求做出敏捷的反应，而应该适应现代社会所要求的提供更为"柔性"的运输服务系统。目前正在大力推进的集装箱多式联运正是顺应了这种变化。多式联运将集装箱这种现代运输方式的触角一直伸到物流的始、末端，伸向客户企业，伸向消费市场。这种需求势必产生"运输支线与运输干线相连接、分流港与枢纽港相配合、大箱与小箱相配套"的集装箱运输格局。

（六）集装箱运输组织方式将会发生明显改变

现代整装箱运输系统要求铁路、公路、港口、机场、仓储以及相关的海关、检验检疫、货主企业等方面的协同组织，这正是提高运输效率、降低运输成本的关键。这种需求与人们追求提高整个运输过程的效率、降低整个过程的运输成本的要求是一致的。因此，集装箱运输系统组织的进一步集成化将是未来发展的一种趋势。在海运方面，这种集成化趋势已经非常明显，主要体现在航运企业内部趋于集中、外部走向联合。

（七）信息化将是未来集装箱运输管理的关键

近年来，信息、网络技术不断发展，使得客户的需求也悄然发生着变化。越来越多的客户希望采用信息化手段实现交易，对船公司电子商务的需求越来越大，依赖性越来越强。因此，航运公司必须以更加积极的态度加强信息系统建设，发展电子商务，拓宽营销渠道，实现从单一的集装箱运输服务向实体服务与信息增值服务兼顾的转变。

（八）绿色航运正在成为集装箱海运的发展趋势

随着公众对污染排放越来越关注，集装箱运输的环保问题已经被各班轮公司提升到战略高度。可以预见，减少燃油消耗、使用低硫燃料、冷靠港（由船电切换到岸电）将是未来班轮公司实施绿色航运的重要措施。

三、多式联运的产生与发展

随着国际贸易和运输技术的发展，传统的海、陆、空等互不连贯的单一运输方式已不能适应形势所需，在国际集装箱运输发展和集装箱国际标准化的基础上，出现了新型运输方式，即国际多式联运，于 20 世纪 60 年代始于美国。

（一）多式联运的产生

最初，由于铁路公司发现自己并不能很好地组织零担运输，于是在第一次世界大战前后开始允许货运代理人帮助其开展运输业务。货运代理人把不同的小批量货物集中起来，利用铁路托运到目的地城市，再把分散的货物交给那里的收货人。

（二）"驮背运输"的出现

由于随着公路网的日益完善，卡车也能提供远距离的运输服务，这使得铁路面临货物减少的威胁，所承受的竞争压力日益增大。铁路公司担心货主会把货物从铁路转到公路上去，于是制定了不少试图阻止这一运输形式的办法。20 世纪 20 年代出现了将公路挂车放在铁路平板车上进行运输的"驮背运输"方式，这时的"驮背运输"在各方面是受限制的。

（三）"驮背运输"的发展

20 世纪 50 年代，美国洲际商业委员会开始允许"驮背运输"并批准铁路公司和公路承运人之间的联运路径和联合定价，这些联运仍被限制在一些特别设定的所谓的计划中，每个计划都对可以提供的联运服务做了详细的限定。例如，计划 1 可能规定必须由公路运输公司提供箱挂车，而计划 2 却规定这类公路挂车必须遵守承运货物的铁路公司做出的相关规定。这些刻板的管理规定严重限制了多式联运的发展，直到 20 世纪 80 年代放松管制以后，情况才得到根本扭转。

（四）集装箱的首次出现

美国海陆轮船公司（Sea-Land）的 Ideal-X 号轮船于 1956 年 4 月第一次装载了 58 只集装箱从新泽西州纽瓦克港运至得克萨斯州的休斯敦，开辟了集装箱海运的先河。以此为开端的集装箱革命在多式联运发展中产生了重要且深远的影响。

集装箱的采用改变了以往海陆运输方式需要重复装卸货物的形式，大大减少了货物装卸时间，也节约了劳动力和运输成本，促进了集装箱在海运进而在联运体系上的逐步广泛运用。

（五）现代多式联运时代的开始

1984 年，美国总统轮船公司（APL）与铁路车辆制造公司合作研制了轻型双层集装箱专用车辆并推荐给铁路公司运营使用。由于双层集装箱运输大大提高了列车的载运能力，降低了运输成本，很快被美国所有主要的铁路公司接受和效仿，双层列车的集装箱运量大幅度增加。

海运中的大型集装箱轮船也不断升级换代，到 21 世纪初，国际集装箱船装载容量已从几百 TEU 发展到第五代的上万 TEU，公铁联运、海铁联运都有了很大的进步，真正意义的现代多式联运时代已经开始了。

此外，1991 年美国颁布《多式地面运输效率法》（*Intermodal Surface Transportation Efficiency Act*，ISTEA，俗称《冰茶法》），宣布将"构造一个统一、无缝、有效、经济、安全和环保的国家多式联运系统"确立为国家运输政策的核心并致力于不断减少影响多式联运发展的各种制度障碍。

20 世纪 90 年代以后，西方国家的多式联运已经由市场主导，无论是公路、铁路、海上运输企业，还是其他多式联运企业，都在提供客户所需要的各种类型的多式联运服务。为了满足日益多样化的运输需求，多式联运经营人必须不断提高多式联运的效率，而这主要取决于链条上不同运输方式间的有效协作和多式联运经营人对整个链条的有效控制。

第三节 集装箱运输系统及其业务机构

一、集装箱货物的流通途径

在传统的国际货物运输中，托运人要从内陆各地用铁路、公路等运输方式将货物集中到出口港，再通过与船公司的运输合同装船出运。货物运到目的港卸船后，再通过铁路、公路等运输方式将货物运到交货地点。在货物运输的全过程中，各运输区段的运输批量、运输线路和实际承运人的选择，各段之间的衔接等运输组织工作，都是由众多的托运人独立进行的。从总体来看，运输组织是混乱的，各托运人托运货物的批量较小，在内陆运输中无法实现规模经济的效果。

随着集装箱运输的发展和集装箱运输系统的建立和完善，与传统的国际运输相比较，集装箱货物的运输无论是在全程流通过程还是在运输组织上都发生了革命性变化。

在起运港内陆广大地区的货物，如是整箱货，托运人可在自己的工厂和仓库交给运输经营人（门交接），再由经营人负责运抵内陆集散站堆场，也可直接运到内陆堆场（中转站、内陆货站、办理站堆场）交给运输经营人（内陆 CY 交接）；如是拼箱货，托运人将货物运到各集散站的集装箱货运站交给运输经营人或其代理人，装箱后转到各内陆堆场。从内陆堆场到装船港码头堆场的运输一般由各内陆集散点（站）统一组织。由于围绕各集装箱港口建立的集疏网络具有多级结构，不同托运人托运的货物、不同运输经营人承运的货物从货物交接点到港口码头堆场的集装箱运输过程是多次集中、不断扩大运输批量的过程，这从根本上改变了传统运输中内陆运输是零星、小批量的且由各托运人独立组织的局面，实现了统一组织，使内陆运输达到规模经济的效果。

在装运港附近的货物，如是整箱货，托运人可在自己的工厂和仓库交给运输经营人，再由经营人负责运至港口码头堆场，也可由托运人直接运到码头堆场；如是拼箱货，则由托运人将货物运到码头集装箱货运站（CFS）交给运输经营人，经运输经营人组织装箱后转到码头堆场。在集装箱枢纽港周边地区的卫星港也可通过支线运输将集装箱运抵枢纽港码头堆场。这些货物和内陆地区集运的货物在港口码头堆场上进一步集中，保证了海上干线运输的规模经济效果。

货物经海上运输到达卸货港口，可以通过相反的过程疏运到最终交付货物的地点。

从以上的集装箱货物流通与运输组织过程来看，集装箱运输与传统的货物运输有本质上的区别。首先，在货物集（疏）运过程中，分散在各地的小批量货物应预先在内陆地区的集散点集中，组织一定批量后通过内陆、内河或支线运输，采用集装箱专列、船舶等大型运输工具将其运往集装箱码头堆场（或相反），使集装箱货物运输建立在大规模生产的基础上。其次，集装箱货物的流通过程体现了集装箱运输系统高度的整体性与组织性。通过上述组织形式的运输，集装箱系统的各要素，运输全程所涉及的不同运输方式、不同服务环节紧密地联系为一个整体。在国际集装箱运输多式联运过程中，从接收货物地点到交付货物地点的全程运输都是由集装箱运输经营人（多式联运经营人）负责组织的，这也为集装箱运输高度的整体性与组织性打下了基础。这种组织形式将使集装箱运输产生规模效益，最终保证运输总成本的降低。

二、集装箱运输系统的组成

集装箱运输系统由适箱货源、标准集装箱、集装箱船舶、集装箱港口码头、集装箱货运站、公路运输、铁路运输以及航空运输等基本生产要素及其管理功能子系统组成。任何一个子系统的工作质量、功能和状态均将影响全局，因此必须做好每一个子系统的各项工作，发挥其最优功能，从而实现集装箱运输系统的整体优化，最佳地实现货物"门到门"运输。

（一）集装箱运输的基本要素

1. 适箱货源

尽管集装箱运输是针对件杂货运输效率低的问题而得以运用的，但实际上并不是所有种类的件杂货都适合于集装箱运输。

根据适合集装箱运输的程度，可将货物分成以下四大类。

（1）最适合装箱货。此类货物是货价、运费率高，对运费承受能力高的货物，容易破损和被盗。其外包装形态、尺寸、密度和性质等属性有利于其充分利用集装箱内部的容积和载重能力，可有效地装载于集装箱内进行运输。例如，酒类、医药用品、针织品、精密仪器、珠宝等。

（2）适合装箱货。此类货物是货价、运费率较高，对运费承受能力较高的货物且其属性与最适合装箱货类似。例如，电线、电缆、铅丝、袋装面粉、咖啡、生皮等。

（3）边际装箱货，又称作临界装箱货。此类货物从技术上看是可以装箱的，但其货价和运费率较低，对运费的承受能力较低，破损、被盗的可能性很小，若用集装箱运输不够经济，而且从其外形尺寸、包装形式和重量等属性来看，使用集装箱运输也较为困难。例如，生铁、原木等。

（4）不适合装箱货。这种货物从技术上看，装箱是有困难的。例如，原油、矿砂等，若货量大，可以用专用运输工具（如专用车、专用船）运输，从而可以提高装卸效率、降低成本。又如，长度大于40 ft的桥梁等货物，采用专用运输设施和工具来运输更为合适。

随着集装箱运输的发展，适箱货源不断增加，装载特种货物的专用集装箱也得到了一定的发展，边际装箱货和不适合装箱货的货种将日益减少。

2．标准集装箱

标准集装箱是开展集装箱运输与多式联运必要的装货设备。为了保证集装箱运输的顺利进行，运输中必须使用标准集装箱，以保证其在不同运输方式间的通用性和互换性，提高运输的安全性和经济性，使集装箱运输成为相互衔接、配套，专业化、高效率的运输系统。集装箱及其标准化的具体内容见第二章。

3．载运工具

根据不同的运输方式，可选择相应的载运工具。

（1）集装箱船舶。集装箱船舶是水路集装箱运输的载运工具，是以装运集装箱货物为主，专门用来装运规格统一的标准货箱的船舶，各种货物在装船前先装入标准货箱内，再把集装箱装上船。集装箱船舶在当前主要有以下几种。

① 全集装箱船。目前，集装箱船主要是指全集装箱船。全集装箱船的货舱和甲板均能装载集装箱，货舱内设有格栅式货架，以利于货舱的固定。其甲板和货舱盖是平直的，上面可以装2～4层集装箱，如图1-1所示。这类船适合于货源充足的航线。通常船上不设起货设备，而是利用码头上的专用设备装卸。

图1-1　全集装箱船

② 滚装船。把装有集装箱及其他件杂货的半挂车或装有货物的带轮的托盘作为货运单元，由牵引车或叉车直接通过船侧、船首或船尾的开口处跳板进出货船装卸的船舶称为滚装船，如图1-2所示。

图1-2　滚装船

滚装运输的优点是车辆在船、港之间无须倒转，减少了中转和装卸的环节，降低了码头设备的投资，避免港口压船且便于开展从发货点到目的地的"门到门"运输，也便于开展从大港口向中小型港口的集散运输，使整个运输过程合理化。同时，它可以在没有现代化装卸设备或设备不完善的港口或江河岸边进行装卸，因而能完成集装箱船和杂货船所不能完成的任务。

滚装船的不足之处是装卸作业受跳板坡度的限制、舱内容积利用率低、空船重量大、造价高。从性能上讲，它在稳定性、抗沉性和通风方面要求较高，要采取一定措施才能满足。

③ 载驳船。载驳船是 20 世纪 50 年代初期发展起来的一种船型，是专门用于载运货驳船的一种运输船舶，又称作子母船，如图 1-3 所示。载驳船本身为"母船"，它所载运的驳船为"子船"，它的装卸过程是将货物或集装箱先装载在规格统一的驳船上，再把驳船装上载驳船。运抵目的港后，卸下驳船，由推船或拖轮把它们分送到内河各地，载驳船再装上等候在锚地的满载驳船驶向新的目的港。这种运输方式可以实现海河联运、减少中转环节、提高运输效率。

图 1-3 载驳船

（2）铁路集装箱专用车辆。铁路集装箱专用车辆是铁路集装箱运输的载运工具，车辆上设有固定集装箱的紧固装置。根据不同的车底板长度和车底架结构，铁路集装箱专用车辆有不同的类型。

（3）公路集装箱运输车辆。公路集装箱运输车辆是公路集装箱运输的载运工具，包括集装箱牵引车和挂车，它们通常是根据集装箱的箱型、种类、规格尺寸和使用条件来确定的。

① 集装箱牵引车。牵引车俗称"拖头"。集装箱牵引车是指专用于牵引集装箱底盘车的牵引车，又称为半拖车牵引车，如图 1-4 所示。集装箱牵引车上设有发动机和驾驶室，不能装载货物，后部有连接器（又称作第五轮或牵引鞍座）与底盘车上的中心销连接，可实现在码头内或公路上拖带底盘车运行。

图 1-4 集装箱牵引车

② 拖车。装载集装箱用的拖车有全拖车和半拖车之分。全拖车的底盘下前后两端均有车轴。半拖车的底盘下前端无车轴，但设有撑脚，后端有车轴。集装箱专用的拖车大部分是半拖车，又称作底盘车，如图1-5所示。

图1-5　集装箱底盘车

公路集装箱运输车辆上一般设有固定集装箱的紧固装置，除通过手动操作用车上的扭锁锁住集装箱底部的四个角件外，还采用其他固定件固定集装箱，如锥体固定件。

（4）航空货运飞机。航空货运飞机是航空集装箱运输的载运工具，根据用途可分为机舱全都用于装载货物的全货机和上舱（主舱）用于载客、下舱（腹舱）用于载货的客货两用机。

4．集散节点

集装箱货物的整体流通途径表明，集装箱运输的大规模生产必须依赖于各级集散节点，即枢纽港站。它们是集装箱货物在各种运输方式及各个运输区段之间集结、疏散、交接的场所，同时也是集装箱货物堆存、装卸的地点。因此，这类集散节点在整个集装箱运输过程中占有重要的地位，是保证集装箱运输高效组织的关键。

（1）集装箱码头。集装箱码头是专供停靠集装箱船舶、装卸集装箱用的港口作业场所，是集装箱运输过程中水陆联运的枢纽，是集装箱运输系统的重要组成部分。因此，做好集装箱码头的各项工作对于加速车、船和集装箱的周转，降低运输成本，提高整个集装箱运输系统的效率和经济效益均具有极其重要的意义。

（2）集装箱货运站。集装箱货运站主要对集装箱内的货物进行装入、取出、收发交接和暂时存放处理，是集装箱运输中必不可少的一个重要节点。

集装箱货运站按其所处的地理位置和职能的不同，可分为设在集装箱码头内的货运站、设在集装箱码头外的货运站和集装箱内陆货运站。

集装箱货运站的主要职能与任务是：集装箱货物的承运、验收、保管与交付；拼箱货的装箱和拆箱作业；整箱货的中转；重箱和空箱的堆存和保管；票据、单证的处理；运费、堆存费的结算；等等。

5．运输路线

各种运输方式的经营人都要规划自己的运输路线，如海运集装箱班轮航线、铁路集装箱班列运行线、公路集装箱运输路线以及空运航线。此外，多式联运经营人在集装箱多式联运的全程运输组织过程中还要根据货主的需求和货主指定的始发、终到地点设计最佳的运输方式和运输路线。

6．信息

集装箱运输全过程除集装箱货物的移动过程外，还包括信息的传递过程。有效、迅速地在各个运输环节中传递上述各基本要素的信息，将物流运输及信息流传输作为一个整体，是提高集装箱运输效率的有效途径。

（二）集装箱运输子系统

不同运输方式的集装箱运输子系统的构成如下。

（1）集装箱水路运输子系统。集装箱船舶、集装箱码头与集装箱货运站等基本要素可组合成集装箱水路运输子系统。集装箱水路运输子系统完成集装箱的远洋运输、沿海运输和内河运输，是承担运量最大的一个子系统。

（2）集装箱铁路运输子系统。集装箱铁路专用车、集装箱铁路办理站与铁路运输线等组成了集装箱铁路运输子系统，它是集装箱多式联运的重要组成部分。随着"陆桥运输"的起始与发展，集装箱铁路运输子系统在整个集装箱多式联运中起着越来越重要的作用。

（3）集装箱公路运输子系统。集装箱卡车、集装箱公路中转站与公路网络构成了集装箱公路运输子系统。集装箱公路运输子系统在集装箱多式联运过程中完成短驳、串联和"末端运输"的任务。在不同国家和地区，由于地理环境、道路基础设施条件的不同，集装箱公路运输子系统处于不同的地位，发挥着不同的作用。

（4）集装箱航空运输子系统。在相当长的一段时期内，由于航空运输价格昂贵、运量小，集装箱航空运输占的份额很小。近年来，随着世界整体经济的增长，航空运输速度快、对需求响应及时、可缩短资金占用时间等优越性逐渐显现出来，航空集装箱运输子系统的地位正在逐渐提高。

三、集装箱运输系统的业务机构

随着集装箱运输的逐步发展、成熟，与之相适应的有别于传统运输方式的管理方法和业务机构也相应地发展起来，主要包括以下机构。

（一）集装箱实际承运人

集装箱实际承运人是掌握运输工具并参与集装箱运输的承运人，通常拥有大量的集装箱，利于集装箱的周转、调拨、管理以及集装箱与车、船、机的衔接。经营集装箱货物运输的实际承运人包括经营集装箱运输的船公司、联营公司、公路集装箱运输公司、铁路集装箱运输公司、航空集装箱运输公司等。

（二）集装箱租赁公司

集装箱的造价相当昂贵且种类繁多，而不同的货物需要不同的集装箱来装载，如果船公司在运营过程中全部采用自备箱，在投资上不经济。另外，由于货源在方向和时间上不均衡，集装箱船舶在航线运营中需要自备大量的集装箱才能保证正常的运行，同时还会产生集装箱调运、维护、过时等方面的问题。在这种情况下，专业的集装箱租赁公司应运而生。

（三）集装箱船舶出租公司

集装箱船舶出租业务开始于 20 世纪 60 年代，是随着集装箱运输的发展而兴起的，可适应集装箱运输市场供求关系的变化，解决船舶投资巨大与航线货流不均衡的矛盾。出租者有规模较小的船公司，也有需要租船的货主，甚至较大的船公司在运输市场需求高涨的情况下也常出入租船市场。目前，集装箱租船市场的份额和规模呈不断上升的趋势。

（四）集装箱码头（堆场）经营人

集装箱码头（堆场）经营人是具体办理集装箱在码头的装卸、交接、保管的部门，它受托运人或其代理人以及承运人或其代理人的委托，提供各种集装箱运输服务。

（五）联运保赔协会

联运保赔协会是一种由船公司互保的保险组织，对集装箱运输中可能遭受的一切损害进行全面、统一的保险。它是集装箱运输发展后所产生的新的保险组织。

（六）国际货运代理人

国际货运代理人是指接受委托人的委托，就有关货物的运输、转运、仓储、保险以及与货物运输相关的业务提供服务的机构。

随着国际贸易及运输方式的发展，特别是国际多式联运，运送货物所涉及的范围越来越广，情况相当复杂。货主和运输经营人不可能亲自办理和处理每一项具体业务，因此可通过国际货运代理人解决以上问题。

（七）无船承运人

在集装箱运输中，经营集装箱货运的揽货、装箱、拆箱、内陆运输以及经营中转站或内陆站业务但不掌握运载工具的专业机构，称为无船承运人。他是承运人与托运人之间的"桥梁"。对真正的货主来讲，他是承运人；而对实际承运人来说，他是托运人。无船承运人通常应受所在国法律的制约，要在政府有关部门登记。

涉及集装箱运输的业务机构还包括货主、船公司、代理公司、报关行以及一些监管单位，如海关、海事局、船检局等。

课后练习

主要概念

集装箱运输　多式联运　无船承运人　国际货运代理人

应知考核

一、单项选择题

1. 以下不能体现出集装箱运输"高效益"特点的是（　　　）。

A．包装简化   B．货损、货差少

  C．营运费用少   D．资本密集程度高

  2．在集装箱运输的全过程中，一个贯穿始终的基本要素是（   ）。

  A．运载工具   B．集散节点

  C．运输路线   D．信息

  3．在集装箱运输系统中，接受委托人的委托，就有关货物的运输、转运、仓储、保险以及与货物运输相关的业务提供服务的机构是（   ）。

  A．国际货运代理人   B．集装箱实际承运人

  C．集装箱码头（堆场）经营人   D．无船承运人

  4．集装箱运输的特点不包括（   ）。

  A．投资少   B．可以实现"门到门"运输

  C．适合组织多式联运   D．运输效率高

  5．（   ）主要对集装箱内货物进行装入、取出、收发交接和暂时存放处理，是集装箱运输中必不可少的一个节点。

  A．集装箱货运站   B．集装箱堆场

  C．集装箱码头   D．海关

二、多项选择题

  1．集装箱运输的基本要素包括（   ）。

  A．适箱货源   B．标准集装箱及载运工具

  C．集散节点及运输路线   D．信息

  2．集装箱水路运输子系统的基本要素包括（   ）。

  A．集装箱公路中转站   B．集装箱船舶

  C．集装箱码头   D．集装箱货运站

  3．集装箱运输所指的适箱货源主要是（   ）。

  A．最适合装箱货   B．适合装箱货

  C．临界装箱货   D．不适合装箱货

  4．集装箱运输发展初始阶段导致其发展缓慢的原因有（   ）。

  A．生产力落后   B．适箱货源不足

  C．配套设施落后   D．运输管理水平低下

  5．集装箱运输成熟阶段的特点是（   ）。

  A．出现了国际远洋航线   B．集装箱开始趋于标准化

  C．出现了专用码头   D．开始现代化管理

三、简答题

  1．集装箱运输的优越性有哪些？

  2．集装箱运输系统的构成要素有哪些？

  3．集装箱运输系统包括哪些业务机构？

应会考核

一、案例分析

【背景资料】

原　告：罗定市某纺织有限公司

被　告：宁波市某船务有限公司

2006年6月30日，原告与案外人中国石化上海石油化工股份有限公司（以下简称"上海石化"）签订了一份半年度的大购销合同，约定每月供应货物（腈纶膨体毛条3.33 dtex，半消光）约50 t。同年9月，原告向上海石化购买货物共104件，重量共计46.351 t，总计价值人民币951 307.92元。货物被装入编号分别为UESU 502423 5、UESU 502422 0的两个集装箱内。原告通过其代理人杨某委托被告将该货物从上海港运至广州黄埔港，相应的托运委托书记载托运人为杨某，收货人为原告并约定运费共计人民币14 400元。被告又委托上海新鸥海运有限公司（以下简称"新鸥海运"）运输，相应的托运委托书记载托运人、收货人均为被告。新鸥海运再委托中谷新良海运有限公司（以下简称"中谷新良"）运输，相应的托运委托书记载托运人为新鸥海运，收货人为被告；中谷新良签发了编号为ZS0609SSHHP039的运单，记载托运人为新鸥海运，收货人为被告。同年9月24日，货物在运输途中落海全损。涉案货物的运费，原告未向被告支付。

原告认为，被告作为涉案货物的承运人，应对落海货物的损失负责，为此请求判令被告赔偿原告货物损失共计人民币951 307.92元及其利息损失。被告辩称，其并非涉案货物的承运人，仅仅是原告的货运代理人，不应当承担承运人的赔偿责任，请求驳回原告的诉讼请求。

裁判上海海事法院认为，在涉案货物的运输流程中，被告的法律地位应当被界定为原告的承运人而非货运代理人。原告与被告之间的沿海货物运输合同关系依法成立，被告作为涉案货物的承运人，应就货物在运输过程中发生的损失向原告承担违约赔偿责任，遂判决被告向原告赔偿货物损失人民币951 307.92元以及该款项的利息损失。一审判决后，被告不服，提起上诉。上海海事法院驳回上诉，维持原判。

资料来源：百度文库.承运人与货运代理人的身份识别[EB/OL].（2008-11-20）[2022-02-27]. https://wenku.baidu.com/view/9d2cfb758e9951e79b892766.html.

【考核要求】

思考：如何界定无船承运人和货运代理人的法律地位？

二、技能题

选取一个完整的集装箱运输实际业务过程，分析该过程中的各个业务机构并以系统的观点分析该过程中的各个要素。

实训演练

进入集装箱运输企业进行学习（参观），深入了解该企业的业务流程及各环节的参与方，了解各参与方的责任及义务。

第二章　集装箱管理

港口在国民经济和社会事业发展中具有特殊的地位，在国家实施双循环发展战略以及推行散改集、绿色运输方式等因素的影响下，我国港口运输一直保持着高增长态势。

我国港口资源丰富，是多式联运的枢纽。为实现港口内贸集装箱运输的高质量发展，达到服务国家双循环发展、加强标准化建设和绿色发展的标准，建设以港口为枢纽的内贸集装箱运输共享服务体系是必然的选择。目前，国家对国内经济发展战略和模式已经做出重大调整，形成以国内大循环为主体、国内国际双循环相互促进的新发展格局。预计到2035年，我国人均国内生产总值将达到中等发达国家水平，形成强大的国内市场，消费将成为经济发展"三驾马车"（即投资、消费和出口）的主要动力，因此在港口内贸集装箱运输方面也有着巨大的市场需求。

资料来源：童孟达. 建设以港口为枢纽的内贸集装箱运输共享服务体系[J]. 中国港口，2020（1）：1-4.

第一节　集装箱及其标准化

一、集装箱的定义

"集装箱"是从英语"container"一词翻译过来的一个专用术语，又称为"货箱"或

"货柜"。

许多国家（包括我国）现在基本上采用国际标准化组织（ISO）对集装箱的定义：集装箱是一种运输设备，它应具备以下条件。

（1）具有足够的强度，可长期、反复使用。

（2）适用于以一种或多种运输方式运送货物，中途无须换装。

（3）装有便于装卸和搬运的装置，特别是便于从一种运输方式转移到另一种运输方式。

（4）便于货物的装满和卸空。

（5）容积为 1 m³ 或 1 m³（35.3 ft³）以上。

"集装箱"一词不包括车辆和传统包装。在集装箱货物运输的全过程中，集装箱连同其内部装载的货物是作为一个运输单元的。

二、集装箱的标准化

按 ISO 的定义，"标准化是为了所有有关方面的利益，特别是为了求得最佳的、全面的经济效果并适当考虑到产品使用条件与安全要求，在有关方面的协作下进行有秩序的特定活动而制定并实施各项规则的过程"。

集装箱标准化指的是通过对集装箱标准的制定、推广和实施，使集装箱的有关方面达到标准状态。为了有效地开展集装箱多式联运，必须加强集装箱的标准化。

集装箱标准化经历了一个发展过程，最早的标准化活动一直被先进国家所控制，忽略了发展中国家的经济状况，带有一定的强制性。在集装箱标准化进程中，ISO 做出了很多努力和贡献。目前存在公司标准、地区标准、国家标准和国际标准四种集装箱标准。

❑ 1931 年，国际铁路联盟（英文全称是 International Union of Railways，UIC 是法文全称的缩写）制定了欧洲各国铁路用集装箱标准。

❑ 1953 年，美国联邦运输管理部门提出了设备标准化的要求并于 1958 年被美国标准化协会采纳。

❑ 随后，日本、苏联和东欧各国及某些大的公司（如海陆公司、麦逊公司等）也先后制定了地区性和公司使用的集装箱标准。

❑ 国际标准化组织（ISO）于 1961 年成立了有关集装箱的专门委员会——104 技术委员会（ISO/TC 104），负责集装箱的标准化工作。

❑ 为照顾当时的状况，最初制定的国际标准以三个系列的集装箱作为基本尺寸，其中 I 系列用于国际运输，II 系列用于欧洲，III 系列用于苏联和东欧各国，并以此为基础制定了集装箱的国际标准，包括集装箱的定义、术语、规格尺寸、总重量、试验方法及强度要求、角件结构、标记方法、操作方法等一系列标准和规定。

❑ 最初标准中的 II、III 系列标准因仍属于地区性标准，违背了国家间相互交流的初衷，在后来举行的会议中被降级为地区标准，不再作为国际标准。

❑ 现行的集装箱国际标准为第 I 系列，共 4 种规格 13 种箱型，如表 2-1 所示。

表 2-1　国际标准集装箱规格尺寸和总重量

规　格	集装箱箱型	长　度		宽　度		高　度		最大总重量	
		mm	ft/in	mm	ft/in	mm	ft/in	kg	lb
40 ft	1AAA	12 192	40/0	2438	8/0	2896	9/6	30 480	67 200
	1AA					2591	8/6		
	1A					2438	8/0		
	1AX					<2438	<8/0		
30 ft	1BBB	9125	29/11.25	2438	8/0	2896	9/6	25 400	56 000
	1BB					2591	8/6		
	1B					2438	8/0		
	1BX					<2438	<8/0		
20 ft	1CC	6058	19/10.50	2438	8/0	2591	8/6	24 000	52 920
	1C					2438	8/0		
	1CX					<2438	<8/0		
10 ft	1D	2991	9/9.75	2438	8/0	2438	8/0	10 160	22 400
	1DX					<2438	<8/0		

注：

（1）1 ft=304.8 mm，1 in=25.4 mm，1 lb=0.4536 kg；

（2）以 30 ft 集装箱的长度为例，换算方法为：9125 mm=29.937 664 ft，取整数，即 29 ft；余数 0.937 664 ft=11.25 in；

（3）最大总重量中的英镑（lb）为换算近似值

　　为了便于计算集装箱数量，以 20 ft 集装箱作为 TEU 并以此作为集装箱载运工具载箱量、集装箱场站吞吐量等的计量单位。由此，存在下列换算关系：40 ft 集装箱=2 TEU，30 ft 集装箱=1.5 TEU，20 ft 集装箱=1 TEU，10 ft 集装箱=0.5 TEU。

三、集装箱的分类

　　为了适应不同种类货物的装载要求，出现了多种类型的集装箱。集装箱除根据不同尺寸分类外，还因其用途不同、制造材料不同等而有不同的分类。

（一）按集装箱的用途分类

1．干货集装箱（dry cargo container）

　　干货集装箱也称为杂货集装箱或通风集装箱，用来载运除散装液体货或需要控制温度货以外的件杂货，使用范围很广，如图 2-1 所示。

2．通风集装箱（ventilated container）

　　通风集装箱的侧壁或顶壁上一般设有若干供通风用的窗口，适用于装运有一定通风和防汗湿要求的杂货，如原皮、水果、蔬菜。如果将通风窗口关闭，可作为杂货集装箱使用，如图 2-2 所示。

3．冷藏集装箱（reefer container）

　　冷藏集装箱是以运输冷冻食品为主，能保持所定温度的保温集装箱。它是专为运输如鱼、肉、新鲜水果、蔬菜等食品而特殊设计的，如图 2-3 所示。

图 2-1　干货集装箱

图 2-2　通风集装箱

图 2-3　冷藏集装箱

目前，国际上采用的冷藏集装箱基本上分为两种：① 集装箱内带有冷冻机的，叫作机械式冷藏集装箱（又称作内置式冷藏集装箱）；② 箱内没有冷冻机而只有隔热结构，即在集装箱端壁上设有进气孔和出气孔，箱子装在船舱中，由船舶的冷冻装置供应冷气，这种叫作离合式冷藏集装箱（又称作外置式冷藏集装箱）。

4．保温式集装箱

保温式集装箱具体分为隔热式集装箱和加热式集装箱。隔热式集装箱是各面都用隔热壁构成的，不用热源和冷源，能限制内外传热的集装箱；加热式集装箱是各面都用隔热壁构成的，有加热设备的集装箱，内部温度能固定或能保持在所规定范围的集装箱。

5．开顶集装箱（open top container）

开顶集装箱的箱顶可以方便地取下、装上。箱顶有硬顶和软顶两种。硬顶是用薄钢板制成的，利用起重机械进行装卸作业。软顶一般是用帆布或塑料布制成的。这种集装箱适合装载大型货物和重货，如钢铁、木材，特别是像玻璃板等易碎的重货，利用吊车从顶部吊入箱内，不易损坏，而且也便于在箱内固定，如图 2-4 所示。

图 2-4　开顶集装箱

6．台架式集装箱（platform based container）和平台式集装箱（platform container）

台架式集装箱可以从前后、左右及上方进行装卸作业，适合装载超标准箱尺寸一定限度的货物，如重型机械、钢材、钢管、木材等；平台式集装箱对台架式集装箱进行了简化，四个角柱被去除或可折叠，是主要由具有较强承载能力的下底板组成的一种特殊结构的集装箱，主要用于装载重、大件货物，如图2-5所示。

图 2-5　台架式集装箱和平台式集装箱

7. 散货集装箱（solid bulk container）

散货集装箱用于装运粉状或粒状货物，如大豆、大米、各种饲料等。在箱顶部设有2~3个装货口，在箱门的下部设有卸货口。使用集装箱装运散货，一方面提高了装卸效率，另一方面提高了货运质量，减轻了粉尘对人体和环境的伤害，如图2-6所示。

8. 罐式集装箱（tank container）

罐体的外壁采用保温材料以使罐体隔热，内壁一般要研磨、抛光以避免液体残留于壁面。为了降低液体的黏度，罐体下部还设有加热器，罐体内温度可以通过安装在其上部的温度计观察到，罐顶设有装货口，罐底设有排出阀。装货时货物由罐顶部装货口进入，卸货时则由排货口流出或从顶部装货口吸出。罐式集装箱专门用来装运液体货，如酒类、油类、化学品等。它由罐体和框架两部分组成，罐体用于装液体货，框架用来支承和固定罐体，如图2-7所示。

图 2-6　散货集装箱　　　　　　　　图 2-7　罐式集装箱

9. 汽车集装箱（car container）

汽车集装箱专门用来装运小型汽车，其结构特点是无侧壁，仅设有框架和箱底。为了防止汽车在箱内滑动，箱底专门设有绑扎设备和防滑钢板。大部分汽车集装箱被设计成上下两部分，可以装载两层小汽车，如图2-8所示。

图 2-8　汽车集装箱

10．服装集装箱（garment container）

服装集装箱的特点是在箱内上侧梁上装有许多根横杆，每根横杆上垂下若干条皮带扣、尼龙带扣或绳索，成衣利用衣架上的挂钩直接挂在带扣或绳索上，如图 2-9 所示。这种服装装载法属于无包装运输，不仅节省了包装材料和包装费用，而且减少了人工劳动，提高了服装的运输质量。

11．动物集装箱（pen container or live stock container）

动物集装箱是一种专门用来装运猪、牛、鸡、鸭等活牲畜的集装箱，如图 2-10 所示。为了避免阳光照射，动物集装箱的箱顶和侧壁是用玻璃纤维增强塑料制成的。另外，为了保证箱内有较新鲜的空气，侧面和端面都有用铝丝网制成的窗户。侧壁下方设有清扫口和排水口并配有可上下移动的拉门，可把垃圾清扫出去，另外还装有喂食口。

图 2-9　服装集装箱

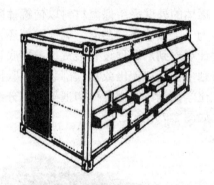

图 2-10　动物集装箱

12．折叠集装箱（collapsible container）

折叠集装箱是指集装箱的主要部件（侧壁、端壁、箱顶等）能简单地折叠或分解，再次使用时可以方便地组合起来，如图 2-11 所示。折叠集装箱卸货后可收叠堆放，卡车、火车或货轮回程载运的空柜数量将因此增加三倍，使载运空集装箱的成本降低 75%左右。

图 2-11　折叠集装箱

（二）按集装箱的制造材料分类

1．钢制集装箱

钢制集装箱的优点是强度大、结构牢固、水密性好、能反复使用、价格低。它的主要缺点是防腐能力低、箱体笨重、装货能力低、维修费高、使用年限较短（约5年）。这种集装箱在欧洲地区使用得较多。

2．铝合金集装箱

铝合金集装箱的优点是自重轻（比钢制集装箱轻1/3）、外表美观、维修费低、具有较高的防腐能力、弹性好、使用年限长（约10年）。铝合金集装箱的主要缺点是造价相当高（比钢制集装箱贵30%），焊接性也不如钢制集装箱，受碰撞时易损坏。铝合金集装箱在亚洲地区得到了广泛使用。

3．不锈钢制集装箱

一般多用不锈钢制作罐式集装箱。不锈钢制集装箱的主要优点是不生锈、耐腐性好、强度高，主要缺点是价格高、投资大。

4．玻璃钢制集装箱

玻璃钢制集装箱的主要优点是强度大，刚性好，具有较高的隔热、防腐和耐化学侵蚀能力，易于清洗，修理简便，维修费较低。玻璃钢制集装箱的主要缺点是自重重、造价高、制造材料短缺。

在运输实践中，集装箱按其所有权不同可分为货主自备箱（shipper's own container，SOC）、承运人箱（carrier's own container，COC）和出租箱（lender's own container，LOC）。值得注意的是，对某一承运人而言，凡非其自身所拥有或租赁的集装箱均属于SOC。例如，在铁路运输中，中铁集装箱运输有限责任公司的集装箱属于COC，货主箱、船公司箱、多式联运经营人箱均属于SOC。

四、集装箱的标记和结构

（一）集装箱的标记内容

1．必备标记

（1）识别标记：箱主代号、设备代号、顺序号和核对数。

① 箱主代号：集装箱所有人的代号，用3个大写拉丁字母表示，由箱主自定并向国际集装箱局登记，如OOL、MAE、EIS。

② 设备代号：用1个拉丁字母表示，用U表示集装箱设备。

③ 顺序号（箱号）：用6个阿拉伯数字表示，不足的填零，如368822、000152。

④ 核对数：用于核对箱主代号、设备代号和箱号的正确性，用1个阿拉伯数字表示并与箱号隔一个空或加方框，如CBHU 981680 4。

设置核对数的目的是防止箱号在记录时发生差错。运营中的集装箱频繁地在各种运输方式之间转换，如从火车到卡车再到船舶等，不断地从一个国家运到另一个国家，进出车站、码头、堆场、集装箱货运站。每进行一次转换和交接，就要记录一次箱号。在多次记录中，如果偶然发生差错，记错一个字符，就会使该集装箱从此下落不明。为防止此类集装箱"丢失"现象的发生，在箱号记录中设置了一个"自检测系统"，即设置一位核对数。该"自检测系统"的原理如下：在集装箱运行中，每次交接记录箱号时，在将箱主代号与箱号录入计算机时，计算机就会自动计算核对数；当记录人员输入的最后一位核对数与计算机计算得出的数字不符时，计算机就会提醒"箱号记录出错"。这样，就能有效地避免因箱号记录出错而发生事故。

例如，某集装箱的箱主代号、设备代号和顺序号为"COSU 001234"，其核对数的计算步骤具体如下。

① 查等效数。由等效数值表（见表2-2）可知，

（C-13，O-26，S-30，U-32）

表2-2　等效数值表

顺　序　号	箱主代号、设备代号			
数字或等效数值	字　　母	等 效 数 值	字　　母	等 效 数 值
0	A	10	N	25
1	B	12	O	26
2	C	13	P	27
3	D	14	Q	28
4	E	15	R	29
5	F	16	S	30
6	G	17	T	31
7	H	18	U	32
8	I	19	V	34
9	J	20	W	35
	K	21	X	36
	L	23	Y	37
	M	24	Z	38

② 分别乘以 $2^0 \sim 2^9$ 的加权系数，即

$N=2^0×13 + 2^1×26 + 2^2×30 + 2^3×32 + 2^4×0 + 2^5×0 + 2^6×1 + 2^7×2 + 2^8×3 + 2^9×4=3577$

③ 将总和除以模数11，所得余数即核对数。

3577 除以 11 得 325 余 2，2 即"COSU 001234"箱的核对数。

（2）作业标记。作业标记包括以下三部分内容。

① 额定重量和自重标记。ISO 668 规定：额定重量和自重应以千克和磅同时表示。自重（tare weight）又称作空箱质量（tare mass），以 T 表示，它是空集装箱的重量，包括各种集装箱在正常工作状态下应备有的附件和各种设备，如机械式冷藏集装箱的机械制冷装置及其所需的燃油、台架式集装箱上两侧的立柱、开顶集装箱上的帆布顶篷等。

载重（payload）又称作载货质量，以 P 表示，它是集装箱容许承载的最大货物重量，包括集装箱在正常工作状态下所需的货物紧固设备及垫货材料等的重量。

额定重量（rating）又称作额定质量，以 R 表示，它是指集装箱的空箱重量和箱内装载货物的最大容许重量之和，即最大工作总重量（max gross mass），简称最大总重。

额定重量减去自重等于载重，即 P=R−T。

额定重量、自重和最大总重的标记如图 2-12 所示。

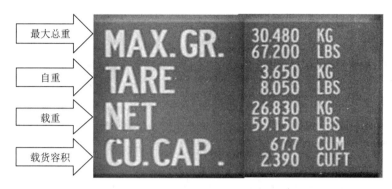

图 2-12　额定重量、自重和最大总重的标记

在装货前，为了使集装箱的容积和载重能得到充分利用，必须仔细阅读上述集装箱的各主要参数。

由于集装箱的制造材料和制造厂不同，即便是同一种类的集装箱，其尺寸和重量参数也是不同的；即使是同一材料、同一制造厂制造的集装箱，其制造时间不同，尺寸和重量参数也有差异。因此，在选用集装箱时，必须加以注意。

② 空陆水联运集装箱标记（见图 2-13）。空陆水联运集装箱是指可在飞机、船舶、卡车、火车之间联运的集装箱，其容积为 1 m³ 或 1 m³ 以上，装有顶角件

图 2-13　空陆水联运集装箱标记

和底角件，具有与飞机机舱内栓固系统相配合的栓固装置，箱底可全部冲洗并能用滚装装卸系统进行装运。为适用于空运，这种集装箱自重较轻、结构较弱、强度仅能堆码两层，因而国际标准化组织对这种集装箱规定了特殊的标记，该标记为黑色，位于侧壁和端壁的左上角并规定标记的最小尺寸为：高 127 mm（5 in）、长 355 mm（14 in），字母标记的字体高度至少为 76 mm（3 in）。

标记表示如下要求。

❑ 在陆地上堆码时只允许在箱上堆码 2 层。

❑ 在海上运输时，不准在甲板上堆码，在舱内堆码时只能堆码 1 层。

③ 登箱顶触电警告标记（见图 2-14）。该标记为黄色底上作黑色三角形，一般设在罐式集装箱上和邻近登箱顶的扶梯处，以警告登梯者有触电危险。

图 2-14　登箱顶触电警告标记

2．自选标记

（1）识别标记。1984 年的国际标准中，识别标记有国家代码，由 2～3 个拉丁字母组成。1995 年的新国际标准取消了国家代码，识别标记主要由尺寸代号和类型代号组成，按照《标记的标志方法》，尺寸代号和类型代号作为一个整体标识在集装箱上。其组配代码

结构为四位字符，前两位是尺寸代号，后两位是类型代号。

① 尺寸代号。尺寸代号以两个字符表示，包含了集装箱的长度和高度的尺寸特性。其中，第一个字符表示箱长，10 ft 箱长代号为 1，20 ft 箱长代号为 2，30 ft 箱长代号为 3，40 ft 箱长代号为 4，箱长代号 5～9 为未定号，英文字母 A～R 为特殊箱长代号。第二个字符表示箱高，8 ft 箱高代号为 0，8 ft 6 in 箱高代号为 2，9 ft 箱高代号为 4，9 ft 6 in 箱高代号为 5，高于 9 ft 6 in 箱高代号为 6，半高箱（箱高为 4 ft 3 in）代号为 8，低于 4 ft 箱高代号为 9。

② 类型代号。类型代号可反映集装箱的用途和特征，由两个字符组成。第一个字符为拉丁字母，表示集装箱的类型；第二个字符为阿拉伯数字，表示某类型集装箱的特征。例如，通用集装箱、一端或两端有箱门，类型代号为 G0，如表 2-3 所示。

表 2-3　集装箱类型代号

代　码	箱　　型	总　代　码	集装箱主要特征	细　代　码
G	通用集装箱	GP	一端或两端有箱门	G0
			货物的上方有透气罩	G1
			一端或两端有箱门且在一侧或两侧设全开或局部箱门	G2
V	通风集装箱	VH	无机械排风装置，但在上下两侧设有自然通风窗	V0
			箱内设有机械式通风装置	V2
			外置式机械通风装置	V4
B	无压干散货集装箱	BU	封闭式	B0
			气密式	B1
	承压干散货集装箱	BK	水平方向卸货，试验压力 150 kPa	B3
			倾斜卸货，试验压力 150 kPa	B5
S	以货物种类命名的集装箱	SN	牲畜集装箱	S0
			汽车集装箱	S1
			活鱼集装箱	S2
R	保温式集装箱	RE	机械制冷	R0
	制冷/加热集装箱	RT	机械制冷/加热	R1
	自备电源的机械制冷/加热集装箱	RS	机械制冷	R2
			机械制冷/加热	R3
T	罐式集装箱	TN	装运非危险性液体货	T0～T2
		TD	装运非危险性液体货	T3～T6
		TG	装运气体货物	T7～T9
U	开顶集装箱	UT	一端或两端开口	U0
			全部敞顶，带固定的侧壁（无开门）	U5
A	空陆水联运集装箱	AS	可在飞机、船舶、卡车、火车之间联运	A0

对于能确定类型，但特征尚未确定或不明确的集装箱，可直接用箱型群组代码表示。例如，属于通用集装箱类型但无法确定特征的，可直接标记为 GP。

（2）作业标记。

① 超高标记。凡高度超过 8.5 ft（2.6 m）的集装箱应标出超高标记，该标记为在黄色底上标出黑色数字和边框，如图 2-15 所示，同时在箱体每端和每侧角件间的顶梁及上侧梁上标出长度至少为 300 mm 的黄黑斜条的条形标记，以便在地面或高处作业时能清晰地识别到。

② 国际铁路联盟标记（见图 2-16）。欧洲各国边界相连，铁路车辆往来频繁，而各国铁路都有各自的规章、制度，手续也极为复杂。为了简化手续，国际铁路联盟对旅客、货物、车体及其他业务方面做了专门的规定并制定了《国际铁路联盟条例》。《国际铁路联盟条例》对集装箱的技术条件做了许多规定，满足该条例中规定的集装箱可以获得"国际铁路联盟标记"，即表示该集装箱已取得国际铁路联盟各缔约国的承认。在欧洲铁路上运输集装箱时，该标记是必备的通行标志。标记方框上部的"ic"表示国际铁路联盟，标记方框下部的数字表示各铁路公司代号（33 是中华人民共和国铁路的代号）。

图 2-15　超高标记

图 2-16　国际铁路联盟标记

3．通行标记

除上述必备标记与自选标记外，为使集装箱在运输过程中能顺利地通过或进入他国国境，箱上必须贴有符合规定要求的各种通行标记，否则必须办理烦琐的证明手续，由此会延长集装箱的周转时间。集装箱上主要的通行标记有安全合格牌照、海关运输加封批准牌照、检验合格徽、防虫处理板、农林徽等。

（1）安全合格牌照。该牌照表示集装箱已按照《国际集装箱安全公约》（*International Convention for Safe Container*，CSC 公约）的规定，经有关部门检验合格，符合有关的安全要求，允许在运输运营中使用。安全合格牌照是一块长方形的金属牌，尺寸要求不得小于 200 mm×100 mm，牌上标有"CSC 安全合格"字样，同时标有表示其他内容的文字。对于运输运营中使用的集装箱，安全合格牌照上还必须标明维修间隔的时间。

（2）海关运输加封批准牌照（TIR 批准牌照）。联合国欧洲经济委员会（The United Nations Economic Commission for Europe，ECE）为使集装箱进出各国国境时不必开箱检查以加速集装箱的流通，于 1956 年制定了能使集装箱顺利通过国境的公约，即《集装箱海关公约》。该公约于 1972 年在日内瓦经联合国关税合作理事会修订为《集装箱关务公约》（*Customs Convention on Containers*，CCC），于 1975 年 12 月 6 日生效。1959 年，欧洲经济委员会又制定了便于集装箱内货物报关的《关于在国际公路运输手册担保下进行国际货物运输的海关公约》（*Customs Convention on the International Transport of Goods under Cover of TIR Carnets*，TIR 公约）。

用于运输海关加封货物的集装箱，如果符合规定的技术条件，可以在制造阶段按定型设计批准，也可以在制成以后逐个或按同一型号的一定数目加以批准。负责审批的主管当局经审查批准后，应向申请人发放批准证明书。这一批准证明书可按具体情况对按批准型号生产的集装箱全部有效或只对一定数目的集装箱有效。被批准人在使用集装箱运输海关加封货物前，应将批准牌照安装在获得批准的集装箱上。批准牌照应永久安装在十分明显并与其他官方批准牌照相近的地方。

批准牌照也是一块金属板，其尺寸要求与安全合格牌照一样，不得小于 200 mm×100 mm。该牌照上应以英文或法文标明内容，文字应易读并能长久保持清晰。

如果集装箱已经不符合批准时所规定的技术条件，在它被用来运输海关加封货物以前，应当恢复到批准时所具有的状态，以便重新符合上述技术条件。

如果集装箱上的主要特征已经改变，应立即停止对该集装箱的批准。在它用来运输海关加封货物以前，应由主管当局重新审查批准。

（3）检验合格徽。检验机关根据 ISO 的要求对集装箱进行各种检验，确保集装箱在运输过程中对于运输工具（如船舶、货主、拖车）是安全的，检验合格后应在箱门处贴上代表检验机关的检验合格徽。凡贴有检验合格徽的集装箱，可以认为是 ISO 的标准集装箱。

（4）防虫处理板。对于澳大利亚和新西兰的集装箱，防虫处理板是必备的通行标志。澳大利亚和新西兰两国的山林资源曾因进口植物带来的虫害受到了严重危害，在吸取这一教训的基础上，两国强烈要求对进口的木料及其他植物，包括集装箱上使用的木材进行防虫处理，以防止植物及其产品的病虫侵入国内和在国内蔓延并以此作为允许集装箱入境的条件之一。

澳大利亚卫生局规定，需经防虫处理的集装箱应向政府申报，由有关部门检验，认定合格后发放防虫处理板。防虫处理板上应标记有处理年份和处理时使用的药名。防虫处理板应牢固地安装在集装箱上较醒目的地方。

（5）农林徽。农林徽是带有熏蒸设施的集装箱的标记，一般贴在冷藏集装箱和散货集装箱的箱门上，注明该集装箱可以在箱内利用规定的药品进行熏蒸。

（二）集装箱的结构

集装箱是由各种不同的构件组成的。现以常见的干货箱为例，如图 2-17 所示，其基本构件主要有以下几个。

（1）框架，包括角柱、上侧梁、下侧梁、上端梁、下端梁等。

（2）两个侧壁。

（3）两个端壁。

（4）箱顶，包括顶板和顶梁。

（5）箱底，包括底板和底梁。

（6）箱门，包括门楣、门槛、门铰链、箱门搭扣件和箱门密封垫等。

（7）角件。角件是一个三面有空的专用于固定和起吊集装箱的装置。每个标准集装箱均有 8 个角件。集装箱箱顶的角件称作顶角件，箱底的角件称作底角件。集装箱应具有一定的强度，要求在运输时不能摇摆（包括横摇和纵摇）、吊起时不能变形且在运输过程中要坚固、耐用和经济。

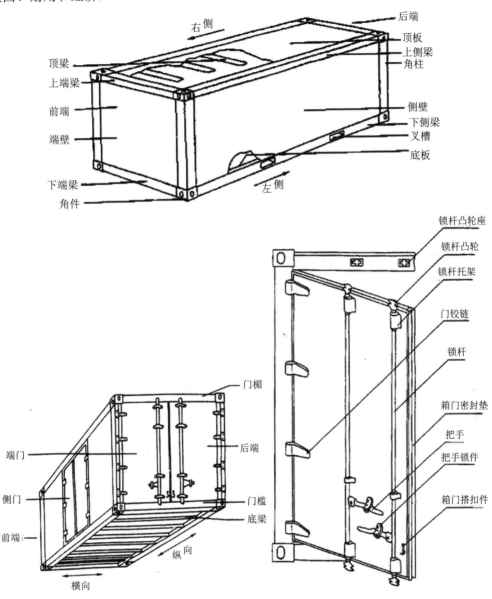

图 2-17　集装箱的结构

第二节　集装箱租赁实务

集装箱租赁的发展是随着《集装箱关务公约》的制定和生效发展起来的。《集装箱关务公约》于 1972 年 12 月 2 日由联合国关税合作理事会在日内瓦制定并于 1975 年 12 月 6 日生效，该公约的生效对集装箱的发展和集装箱租赁的活跃具有里程碑式意义。在该公约生效之前，集装箱空箱进入各个国家都被当作进口货物，要求申报、检查和征税，既麻烦又提高了运输成本。该公约生效后，特别申明"集装箱通过某国前往第三国时，途经的国家可以对集装箱免于检查"，这使得集装箱本身可以免税进入任何国家，再免税装货出口，从而为集装箱作为一种运输设备活跃在全球租赁市场提供了极大的便利。我国于1986年7月22日承认此公约。同年，我国海关总署颁布了《〈中华人民共和国海关对国际航运集装箱管理办法〉的通知》，其中规定集装箱在我国可停留90天而无须报关和征税。2004年3月1日，这项规定又改为集装箱可在我国停留180天而无须报关和征税。

一、集装箱租赁的定义和优点

（一）集装箱租赁的定义

集装箱租赁是指集装箱租赁公司（租箱公司）与承租人（一般为海运班轮公司，铁路、公路运输公司等）签订协议，用长期或短期的方式把集装箱租赁给承租人。在协议执行期间，箱体由承租人管理、使用，承租人负责对箱体进行维修、保养，确保避免灭失。协议期满后，承租人将箱子还至租箱公司指定堆场。堆场对损坏的箱体按协议中规定的技术标准修复，修理费用由承租人承担。承租人按照协议向租箱公司承付提箱费、还箱费及租金。

集装箱租赁是一项长期稳定获利的业务，一直以来为欧美地区基金组织和投资人所青睐，其利润主要来源于付清集装箱生产成本、财务成本和管理成本后的其他租箱收益和集装箱处理残值。由于集装箱租赁行业需要巨额资金且专业性强，所以一般企业很难涉足。

目前，活跃在市场上的前12位的租箱公司大都为美国、欧洲地区基金组织所经营和持有，中资的公司仅佛罗伦、景阳两家，注册地在我国香港。目前，活跃在市场上的主要集装箱租赁公司有 Triton、Textainer、GESeaco、Tal、Interpool、CAI、Capital、Cronos、Gateway、Gold、Amficon 等。

（二）集装箱租赁的优点

集装箱租赁业务对出租方和承租方均有好处，其优点如下。

1. 对集装箱租赁的出租方来说

（1）投资风险相对小。将资金投入集装箱船舶，开展航线运营与将资金投入集装箱，从事集装箱租赁相比，风险明显较小。因为水路运输市场的租箱需求相对稳定，而对特殊航线的需求波动较大，而且投资于船舶的单位资金需求量比投资于集装箱要大得多。

（2）加强了集装箱运输的专业化分工。专业集装箱租赁公司的出现与发展实际上意味着集装箱运输本身专业分工的进一步细化，将箱务管理这一业务独立出来，有利于箱务管理合理程度的提高和集装箱的有效调配，可提高集装箱的利用率，加强维修，从而降低费用，提高集装箱运输的经济效益，充分发挥集装箱运输方式的优越性。

（3）提高了集装箱的利用率。班轮公司自备的集装箱一般只供某一特定班轮公司的船舶与航线使用，其利用率总会受到一定的限制，调度得再好，也必定存在空箱调运的情况。对于规模较小的班轮公司，利用率不高、空箱调运占用大量运力的现象更是难以避免。而租箱公司则不然，其箱子可供各个班轮公司租用，所以箱子的利用率高，空箱调运次数通常明显低于班轮公司自备集装箱。

2．对集装箱租赁的承租方来说

（1）可有效降低初始投资，避免资金被过多占用。班轮公司贷款购箱，初始投资巨大，背负沉重的利息负担；出资租箱，则只用少量资金就可取得集装箱的使用权，投资风险大为下降。

（2）节省空箱调用费用，提高箱子的利用率。班轮公司自置集装箱，由于航线运量不平衡的客观存在，必定要花费大量的空箱调运费，而且箱子的利用率会下降，而采用租箱可节省这些费用。例如，班轮公司合理利用单程租赁、短期租赁与灵活租赁等方式，既可以满足对集装箱的需求，又可以节省租金，使公司的经济效益得以提高。

（3）避免置箱结构的风险。班轮公司自备箱的尺寸、型号必须符合一定的比例，这就带来了置箱结构上的风险。航线所运货物的结构一变，虽然班轮公司的总箱量没有减少，但由于对特定箱型需求的变化，仍会面临无法满足所需箱量的情况。采用租箱就可随时对所需特殊箱型予以调整，可规避由此带来的风险。有时由于国际标准的修订，有些箱型被淘汰，班轮公司会因此遭受损失。

正是因为集装箱租赁具有以上显而易见的优点，租箱业务在全球迅速发展起来，租箱公司的箱量占全世界总箱量的45%以上。在我国，特别是远洋班轮公司和内贸线班轮公司的箱队中，租箱量占总箱量的90%以上。

二、集装箱租赁方式及其选择原则

（一）集装箱的租赁方式

集装箱租赁有多种方式，目前最常见的是期租、程租和灵活租赁。

1．期租

期租是指定期租赁的方式。按其租期的长短，可分为长期租赁和短期租赁两类。

（1）长期租赁，一般指租期为3～10年的租赁。根据租期届满后对集装箱的处理方式，又可分为融资租赁和实际使用期租赁两种。

① 融资租赁（金融租赁）。融资租赁是指租期届满后承租人支付预先约定的转让费（通常为一个较低的象征性金额）将箱子所有权买下的租赁方式，这种租赁方式的实质是通过"融物"而进行融资，承租人表面上是租用集装箱，而实际上是向出租人借钱购入集装箱。所以，以融资租赁方式租入集装箱实际上和班轮公司自备箱没有太大的区别。

② 实际使用期租赁。这是一种实质上的长期租赁，承租人在租赁合同期满后即将箱子退回给出租人，是一种纯粹的"融物"，不带任何融资的因素。

长期租赁的特点是承租人只需按时支付租金，即如同自备箱一样使用；租金较低，租期越长，租金越低。因此，对于货源稳定的班轮航线，采用这种方式租用一定数量的集装箱，既可保证满足航线集装箱需求量，又可减少置箱费、利息及折旧费，是一种比较经济的方式，因此目前较多采用长期租赁方式。这种方式在租期未满前，承租人不得提前退租，但可在合同中附加提前归还集装箱的选择条款。对租箱公司而言，采用这种方式可在较长的租期内获得稳定的租金收入，减少租箱市场的风险，也可减少大量的提箱、还箱等管理工作。

（2）短期租赁，一般指租期在 3 年以下的租赁。这种租赁对班轮公司来说，风险较小，较为灵活，但对租箱公司而言则风险较大。所以，就租期来说，一般租期越短，单位租金越高。

2．程租

程租是指根据一定的班轮航次进行租箱的租赁方式。这种方式对班轮公司来说灵活度大，对租箱公司相对不利，所以根据不同的实际情况，集装箱的单位租金会有很大的区别。程租又可分为单程租赁和来回程租赁两种。

（1）单程租赁。单程租赁是指单一航程的租赁，其特点是从发货地租箱、到目的地还箱。该方式采取从起运港至目的港的单程租用，一般适用于货源往返不平衡的航线，它可满足承租人单程租箱的需要。如果从缺箱地区单程租赁到集装箱积压地区，承租人需要支付较高的租金，因为此时租箱公司需要从集装箱积压地区往短缺地区调运空箱，租金中一般要包含空箱调运费，有时还需支付提箱费和还箱费。如果从积压地区租赁到短缺地区，因为租箱公司集装箱积压，产生很多费用，所以承租人可享受租金优惠，可支付较少费用，甚至可免除提箱费和还箱费，有时还可能在一定时间内免费租箱。单程租赁多用于同一条航线上来回程货源不平衡的情况，即从起运港至目的港单程使用集装箱。

例如，某船公司经营 A 港至 B 港的集装箱货物运输业务，A 港至 B 港的货运量较大，而 B 港至 A 港的货物运输所使用的集装箱较少，即来回程货运量不平衡。而该公司从 B 港至其他地区又没有集装箱运输业务，运营结果必然在 B 港导致空箱积压。在这种情况下，该公司可租用 A 港至 B 港的单程集装箱，这样既可节省空箱在 B 港的保管费，又可节约空箱从 B 港运回 A 港的运费等。

（2）来回程租赁。来回程租赁通常是指提箱、还箱同在一个地区的租赁方式，一般适用于往返货源较平衡的航线，原则上在租箱点还箱（或同一地区还箱）。租期可以是一个往返航次，也可以是连续几个往返航次。由于不存在空箱回运的问题，这一租赁方式的租金通常低于单程租赁。该种租赁方式的租期不受限制，在租赁期间，租箱人有较大的自主使用权，不局限于一个单纯的来回程。但是在实际操作过程中必须注意，来回程租赁一般都对还箱地点有严格的限制。

3．灵活租赁

集装箱的灵活租赁是一种在租箱合同有效期内，承租人可在租箱公司指定地点灵活地进行提箱、还箱的租赁方式。它兼有期租和程租的特点，一般租期为一年。在大量租箱的情况下，承租人可享受租金的优惠，租金甚至接近于长期租赁的水平。在集装箱货源较多且班轮公司经营航线较多，往返航次货源又不平衡的情况下，多采用这种租赁方式。

在灵活租赁的情况下，由于提箱、还箱灵活，因而给租箱公司带来一定的风险，所以在合同中规定了一些附加约束条件，如规定最短租期、基本日租金率等。一般最短租期不得少于 30 天，承租人必须按租期支付租金。有时还可能规定起租额，如规定承租人在合同租期内必须保持一定的租箱量并按超期租额支付租金（即当实际租箱量少于起租箱量时采用）；规定全球范围内月最大还箱限额；规定最小月提箱量；规定各还箱地区的月最大还箱量；等等。

集装箱班轮公司应根据自身航线特点、货物特点、投资能力等确定自备箱量与租赁箱量的合理比例及通过什么方式租赁集装箱，确保自身取得最好的经济效益。选择集装箱租赁方式时，租箱人除根据自己的需要选择集装箱租赁公司外，还应注意到以下内容。

（1）租箱公司的业务范围、管理水平和信誉。

（2）对目的地还箱数量的限制规定。

（3）对租箱费率的调研、比较。

（4）对提箱费、还箱费的规定。

（5）对所租用箱子的检查。

（6）有关合同责任条款和租金支付规定等。

（二）选择集装箱租赁方式的原则

在选择租箱方式时，班轮公司在实际的业务操作中一般考虑以下几个原则。

（1）班轮公司开辟新航线或扩大运输规模时，一般采用长期租赁或金融租赁的方式承租一定数量的集装箱，如果租金水平趋于上升，一般采用较长租期，如3～5年；反之，则可以采用较短租期，如1年左右。

（2）当班轮公司拟自备一定数量的集装箱却无足够资金时，一般采用金融租赁方式租入一定数量的集装箱。待租期届满时，按照双方商定的费率将所租用的集装箱全部买入。

（3）当班轮公司经营航线单一、挂靠港口较少时，若航线两端往返程货源不平衡，一般采用单程租赁或连续几个单程租赁的方式；若航线两端往返货源较为平衡，一般采用来回程租赁或连续几个来回程租赁的方式。

（4）当班轮公司经营多条航线时，因各条航线相互衔接，集装箱流动性较大，货源不平衡且随航线之间相互衔接而交叉分布，一般采用灵活租赁方式。

三、集装箱租赁合同的主要条款

集装箱租赁合同（container lease agreement）也称租箱合同，是规定了出租人与承租人在租箱业务中各自的权利、责任、义务以及费用的法律文件。集装箱承租人与出租人在签订租箱合同文本之前，一般先就租金、租箱方式、租箱数量、交/还箱日期、租/退箱费用、交/还箱地点、损坏修理责任和保险等内容进行洽谈。

（一）交箱条款

所谓交箱条款，是指租箱公司应在租箱合同规定的时间和地点将符合合同条件的集装箱交给租箱人。这一条款包括交箱期、交箱量和交箱时箱况三项内容。

1．交箱期

交箱期是指租箱公司必须在多长的期限内交箱。从目前租箱合同中对交箱期的规定来看，这一期限通常为7～30天。

租箱合同中约定交箱期对集装箱出租人和承租人都有好处。对租箱人来说，在规定的交箱期内任何时间提箱，都不违反合同规定，有较大的灵活性；对租箱公司而言，有一个交箱期的规定，可避免承担延误交箱的责任。

2．交箱量

交箱量有两种：一种是最低交箱量，即租箱合同中规定的交箱量；另一种是实际交箱量，即超出或不足租箱合同规定数量的交箱量。一般而言，采取哪一种交箱量主要取决于租赁市场的箱、货供求关系。通常，租箱公司比较喜欢租箱人超量租箱。

3．交箱时箱况

交箱时通常以集装箱设备交接单来划分承租人与出租人双方的责任、权利、义务。每一个集装箱在交接时，租箱人与租箱公司共同签署设备交接单，以表明交接时箱子的状况。在实际租箱业务中，为简化手续，租箱合同中规定租箱人所雇用的司机与租箱公司的堆场作业人员或堆场门卫代表双方共同在集装箱设备交接单上签署视同为合同当事人本人签署。

（二）还箱条款

所谓还箱条款，是指租箱人应在租箱期届满后，按照租箱合同规定的时间、地点，在箱体外表状况良好的情况下将箱子退还给租箱公司。当租箱人按上述条件将集装箱退还给租箱公司后，便视作已履行租箱合同中的还箱条款。这一条款主要有三项内容，即还箱时间、还箱地点和还箱状况。

1．还箱时间

租箱合同中规定有还箱时间，但在实际的租箱业务中，经常会发生到了合同规定的还箱时间，租箱人却不能按期还箱或租箱合同未到期，租箱人却要求提前还箱的情况，这两种情况在租箱业务中皆称为不适当还箱。

逾期还箱时，租箱人要支付逾期还箱的追加租金（通常高于正常租金），甚至要加付罚金。此外，如到租箱合同规定的还箱期90天后，租箱人仍未还箱，租箱公司可自动认定箱子全损，租箱人应按合同约定的赔偿办法支付赔偿金。而且在租箱公司收到赔偿金前，租箱人仍需按天支付租金。

提前还箱时，应根据租箱合同中是否订立提前终止条款（early termination clause）来处置。如订有该条款，租箱人可在租箱合同未到期的情况下，支付提前终止费用后，提前将集装箱退还给租箱公司；反之，如租箱合同中未订有该条款，但要提前终止执行租箱合同，则租箱人需交纳自合同签订之日起至还箱时的全部租金，即租箱人除交纳用箱期内租金外，还需补交自提前还箱之日至合同签订还箱时间的租金。提前终止费用一般相当于5～7天的租金。

2．还箱地点

租箱人应按租箱合同规定的地点或经租箱公司书面确认的地点将集装箱退还给租箱公司。作为租箱人应注意，还箱地点与最终用箱地点的距离有密切的关系，最终用箱地点应是还箱地点或离还箱地点比较近的地点，这样可以减少相关费用。如某租箱人所租赁集装箱到期还箱地点是荷兰鹿特丹港，则其安排该箱在还箱时间前最后一航次的用箱目的港应为鹿特丹港或其附近港口，以减少将集装箱送至鹿特丹港还箱的费用。

3．还箱状况

所谓还箱状况，是指租箱人应在箱体外表状况良好的情况下将集装箱退还给租箱公司。如还箱时箱体外表有损坏，租箱公司或其代理人应立即通知租箱人并做出修箱估价单，由租箱人照单付费。若租箱合同中已订立损害赔偿修理条款，则修理费用由租箱公司承担。

（三）损害赔偿修理条款

损害赔偿修理条款（damage protection plan，DPP）是指承租人在支付 DPP 费用的前提下，归还箱子时可不对租赁期间箱子的损坏负责，损坏的集装箱由租箱公司负责修理。

如租箱合同中未订立 DPP 条款，租箱人在用箱期届满后，应按提箱时与租箱公司在集装箱设备交接单上所记载的状况将箱子还给租箱公司，如有任何损坏，则应负责修理完毕后再将集装箱还给租箱公司。若租箱合同中订立了 DPP 条款，则租箱人在还箱时无须对租赁期间所造成的损坏承担修理责任，即可将未修理的集装箱归还给租箱公司。因此，租箱合同中订有损害赔偿修理条款，对租箱人来说，可避免发生箱体损坏后所引起的有关安排修理、查核、支付修理费等繁杂事务，也可节省将受损的集装箱运至修理厂的额外费用。

租箱合同中订立损害赔偿修理条款从某种程度上保护了租箱人的利益，但租箱人在订立 DPP 条款时应注意，合同中一旦订有 DPP 条款，无论箱体在租赁期间是否发生箱损，租箱人除支付租金外，都要支付损害修理费用，而且该费用不予退还。此外，该费用只适用于箱子的部分损坏，不适用于箱子的全损。此外，该条款也不包括共同海损分摊、对第三者的民事损害赔偿及对箱内有关货物的责任。

另外，DPP 条款的赔偿范围根据各租箱公司所订立的合同内容不同而不同。集装箱损害赔偿修理可采取限额赔偿方式，也可采取全额赔偿方式。限额赔偿是租箱公司有限度地承担集装箱损坏的修理费，如损坏修理费超过限额，则超过部分由租箱人自行负责；全额赔偿是租箱公司按合同规定全额负担集装箱损坏的修理费用。工作实践中常采用限额赔偿方式，DPP 负责比箱子本身价值略低的一个固定限额，但规定最低赔偿限额在 250 美元左右。例如，一个 20 ft 集装箱的价值为 2400 美元，合同中 DPP 条款负责的最高费用可能只有 2000 美元。如箱子在租赁期间发生损坏，其修理费用和其他费用在 2300 美元，则租箱公司依据合同条款规定只负责 2000 美元，超出部分则由租箱人负责。

（四）租箱人的义务与责任

在租箱业务中，租箱人除支付租金和承担有关损害修理责任外，对租赁期间所不能控制的事件，如战争、内乱、政府行为、公敌行为、劳资争端、自然灾害等导致的箱子损坏、扣押、没收等情况，租箱人不能借上述原因推卸责任。归纳起来，租箱合同中租箱人的主要责任和义务包括以下内容。

（1）按合同规定的时间、方式支付租金。

（2）租赁期内，租箱人与租箱公司共同承担《国际集装箱安全公约》规定的检验和修理责任。

（3）在租赁期内，租箱人应遵守本国或他国的一切涉及集装箱的法律、法令、法规并承担相关的费用及罚款。

（4）租箱人应承担租赁期内箱体的全损或灭失责任。

（5）租箱人可在所租赁的集装箱外表贴上自己的标志，但不得任意变动原有的标志。

（6）租赁期内，租箱人应按有关规定使用集装箱，不得超负荷装载或长期堆存有损箱体的货物。

（7）租赁期内，租箱人应对箱子进行良好的保养及维修，主要包括集装箱的清洗、防污、油漆以及更换必要的部件。

（8）租赁期内，租箱人应对第三者造成的箱体损害负责。

（9）支付除租金、损害修理费用外的有关费用。

（五）租金支付条款

集装箱租金的计收是租箱合同中的重要条款。

租箱人应在租赁期内按照合同约定的时间支付租金，一旦租箱人发生未按时支付租金的行为，则被视为严重违约，租箱公司有权收回箱子并提出有关的赔偿要求。所以，租箱人能否在租赁期内自由使用集装箱与其是否在租赁期内按时支付租金有直接关系。租金支付条款主要包括以下内容。

（1）租期。所谓租期，即自租箱公司向租箱人交箱之日起至租箱公司接受还箱的次日止的一段时间。一般租箱合同均规定以租箱人提箱日为起租日，退租日则根据租箱合同规定的租期或实际用箱时间确定。长期租赁的退租时间根据合同而定；灵活租赁的退租日则以租箱人将箱子退还至租箱公司指定堆场的时间计算。应注意的是，租箱人在终止租箱时应按合同规定的时间事先通知租箱公司，不得任意延长租赁期或扣留使用箱子。

（2）租金。租金在租赁期内按合同约定的租金费率，按每箱/天计收，从交箱当日起算，至租箱公司接受还箱的次日止。长期租赁如无DPP条款，原则上在修复箱体后才可退租；有DPP条款，应与租金同时结算。此外，如租箱合同中订立了提前终止条款，则租箱人只需支付合同中规定的提前终止费用，无须支付未到期的租金；若合同中无此条款，则从还箱之日至租赁期届满之日，租箱人仍需按合同租金费率支付租金。

（3）租金支付方式。租金支付方式有两种：一种是按月支付；另一种是按季预付。租箱人在收到租箱公司的租金支付单后30天之内必须支付，如有延误，则需在支付租金外按合同规定的费率支付利息。

（4）交箱、还箱手续费。租箱人应按合同规定的费率支付交箱、还箱手续费，此项费用主要用于抵偿租箱公司支付租箱堆场的有关费用（如单证费等），其费用额度参照租箱堆场的费用规定或租箱合同的约定。此外，租箱人提箱时通常还需额外向租箱堆场交纳集装箱吊上（下）费用。

在实际情况中，有时会出现租箱人提箱、还箱日期不能与合同规定的提箱、还箱日期完全吻合或集装箱在租赁期内灭失以及租箱人不能按时支付租金等情况，这些都会影响租金的计收，具体应视不同情况进行调整。

（六）保险条款

集装箱的保险是租箱业务的主要内容之一。在集装箱租赁期内，箱子的保险可以由租箱人自行投保，也可以由租箱人与租箱公司协商投保。

1．保险条件

（1）每一个集装箱为一个单独的投保单位。

（2）被保险人对投保的集装箱应做好维修、保养工作。

（3）保险期可视具体情况修改，如在租赁期内的箱子损坏修理率超过一定比例，租箱公司有权修订保险条款。

2．保险方式

（1）限额保险。限额保险即保险公司有限度地承担集装箱的损坏修理费，超出投保限度部分由租箱人支付。

（2）全值保险。全值保险即保险公司按保单或协议规定的使用价值支付修理费用，其使用价值根据对箱子规定的金额决定。

3．除外责任

保险公司对以下原因造成的箱子损坏、修理不承担责任。

（1）战争、敌对行为、武装冲突。

（2）政府行为。

（3）集装箱内在缺陷造成的损坏。

（4）集装箱的自然耗损、正常磨损。

（5）超负荷装载导致的损坏。

（6）装载高度易燃、易爆、易腐蚀等烈性危险品造成的损坏。

（7）第三者造成的损坏。

（8）间接损失。

（9）共同海损分摊。

（10）救助费用分摊。

4．损坏修理的程序。

（1）提出损坏报告。

（2）对箱子进行检验。

（3）修理。

5．保险期限与退租

集装箱保险从租箱合同约定的交箱日起生效，至集装箱退还至租箱公司指定的租箱堆场时终止。如由租箱人投保，应在对箱子进行修复后，才能退租。如发生集装箱全损，则退租日期为租箱公司收到有效证明文件之日。

6．保险金

（1）保险金与租金同时支付给租箱公司。

（2）保险金与租金一起按每箱/天计算，租金有免费期，保险金也不能减免。

（3）保险金可根据租箱人使用箱子的情况而定，租箱公司可定期对出租集装箱进行测试和调整。

（七）转租

在灵活租赁集装箱的方式下，集装箱承租人可以将所租用的集装箱转租，而无须办理退租和起租手续。通常的做法是原租箱人与转租的租箱人直接办理集装箱的交接，然后由租箱公司的代理人、原租箱人和转租的租箱人及时将交接证明或将转租集装箱的箱号记录等寄交租箱公司。

（八）设备标志的更改

在租箱实务中，经常出现租箱人要求更改箱子的标志，加注自己需要的标志内容的情况。一般来讲，在租箱人保留使用租箱公司标志的情况下，租箱公司都会接受租箱人提出的修改集装箱原有的标志、增加租箱人所需要标志的要求。在这种情况下，租箱合同中一般规定，租箱人在还箱时必须去除其更改的标志内容，恢复集装箱原有的标志。如租箱公司负责承担该项工作，则费用仍应由租箱人承担。设备标志更改常见于融资租赁方式。

第三节　集装箱箱务管理实务

箱务管理是国际集装箱运输中一项十分重要的工作。做好箱务管理工作对加快集装箱的周转、提高集装箱运输企业的经济效益均有重要的意义。

集装箱箱务管理涉及集装箱的保管、交接、发放、装箱、调运、租赁、检验、修理等多项工作，又涉及港、航、路、站、场等诸多部门，是一个十分复杂的系统工程。

通常情况下，集装箱由承运人配备。承运人配备的集装箱称为船东箱（承运人货柜）或 COC（carrier's owned container）。但是，并不是所有的集装箱都由船公司配备，有的货主自己也配备集装箱，称为货主自备箱或 SOC（shipper's owned container）。这两种情况中，COC 使用得更为普遍，SOC 则只占相当小的比重。

由于国际集装箱运输中使用的集装箱大多数为航运公司所支配，因此从事箱务管理的人员主要是航运公司的箱管人员和受航运公司委托的在港、场（站）等地的集装箱代理人。

承运人集装箱的箱务管理通常由船公司专设箱务管理一职承担，其工作内容为记录各货柜的动态并计算箱量配备情况。集装箱的实际保管、交接等工作由船公司委托一个或几个集装箱堆场（或称场站）分别办理。船公司箱务管理人员负责与堆场协调集装箱的供应、使用、回收、维修等。当本港集装箱用箱量不足时，箱务管理人员应向本公司箱管总部报告并根据实际情况从附近其他港口调运空箱或向租箱公司租赁集装箱以满足本港需求，保证船舶如期开航。

一、集装箱的调运

航运公司应做好集装箱的调运工作，及时为货方、内陆承运人提供数量充足、类型齐备的集装箱。集装箱的调运关系着集装箱的周转效率和利用程度，关系着空箱调运成本，也关系着货物的及时发送，直接影响企业的经济效益。

（一）空箱调运产生的原因

（1）港口进出口箱量和箱型不平衡。世界各主要集装箱班轮公司的航线几乎都存在着货物运输的季节性变化以及航线两端国家或地区的贸易不平衡等所引起的货流量不平衡的问题。例如，在跨太平洋航线上，由于美国与日本、中国等国家之间存在着巨大的贸易逆差，造成东行货流量远大于西行货流量的状况；在远东至欧洲航线上，由于进出口货物种类和性质上的差异以及运费和装、卸费收费标准的不同，造成了进出口箱型的不平衡，即日本多用 40 ft 集装箱向欧洲出口电器、化工产品等轻货，而欧洲多使用 20 ft 集装箱向日本出口纸浆、食品、化学品等重货，使此航线上形成了西行 40 ft 集装箱运量大于东行 40 ft 集装箱运量的状况。

（2）集装箱周转速度慢。集装箱周转期主要取决于港口堆存期和内陆周转时间。由于港口至内陆的集疏运能力较差，集装箱内陆运转时间较长，加上因管理水平较低造成的集装箱单证流转不畅、交接手续复杂，货主不能及时提箱，使港口严重压箱，大大影响了集装箱的周转，班轮公司为了满足货主的用箱要求和保证船期，不得不从邻近港口或地区调运空箱。

（3）租箱协议中有关退租地点的限制。由于港口进出口箱量和箱型的不平衡，箱源分布不尽合理。为了避免或弥补班轮公司在租期届满后在集装箱积压地区退租所造成的损失，租箱公司在租箱协议中严格规定了集装箱的还箱地点和还箱限额，而退租费用也会因地而异。因此，班轮公司在租期届满时应将箱子调运至指定的还箱地点或还箱费用较低的地区，否则就必须向租箱公司支付高额的还箱费。

（4）区域间修箱成本和修箱标准的差异。因各区域修箱费用和各班轮公司对修箱要求的不同，班轮公司出于经济、质量或管理方面的考虑，不得不将空箱调运至修理成本较低或技术水平较高的修理厂家所在的港口或地区进行修理。

（5）管理方面的原因。例如，由于单证交接不全、流转不畅，影响空箱的调配和周转；又如，货主超期提箱，造成港口重箱积压，影响集装箱在内陆的周转，为保证船期，需要从附近港口调运空箱。

（二）减少空箱调运的途径

（1）组建联营体，实现船公司之间的集装箱共享。联营体通过互相调剂使用空箱，可减少空箱调运量和航线集装箱需备量，节省高昂的空箱调运费和租箱费。

（2）强化集装箱集疏运系统，缩短集装箱周转时间。通过做好集装箱内陆运输各环节的工作，保证集装箱运输各环节紧密配合，缩短集装箱内陆周转时间和在港时间，以提供足够箱源，不至于因缺少空箱而从邻港调运。

（3）强化集装箱跟踪管理系统，实现现代化箱务管理。通过优化集装箱跟踪管理计算机系统，采用电子数据交换（EDI）系统，以最快、最准确的方式掌握集装箱信息，科学而合理地进行空箱调运，最大程度地减少空箱调运量、缩短调运距离。

（三）空箱调运方式

（1）港到港的调运。

① 国际调运。由于货源不平衡及各航线货物流向不平衡等原因会造成各港的空箱数量的不平衡，因此必须将某港的剩余空箱调运到空箱不足的港口以供使用。

箱管部门应与货运部门配合，尽快掌握各港的空箱数量和空箱需求量，及时根据调运计划将空箱按其类型、数量调运到指定的港口。一般情况下，尽可能安排本公司的船舶运载空箱，特殊情况下，可委托其他船公司的船舶运载。国际调运需要办理海关报关手续。

② 国内调运。国内调运可通过水路或陆路运载完成。通过水路运载空箱时，箱管部门要与货运部门配合，掌握空箱的需求情况，同时必须与航运部门合作，了解船舶的配载情

况，充分利用船舶的剩余舱位进行空箱的调运。国内调运无须办理海关报关手续。

（2）港到堆场、货运站、中转站的调运。箱管部门必须及时将某些港口大量积压的空箱调运到各堆场、货运站等地。箱管部门必须尽早掌握空箱的到达时间、数量，采用直取方式将空箱调运到使用空箱的地点。箱管部门必须及时与集装箱代理人以及各堆场进行联系，及时将各堆场的闲置集装箱调运至港口。

（3）堆场、货运站之间的调运。空箱除小部分在港口堆存外，大量的空箱是在堆场和货运站堆存的。箱管部门应根据各场站的空箱需求量，进行堆场、货运站等地之间的空箱调运。

（4）临时租用的空箱调运。在集装箱运输过程中，若在某些地区，本公司的空箱储备量不足，进行调运也不能满足目前的急需时，箱管部门必须向租箱公司或其他船公司临时租用集装箱。箱管部门应与租箱公司或其他船公司联系，到租箱公司或其他船公司指定的场地将空箱运至本公司的协议堆场或货运站等地并做好设备交接手续。

（5）还箱的调运。在运输市场不景气或货源不足的情况下，及时返还部分租用的集装箱是降低运输成本的重要手段。箱管部门应与租箱公司联系确认还箱的手续，按租箱公司指定的地点将空箱运还并办理交接手续。

（6）其他。拆空的集装箱一般由货方（或其代理人）、内陆承运人负责还箱运输。箱管部门应及时掌握该类集装箱的动态，使空箱得到及时使用。集装箱在修理、清洗、改装、熏蒸、检验时，箱管部门应做好调运计划，联系运输公司将集装箱运至指定地点，以使集装箱满足载货要求。

二、集装箱的堆存和保管

（一）空箱的堆存和保管

集装箱所有人或箱管部门所管理的空箱一般在码头堆场、货运站堆场等地堆存和保管，通常委托箱管代理或各堆场经营人作为代理人进行实际管理并需支付堆存、保管费用。这些费用也是集装箱运输成本的重要组成部分，因而加强对集装箱空箱堆存、保管的管理具有重要意义。

集装箱箱管代理人在安排空箱堆存过程中，应将各航运公司的集装箱分别堆存，同公司的集装箱也应按照箱型分别堆存，以便于提箱。在搬运过程中，应按规范操作，避免集装箱出现残损。在收箱时，应做好集装箱的核查工作，一旦出现集装箱损坏的情况，要及时通知箱主安排修理等事宜。

集装箱所有人在掌握各堆场空箱的类型、数量的基础上，应充分利用各堆场入场初期的免费条款，将堆存期较长的集装箱调运出堆场。在我国，有些货运站采用集装箱堆存费包干形式，集装箱所有人可以充分利用这一条件，将空箱存放在该类货运站中。

（二）重箱的堆存和保管

集装箱码头为了避免堆场内集装箱的大量积压，往往规定了应在限定的入港开始时间和截止时间内将重箱运至指定的堆场存放；同时，对于进口重箱，也规定了免费堆存期，促使收货人及时提取货物，一旦超期，就要收取集装箱的堆存费用。

三、集装箱的发放和交接

（一）发放和交接集装箱的依据

箱管代理或各堆场经营人应依据出口场站收据、进口提货单以及这些文件内列明的集装箱交付条款，实行集装箱设备交接单制度。用箱人/运箱人必须凭箱管代理人或集装箱代理人签发的设备交接单办理集装箱的提箱（发箱）、交箱（还箱）、进场（港）、出场（港）等手续。

（二）交接责任的划分

（1）船方与港方交接以船边为界。

（2）港方与货方（或其代理人）、内陆（公路）承运人交接以港方检查桥（大门）为界。

（3）堆场、中转站与货方（或其代理人）、内陆（公路）承运人交接以堆场、中转站道口为界。

（4）港方、堆场中转站与内陆（铁路、水路）承运人交接以车皮、船边为界。

（三）进口重箱提箱（发箱）、出场的交接

货方（或其代理人）、内陆（水路、公路、铁路）承运人应持海关放行的进口提货单到集装箱代理人指定的现场（港区、堆场、中转站）办理集装箱发放手续。

集装箱代理人依据进口提货单、交付条款和有关集装箱及其设备使用的规定，向货方、内陆承运人签发出场设备交接单和进场设备交接单。

货方、内陆承运人凭出场设备交接单到指定地点提取重箱并办理出场集装箱设备交接；凭进场设备交接单将拆空后的集装箱及时交到集装箱代理人指定的地点并办理进场集装箱设备交接。

（四）出口重箱交箱（收箱）、进场的交接

货方、内陆承运人凭出口装箱单或场站收据、进场设备交接单到指定的港区交付重箱并办理进场集装箱设备交接。

指定的港区依据出口集装箱预配清单、场站收据、进场设备交接单收取重箱并办理进场集装箱设备交接。

（五）空箱的发放和交接

空箱提离港区、堆场、中转站时，提箱人（货方或其代理人、内陆承运人）应向集装箱代理人提出书面申请。集装箱代理人依据出口订舱单、场站收据或出口集装箱预配清单向提箱人签发出场设备交接单或进场设备交接单。

提箱人凭出场设备交接单到指定地点提取空箱，办理出场集装箱设备交接；凭进场设备交接单到指定地点交付集装箱并办理进场集装箱设备交接。

（六）收、发箱地点应履行的手续

场站依照与海上运输承运人的协议规定，代管集装箱。集装箱进入场站后，按照不同的海上承运人将空箱和重箱分别堆存。空箱按完好箱和破损箱、污染箱、自有箱和租用箱

分别堆存。场站应对保管期限内的集装箱和集装箱内的货物负责，如有损坏或灭失，均由场站承担责任。未经海上承运人同意，场站不得以任何理由占用、改装或出租其堆存的集装箱，否则应负经济责任。

空箱提离堆场时，提箱人（发货人或其代理人、内陆承运人）应向集装箱代理人提出书面申请。在工作实践中，承运人通常在接受订舱后向订舱人发放提箱单或放箱单，表示接受订舱并安排其办理空箱提取手续，同时承运人也会将该放箱信息发送到集装箱场站，由场站在办理空箱交接时用于核对信息。集装箱代理人根据订舱单或提箱单等向提箱人签发集装箱设备交接单并履行放箱手续。此时，场站通常还向提箱人收取集装箱使用押金，以确保集装箱被应用于所申请用途及使用过程中的安全。待集装箱装船后，押金退还提箱人。提箱人凭集装箱设备交接单（见图 2-18）和其他提箱文件到堆箱地点提取空箱。

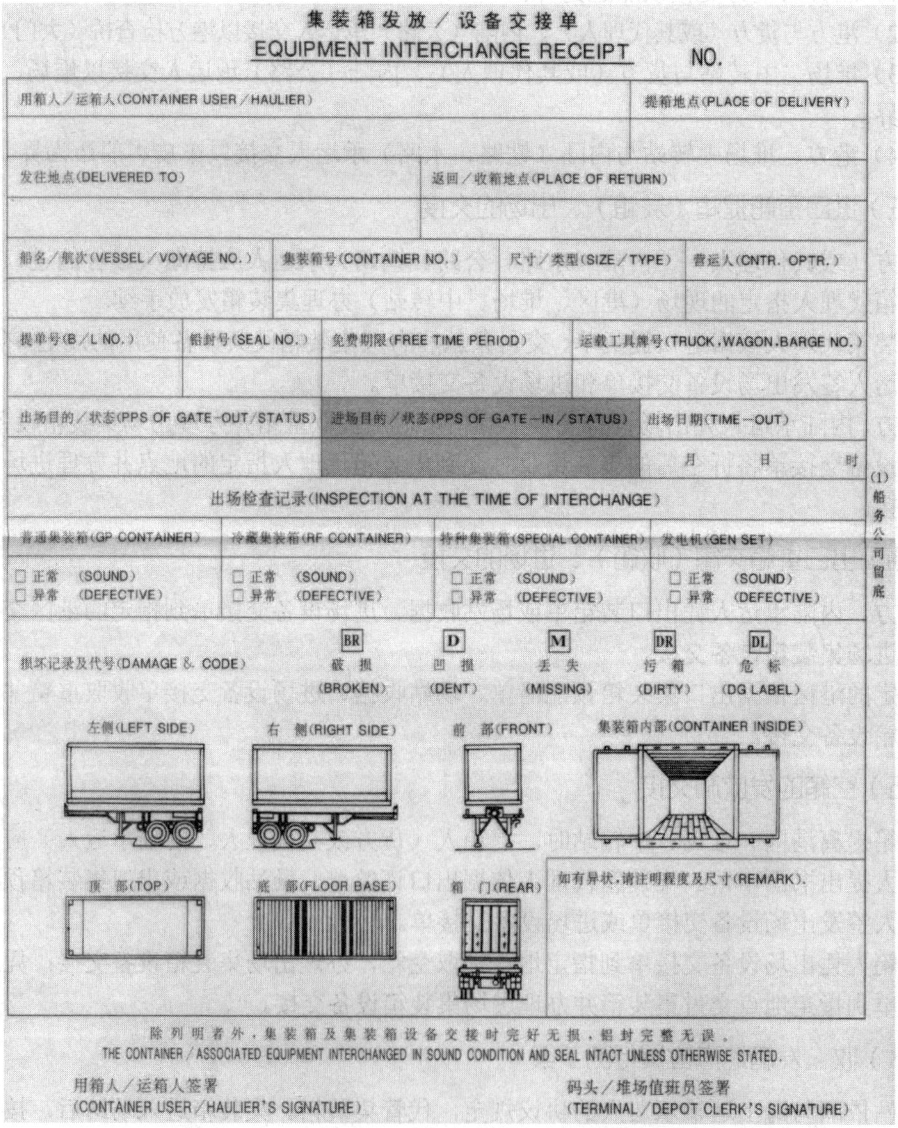

集装箱发放／设备交接单
EQUIPMENT INTERCHANGE RECEIPT   NO.

| 用箱人／运箱人(CONTAINER USER／HAULIER) | | | | 提箱地点(PLACE OF DELIVERY) |

| 发往地点(DELIVERED TO) | | 返回／收箱地点(PLACE OF RETURN) |

| 船名／航次(VESSEL／VOYAGE NO.) | 集装箱号(CONTAINER NO.) | 尺寸／类型(SIZE／TYPE) | 营运人(CNTR. OPTR.) |

| 提单号(B／L NO.) | 铅封号(SEAL NO.) | 免费期限(FREE TIME PERIOD) | 运载工具牌号(TRUCK,WAGON.BARGE NO.) |

| 出场目的／状态(PPS OF GATE-OUT／STATUS) | 进场目的／状态(PPS OF GATE-IN／STATUS) | 出场日期(TIME-OUT) 月 日 时 |

出场检查记录(INSPECTION AT THE TIME OF INTERCHANGE)

| 普通集装箱(GP CONTAINER) | 冷藏集装箱(RF CONTAINER) | 特种集装箱(SPECIAL CONTAINER) | 发电机(GEN SET) |
| □正常 (SOUND) □异常 (DEFECTIVE) | □正常 (SOUND) □异常 (DEFECTIVE) | □正常 (SOUND) □异常 (DEFECTIVE) | □正常 (SOUND) □异常 (DEFECTIVE) |

损坏记录及代号(DAMAGE & CODE)

| BR 破损 (BROKEN) | D 凹损 (DENT) | M 丢失 (MISSING) | DR 污箱 (DIRTY) | DL 危标 (DG LABEL) |

左侧(LEFT SIDE)　右侧(RIGHT SIDE)　前部(FRONT)　集装箱内部(CONTAINER INSIDE)

顶部(TOP)　底部(FLOOR BASE)　箱门(REAR)　如有异状,请注明程度及尺寸(REMARK).

除列明者外,集装箱及集装箱设备交接时完好无损,铅封完整无误.
THE CONTAINER／ASSOCIATED EQUIPMENT INTERCHANGED IN SOUND CONDITION AND SEAL INTACT UNLESS OTHERWISE STATED.

用箱人／运箱人签署
(CONTAINER USER／HAULIER'S SIGNATURE)

码头／堆场值班员签署
(TERMINAL／DEPOT CLERK'S SIGNATURE)

(1)船务公司留底

图 2-18　集装箱设备交接单

交接集装箱时，要保证箱体完好、水密、无漏光、清洁、干燥、无味；箱号清晰；特种集装箱的机械、电器装置无异常。提箱人提箱时，应按以下标准选择集装箱。

（1）符合 ISO 标准。

（2）四柱、六面、八角完好无损。

（3）箱子各焊接部位牢固。

（4）箱子内部清洁、干燥、无味、无尘。

（5）不漏水、不漏光。

（6）具有合格检验证书。

检查集装箱时，如有异常情况，应要求堆场立即更换其他集装箱，若无其他完好集装箱，则将异常情况注明在集装箱设备交接单上。

四、集装箱损坏、灭失及逾期还箱的处理

货方（或其代理人）、内陆承运人或从事集装箱业务的有关单位不得将集装箱及其设备用作集装箱设备交接单规定之外的目的，必须按集装箱设备交接单规定使用集装箱及其设备并按规定的时间、地点交还集装箱且应保持集装箱及其设备的完好性。

凡不按规定地点交还集装箱的，港区、堆场、中转站等地均应拒绝收箱。

集装箱损坏时，应按交接责任划分，确定责任方，根据损坏程度确定赔偿金额，责任方有义务向集装箱代理人（所有人）支付赔偿费用。

集装箱在航线经营人使用期间发生灭失，由航线经营人向箱管部门宣布灭失并将灭失动态输入电子管理系统，箱天使用费自宣布灭失次日起自动停止计核；箱管部门根据集装箱灭失、丢失赔偿标准向责任方索赔。

集装箱逾期使用时，依据集装箱超期使用费标准向集装箱代理人支付集装箱超期使用费。

五、集装箱的修理和维护保养

在运输、装卸、搬运、堆存过程中，由于种种原因造成集装箱损坏时，由箱管部门及其分部的技术管理部门对集装箱的修理做出统筹计划并组织实施。港口箱管代理可在授权范围内按照报修程序组织修理。

根据《国际集装箱安全公约》（CSC）规定，新箱在出厂后 24 个月内要进行内箱检验，满 5 年时要进行箱体检验并在以后每 30 个月检验一次。为此，港口箱管代理应充分重视此项工作并确保航运公司自有箱的 CSC 铭牌在有效日期内，要根据箱管部门的统一安排，做好集装箱的维护保养工作，保证集装箱满足 CSC 规定的要求。

六、集装箱的跟踪管理

随着集装箱运输的迅猛发展，集装箱数量日益增多，尤其是国际多式联运的推广普及给集装箱的使用和管理带来了新的课题。为了能够随时掌握和控制集装箱在中转、使用中的各种状态，集装箱经营者必须建立高效率的集装箱跟踪管理系统，以提高集装箱的周转

率，防止集装箱灭失，降低集装箱运输成本，发挥集装箱运输的优越性。

集装箱的跟踪管理是指集装箱经营者为掌握和控制集装箱的动态而采用的管理方式，一般分为手工跟踪管理方式和计算机跟踪管理方式两种。其中，集装箱计算机跟踪管理方式是目前船公司普遍采用的高效率的方式。

计算机跟踪管理方式是运用电子计算机技术建立起来的信息传递和数据处理的管理系统，具体操作是：先将集装箱所有必要的特征，如箱号、箱型、尺寸、购箱日期及其地点等预先存储在计算机内，然后利用某种特定的代码形式将集装箱日常动态信息及时输入计算机并根据事先编好的程序，通过计算机进行有效的数据处理，随时可直观地显示或打印出集装箱管理部门所需的各种类型的报表、资料和文件。

集装箱计算机跟踪管理系统按其信息和传递系统可分为联机和脱机两大类。

联机系统是船公司的计算机与其在各港代理处所设置的终端机连成网络，有关的集装箱动态信息直接由代理人随时通过终端机输入船公司计算机内存储或处理并能将所需处理结果返回至终端机的显示或打印设备上。

脱机系统是指信息的传递由各港代理处采用普通的通信或磁带卫星交换方式传递给船公司，然后再由船公司计算机输入设备输入计算机内存储或处理。这种方式的实时性较差，比较适用于远距离的信息传递。

目前，利用计算机对集装箱进行管理已逐步由初级阶段向高级阶段发展。船公司不仅能够掌握、跟踪分布在集装箱码头堆场、货运站、货主仓库及运输途中的集装箱所处的位置和使用状态变化的动态信息，而且可以对各个运输环节的集装箱需求情况做出预测。

课后练习

主要概念

自重　载重　额定重量　期租　程租　灵活租赁

应知考核

一、单项选择题

1. 目前国际标准集装箱的宽度均为 8 ft（2438 mm），高度有 8 ft、8 ft 6 in 和（　　）三种。

　　A. 10 ft
　　B. 10 ft 6 in
　　C. 8 ft 以下
　　D. 6 ft 以下

2. 集装箱所有者的代码用（　　）个大写的拉丁字母表示（国内使用的集装箱用汉语拼音表示）。

　　A. 3　　　　　B. 4　　　　　C. 5　　　　　D. 6

3. TEU 表示（　　），是指标准集装箱。

　　A. 20 ft 集装箱
　　B. 20 t 集装箱
　　C. 40 ft 集装箱
　　D. 10 t 集装箱

4．集装箱是（　　　）。
  A．运输设备　　　　B．包装物　　　　C．容器　　　　D．仓储设备

二、多项选择题

1．集装箱标准按使用范围分为（　　　）。
  A．国际标准　　　　　　　　　　B．国家标准
  C．地区标准　　　　　　　　　　D．行业标准
  E．公司标准
2．国际标准化组织对集装箱的（　　　）等做了相应规定。
  A．尺寸　　　　　　　　　　　　B．试验方法
  C．术语　　　　　　　　　　　　D．构造
  E．性能
3．集装箱的识别标记包括（　　　）。
  A．箱主代号　　　B．额定重量　　　C．顺序号　　　D．核对数字
4．集装箱的重量分为（　　　）。
  A．自重　　　　　B．载重　　　　　C．额定自重　　　D．额定重量

三、简答题

1．集装箱的类型有哪些？
2．集装箱有哪些主要的标记？
3．如何进行集装箱的调运？
4．如何发放和交接集装箱？

🔍 应会考核

一、案例分析

【背景资料】

　　在现有的班轮航线上，绝大多数冷藏货物的流向是单向的，而干货箱也普遍存在双向的数量差异。以中国至澳大利亚航线为例，南行（中国至澳大利亚）承运的货物以汽车、日用百货、服装、粮食等为主，轻工业产品居多；而北行（澳大利亚至中国）则以肉类等冷藏货物为主，从而形成了南北向的两个不平衡：相对于澳大利亚而言，干货箱进口大于出口，而冷藏箱出口大于进口。船公司必须依靠调运空箱解决这两个不平衡，即南行调运冷藏空箱至澳大利亚，北行调运普通空箱至中国。调运空箱是不得已而为之的，所有船公司都试图利用有限的舱位装满重箱，取得运费收入，而非"运送空气"。

　　资料来源：百度文库. 集装箱案例及计算[EB/OL].（2012-05-19）[2022-02-27]. https://wenku.baidu.com/view/36d0586daf1ffc4ffe47acea.html.

【考核要求】

　　冷箱干用（non-operating reefer，NOR）是指利用正常适货的冷箱装运载非冷藏货物出口的一种特殊业务操作。请问：冷箱干用能否有效解决中国至澳大利亚航线的空箱调运问题？

二、技能题

2000 年 9 月，B 公路运输公司（以下简称"B 公司"）将一份载明特别保证提箱后及时将空箱归还到贵公司指定的堆场且在 10 天内结清所有费用的进出口集装箱放箱申请（保函）交给 A 船舶代理有限公司（以下简称"A 公司"）并在向 A 公司提交了 3 张进口集装箱发放申请单和 3 张限万元押箱支票后，分 3 次从 A 公司处共提走了 55 只集装箱（这些集装箱已堆存了一段时间）。B 公司在提箱后 10 天内将空箱归还给 A 公司并结清了修箱费。但 A 公司认为上述 55 只集装箱在 B 公司归还空箱时已产生集装箱超期使用费共计人民币 200 余万元，而 B 公司尚未履行其在保函中主动承诺的支付"所有费用"的义务，故请求 B 公司支付集装箱超期使用费人民币 200 余万元及其利息损失。你认为是由 B 公司还是由收货人负责支付集装箱超期使用费？为什么？

资料来源：无忧考网. 2010 年国际货代案例分析之集装箱超期使用费纠纷案[EB/OL]. （2010-10-15）[2022-04-06]. https://www.51test.net/show/1379649.html.

 实训演练

1. 现有一批出口商品，商品所用包装纸箱的尺寸均为长 485 mm×宽 366 mm×高 275 mm，每箱毛重为 25 kg，用 40 ft 钢制集装箱，箱内尺寸为长 12 050 mm×宽 2343 mm×高 2386 mm，内容积为 67.4 m³，最大载重为 27 380 kg。请问：该集装箱最多可装多少个纸箱？

2. 现有纸板箱包装的电气制品共 750 箱，体积为 117.3 m³，重量为 20.33 t。请问：需要多少个 20 ft 杂货集装箱？（注：20 ft 杂货集装箱的最大载货重量为 21 790 kg，集装箱容积为 33.2 m³）

第三章　集装箱码头及其营运管理

本章学习目标

- ❑ 掌握集装箱码头的概念。
- ❑ 了解集装箱码头堆场的概念。
- ❑ 了解集装箱货运站的概念。
- ❑ 掌握集装箱码头的作用。
- ❑ 了解集装箱码头的机械设备。
- ❑ 熟悉集装箱堆场管理。

技能目标

- ❑ 掌握堆场箱区的箱位编码方式。
- ❑ 掌握集装箱码头装卸作业流程。

引导案例

据 2021 年 7 月 8 日上海市人民政府举行的新闻发布会信息，"上海洋山港四期"码头是目前世界上自动化程度最高、规模最大的码头，开港至今集装箱吞吐量已突破 1100 万标准箱。

据悉，洋山港四期自动化码头设有 7 个深水集装箱泊位，集装箱码头岸线总长为 2350 m，是目前全球规模最大、智能化程度最高、我国拥有完全自主知识产权的全自动化集装箱码头，打破了国外垄断并实现技术反超，其年吞吐量和作业效率均居世界自动化码头首位，"洋山港四期超大型自动化集装箱码头关键技术研究与应用"刚刚荣获 2020 年度上海市科技进步特等奖。

洋山港四期码头自 2017 年 12 月开港至今，一直保持着边生产、边扩大规模的运行状态，通过周密规划并落实各项配套措施，确保生产作业平稳有序的同时，保证调试设备及时投产，至 2020 年年底，投产设备规模从开港初期的 100 台扩大至 239 台，形成年吞吐量 500 万标准箱的生产能力，2021 年预计完成集装箱吞吐量 500 万标准箱，同时，41 台新设备分批交付投产，年底形成 26 条作业路生产规模，将实现 630 万标准箱年设计通过能力。

资料来源：搜狐网. 独家探访全球最大全自动化集装箱码头[EB/OL]. （2021-07-13）[2022-02-27]. https://www.sohu.com/a/477181811_121124534.

第一节　集装箱码头概述

　　码头是指海边、江河边专供乘客上下、装卸货物的建筑物。根据所装卸货物的用途不同，码头可分为油码头、煤码头、矿石码头、散杂货码头、集装箱码头等。其中，专供集装箱船舶停靠和装卸作业的码头为集装箱码头。

　　集装箱码头（container terminal）是集装箱运输的枢纽，它外接国际远洋运输航线，内连国内的铁路、公路、水路等运输线路。

　　集装箱码头是各种运输方式衔接的换装点和集散地。

　　集装箱码头在整个集装箱运输过程中具有十分重要的地位。做好集装箱码头的建设和管理工作，对于加速集装箱及其运载工具的周转、降低运输成本、提高经济效益和社会效益具有极其重要的意义。

一、集装箱码头的功能及其应具备的条件

（一）集装箱码头的功能

　　集装箱码头是在国际海上集装箱运输不断发展的基础上逐步形成和发展起来的。在传统的运输链中，集装箱码头只是供集装箱船舶停靠和开展装卸作业的场所，在现代物流链中又产生了新的增值功能。

　　1. 集装箱码头是集装箱运输的节点，是海陆多式联运的枢纽

　　在现代运输中，海运占有75%以上的份额。国际集装箱运输都是以海运为中心，通过码头这一连接点将海运与两岸大陆的陆运连接起来并通过内陆运输实现货物从发货人直至收货人的运输过程的。因此，集装箱码头是集装箱海上运输、集装箱铁路运输、集装箱公路运输的转换点。

　　在集装箱多式联运中，由于海陆多式联运占绝大部分，集装箱码头不仅是货物集散中心，同时，与运输有关的货物、单证、信息以及集拼、分拨、转运存储等业务管理也在集装箱码头交叉、汇集，从而使集装箱码头成为多式联运的运输及管理枢纽。

　　2. 集装箱码头是换装转运的中心

　　随着集装箱船舶的大型化，国际集装箱海运格局发生了根本性变化。原来单一的港至港运输转变为以枢纽港中转为中心，干线与支线相结合的运输方式，形成了"中心—辐射"的新运输格局。在这一新的运输格局中，处于枢纽港地位的集装箱码头成为不同区域的国际货物转运中心。例如，处于环球航线（通常为干线）和钟摆式航线（通常为支线）交会点的集装箱枢纽港将干线船舶上的集装箱中转到支线的船舶上或将支线船舶上的集装箱中转到干线船舶上，使干线运输和支线运输的效率都得到提高。通过集装箱码头的装卸、转运，干线与支线有机地结合起来，从而实现大型集装箱船舶的规模效益，实现货物从始发港到目的港的快速运输。

　　3. 集装箱码头是物流链中最重要的环节之一

　　现代物流使与运输相关的作业构成一个从生产到消费的物流链，由于集装箱码头具有

不可替代的重要地位和作用，已成为这个物流链中重要的环节并为物流的运作提供了一个良好的平台。

现代国内外的大型港口均纷纷进军物流业，说明现代物流已赋予集装箱码头新的功能，也为现代集装箱码头提供了更大的发展空间。

（二）集装箱码头应具备的条件

（1）具备设计船型所需的泊位、岸线及前沿水深和足够的水域，保证船舶安全靠、离。

（2）具备码头前沿所必需的宽度、码头纵深及堆场所必需的面积，具有可供目前及发展所需的广阔的陆域，满足集装箱堆存、堆场作业及车辆通道的需要。

（3）具备适应集装箱装卸船作业、水平运输作业及堆场作业所必需的各种装卸机械、设施以及能熟练操作这类机械的司机和维修保养人员，以实现各项作业的高效化。

（4）具有足够的集疏运能力以及多渠道的集疏运系统，以保证集装箱的及时集中和疏散，防止港口堵塞，保证船舶的快速装卸作业。

（5）具有完善的组织管理系统和有关的工作制度。

（6）集装箱码头高科技及现代化的装卸作业和管理工作要求具有较高素质的管理人员和机械司机。

（7）为满足作业及管理的需要，应具有现代管理和作业的必需手段，采用电子计算机及数据交换系统。

二、集装箱码头的布局及其主要设施

集装箱码头的装卸作业需要采用高度机械化和高效率的大规模生产方式，这就要求码头布局合理，各项作业协调一致、紧密配合，从而保证高度严密的流水作业线能够高效运转，以加速车、船、箱的周转，缩短其在港口码头的停留时间，降低运输成本和装卸成本，充分发挥集装箱码头的功能。

为了满足集装箱码头装卸作业和业务管理的需要，集装箱码头通常应具备的必要设施包括泊位、码头前沿、堆场、集装箱货运站、控制室、集装箱维修车间、大门（检查口）、集装箱码头行政楼等。集装箱码头的平面布局如图 3-1 所示。

（一）泊位

泊位（berth）是指在码头装卸作业区内进行装卸作业，给船舶停泊靠岸使用的，有一定岸壁线长度的设施。

泊位的长度根据停泊船舶的主要技术参数及有关安全规定而定，目前世界上集装箱码头泊位的长度一般为 300 m 左右。前沿水深应满足设计船型的吃水要求，一般为 12 m 以上。

码头岸壁（quay）是指集装箱船舶停靠时所需的系船设施，一般包括系缆桩（系船柱）和碰垫木。系缆桩设置在岸壁上，用于靠泊时拴住集装箱船舶；碰垫木是为保护岸壁不受损坏而在岸壁上设置的预防碰撞装置，通常由橡胶材料制作而成，故又称为橡胶墩。船舶靠/离泊时，所需的岸壁线的有效长度一般为船长的 1.2 倍以上。

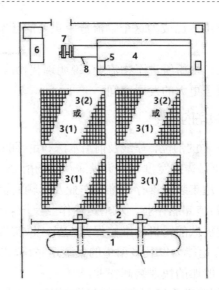

1—泊位　2—码头前沿　3（1）—编排场（前方堆场）　3（2）—集装箱堆场（后方堆场）

4—货运站　5—控制室　6—集装箱维修车间　7—大门　8—集装箱码头行政楼

图3-1　集装箱码头的平面布局

（二）码头前沿

码头前沿（dock apron，wharf surface）是指从码头岸壁到集装箱堆场之间的场地。由于码头前沿设有集装箱起重机及其轨道，其宽度应根据集装箱起重机的跨距和使用的装卸机械的种类而定，码头前沿的宽度一般由下列三部分构成。

（1）从岸壁线到集装箱起重机第一条轨道的距离，一般为 2～3 m。这部分场地主要用于船舶系/解缆作业、放置舷梯以及设置装卸桥供电系统、船舶供水系统。

（2）集装箱起重机的轨道间距离，一般为 15～30 m。这部分场地主要用于安装集装箱装卸桥和布置集装箱牵引车的车道。轨距视装卸桥的大小而定。轨距内的车道宽度视装卸工艺而定，底盘车工艺和龙门吊工艺每车道宽 3.5 m（2.5 m 车宽+1 m 余量），由于装卸桥在结构上有一部分空出在轨距之间，故 16 m 轨距可布置 3 条车道，30 m 轨距可布置 7 条车道。

（3）从集装箱起重机第二条轨道到堆场的距离，一般为 10～25 m。这部分场地是供装卸时开展辅助作业和车辆进入堆场转 90°弯使用。

由此可见，集装箱码头前沿宽度一般为 30～60 m。

集装箱码头前沿一般不铺设铁路线，不考虑车、船直取的装卸方式，以确保机械、车辆在码头前沿通行，船舶的装卸效率不受影响。

此外，码头前沿还备有高压和低压电箱、船用电话接口、起重机电缆沟、灯塔等设施。

（三）堆场

堆场是指集装箱码头内所有堆存集装箱的场地。堆场由两部分组成：前方堆场和后方堆场。

1．前方堆场（container marshalling yard）

前方堆场又称为集装箱编排场、排列场，位于集装箱码头前沿和后方堆场之间。前方堆场主要堆放从刚刚进港船舶上卸下的集装箱和即将装船出港的集装箱。它的主要作用是：船舶装箱出港前，预先堆存要装船出港的集装箱；船舶卸货时，临时堆存卸船进港的集装箱。集装箱前方堆场的设置可以保证船舶装卸作业快速而不间断地进行。一般地，前方堆场的面积占堆场总面积的比例较大，其大小根据集装箱码头所采用的装卸工艺系统、集装箱码头吞吐量、设计船型和到港船舶密度等因素的不同而定。同时，也因场内集装箱堆放的层数不同而各异。

2．后方堆场（container yard，CY）

后方堆场又称为集装箱堆场，是交接集装箱，保管空箱、重箱的场所。后方堆场是码头堆场中除前方堆场以外的部分，包括中转箱堆场、进口重箱堆场、出口重箱堆场、空箱堆场、冷藏箱堆场、危险品箱堆场等。由于进出码头的集装箱基本上均需要在堆场上存放，因而其面积的大小必须适应集装箱码头的吞吐量要求并应考虑设计船型的载箱量、到港船舶密度、装卸工艺系统以及集装箱在堆场上的排列形式等因素。

上述两种堆场的场地上都画有存放集装箱的长方形格子，称为"场箱位"（slot）并编有号码，称为"场箱位号"（slots number），又称为"箱位号"。箱位号是由行号、列号、层号六位数字组成的，可对堆存的集装箱进行位置标记。集装箱在堆场上的排列形式一般有"纵横排列法"和"人字形排列法"，前者应用得比较普遍，后者适用于底盘车装卸作业方式。

此外，堆场上需要设置照明设备、道路交通标牌、排水明沟、冷藏箱电源插座等设施，同时不能有妨碍码头作业或降低码头效率的任何建筑物。

在实际业务中，后方堆场和前方堆场并没有严格、明显的分界线，仅仅是地理位置上的相对概念。

（四）集装箱货运站

集装箱货运站（container freight station，CFS）是拼箱货进行拆箱和装箱并对这些货物进行存放、整理和交接的作业场所。集装箱货运站的主要任务包括出口拼箱货的接收、拼配和装箱作业以及进口拼箱货的拆箱、分类、交货等作业。它与传统的仓库不同，不是用于保管货物的场所。

此外，集装箱货运站应配备集装箱拆箱、装箱作业及场地堆码所需的小型机械及配套设备。集装箱货运站的规模应根据拆箱、装箱的箱量及其不平衡性综合确定，其宽度、纵深、高度应便于叉车进出作业。

集装箱货运站可建于码头后方，侧面靠近码头外出公路或铁路的区域，尽可能保证陆运车辆不必进入码头堆场内，而直接进出货运站。随着集装箱码头装卸量的增加，为了充分利用码头堆物的面积，也可将码头内货运站移至港区外。

（五）控制室

控制室（control tower）又称为控制塔，是集装箱码头各项作业的指挥调度中心，是码头作业的中枢机构。它的作用是监督、调整和指挥集装箱码头装卸作业计划和堆场作业计划的执行。控制室应设置在可以观察到整个码头上的各项作业现场的地方，一般在码头办公楼的最高层，便于有效地进行监控和指挥。控制室内装有电子计算机系统、测风仪以及气象预报系统并配有用于指挥现场作业的无线对讲机（VHF）、用于监控码头作业现场的闭路电视以及用于对内对外联系的电话、传真机等设备。

（六）集装箱维修车间

集装箱维修车间（maintenance shop）又称为修理车间，是对集装箱及其专用机械设备进行检查、修理和保养的场所。集装箱维修车间对于确保装卸机械的维修质量、使各种机械处于完好备用状况、提高集装箱码头作业效率等具有十分重要的作用。

集装箱维修车间一般设置在不影响集装箱码头作业的后方区域，其规模应根据集装箱的损坏率、修理期限，码头内使用的车辆和装卸机械的种类、数量及检修内容等确定。同时，集装箱维修车间应配备维修设备、废油处理设施以及污水处理设施等。

（七）大门

大门（gate）又称为检查口，俗称道口，是集装箱码头的出入口，是集装箱和集装箱货物的交接点，也是区分集装箱码头与其他部门责任的分界点。由于大门是集装箱进出码头的必经之口，因此，在此不但要检查集装箱的有关单据，还要对集装箱的箱号、铅封号和集装箱的外表状况等进行检查。

大门一般设置在集装箱码头的后方。鉴于保证码头机械和船舶积载安全的需要，通常在此设置地磅（truck scale），另外还配有计算机、IC卡机等设备。

（八）集装箱码头行政楼

集装箱码头行政楼（container terminal building; administration office）是码头行政、业务管理的大本营。目前，集装箱码头已基本上实现了电子计算机化管理，最终达到管理的自动化。

三、集装箱码头机械设备

为了有效地提高集装箱码头的装卸效率，加速船、车、箱的周转，缩短其在港停留时间，集装箱码头必须配备高效的专用机械设备，以实现装卸作业的机械化。

（一）集装箱装卸桥

集装箱装卸桥（quayside container crane）（又称为桥吊或塔吊）是码头前沿机械，承担集装箱装卸船作业，其结构形式如图3-2所示。它是现代化集装箱码头的高效专业化装卸机械，其装卸效率一般为20～35 TEU/h，起重量为35～45 t，外伸距为35～45 m，内伸距一般为8～16 m，轨距一般为16 m。泊位和装卸桥的数量比是1∶3。现已有双吊式装卸桥。

（二）跨运车

跨运车（straddle carrier）（见图3-3）是一种专用于集装箱码头短途搬运和堆码的机械。跨运车在作业时，以门形车架跨在集装箱上并由装有集装箱吊具的液压升降系统吊起集装箱进行搬运和堆码，能堆码或跨越 2～3 层集装箱。该机械最大的特点是机动性好、可一机多用，既可操作码头前沿至堆场的水平运输，又可操作堆场的堆码、搬运和装卸车作业。它的主要缺点是价格昂贵、维修费较高、驾驶员的视野受限。

图 3-2　集装箱装卸桥

图 3-3　跨运车

（三）集装箱叉车

集装箱叉车（container forklift）（见图 3-4）是集装箱码头常用的专门机械，可用于集装箱码头装卸、搬运及堆码作业，也可用于拆、装箱作业。

图 3-4　集装箱叉车

集装箱叉车可分为正面集装箱叉车和侧向集装箱叉车两种。正面集装箱叉车是指货叉设置在车体正前方的叉车，而侧向集装箱叉车是指货叉和门架位置在车体侧面的叉车。为了方便装卸集装箱，集装箱码头应配有标准货叉及顶部起吊和侧面起吊的专用属具。

（四）集装箱正面吊运机

集装箱正面吊运机（front-handling mobile crane）（见图 3-5）是一种用以完成集装箱装卸、堆码和水平运输作业的集装箱装卸搬运机械。

图 3-5　集装箱正面吊运机

集装箱正面吊运机的结构特点表现在设置有可伸缩和左右共旋转 120°的吊具，便于在堆场做吊装和搬运；设置有可带变幅的伸缩式臂架及多种保护装置，能保证安全操作；可加装吊钩，吊装其他重大件货物。

集装箱正面吊运机的机动性强，可一机多用，既可做吊装作业，又可做短距离搬运，一般可吊装 4 层箱，并且稳性好，轮压也不高，因此是一种比较理想的堆场装卸、搬运机械，适用于集装箱吞吐量不大的集装箱码头，也适用于空箱作业。

（五）集装箱牵引车–底盘车

集装箱牵引车-底盘车（semi-trailer tractor）（见图 3-6）是专门用于牵引集装箱底盘车的运输车辆。其本身没有装货平台，不能装载集装箱，而是通过连接器与底盘车连接，牵引底盘车运输，从而实现搬运作业。

底盘车是一种骨架式拖车，是装有轮胎的车架，前面有支架，后面有单轴一组轮胎或双轴两组轮胎，车上装有扭锁插头，能与集装箱的角件相互锁紧。

（六）龙门起重机

龙门起重机（transtainer）简称龙门吊或场桥，是一种在集装箱堆场上进行集装箱堆垛和车辆装卸的机械。龙门起重机有轮胎式和轨道式两种。

（1）轮胎式龙门起重机（rubber-tired transtainer）。轮胎式龙门起重机是最常见的集装箱堆场作业机械，主要用于集装箱码头堆场的堆码及装卸底盘车作业，如图 3-7 所示。它有前后两个门框和底梁组成的门架，支承在充气轮胎上，可在堆场上行走并通过装有集装箱吊具的行走小车沿着门框横梁上的轨道行走，可从底盘车上装卸集装箱和进行堆码作业。

该机械灵活机动，但轮压大，一般跨 6 列和 1 个车道，不易实现自动化，常用于陆域不足且吞吐量较大的集装箱码头。

图 3-6 集装箱牵引车-底盘车

图 3-7 轮胎式龙门起重机

（2）轨道式龙门起重机（rail mounted transtainer）。轨道式龙门起重机由两个双悬臂的门架组成，两侧门腿用下横梁连接，支承在行走轮胎（钢制车轮）上，在轨道上行走，如图 3-8 所示。该机械可堆 4～8 层集装箱，可跨多列集装箱及跨一个车道；结构简单，操作简便，便于维修、保养，易于实现自动化。轨道式龙门起重机的主要缺点是因为要沿轨道运行，故灵活性较差；由于跨距大，提取底层箱较为困难。它常用于陆域不足且吞吐量大的集装箱码头。

图 3-8 轨道式龙门起重机

（七）空箱堆高机

空箱堆高机（empty container handler）是集装箱堆场常用的专门机械，可用于空箱堆场的空箱堆码及搬运作业，如图 3-9 所示。空箱堆高机采用抓夹方式起吊集装箱，一般可抓取 8 t 的空箱，可堆高 8 层空箱。空箱堆高机设置宽视野门架，堆高作业时具有较高的速度和灵活机动性。

（八）集装箱吊具

集装箱吊具（container spreader）（见图 3-10）是用于起吊集装箱的属具，主要有三种类型：固定式吊具、伸缩式吊具和组合式吊具。

图 3-9 空箱堆高机

图 3-10 集装箱吊具

（1）固定式吊具。它是一种只能起吊一种集装箱的吊具，其特点是结构简单、自重轻、价格便宜，但是对箱体类型的适应性较差，更换吊具往往要占用较多时间。

（2）伸缩式吊具。它可以通过伸缩臂改变吊具的臂长，以达到起吊不同尺寸集装箱的要求。其特点是变换起吊不同集装箱所需时间较少、使用灵活性较强，但是自重较重，一般可达 9～10 t。伸缩式吊具是目前在集装箱装卸桥上使用得最为普遍的一种集装箱专用吊具。

（3）组合式吊具。它是将起吊不同尺寸的集装箱的吊具组合使用的一种集装箱专用吊具。其特点是结构简单、自重较轻（一般为 4～7 t）。这种吊具多用于跨运车。

（九）拆、装箱机械

集装箱码头的拆、装箱作业一般采用 1.5～3.0 t 低门架叉车、手推搬运车等，如图 3-11 所示。

图 3-11 拆装箱机械

第二节　集装箱码头堆场管理

堆场管理是集装箱码头现场生产管理的重要环节之一，涉及码头堆场的分类和箱位的安排、堆垛规则以及集装箱的保管、发放、交接、装卸、中转、堆存、装箱、拆箱等诸多生产业务。由于场地上的集装箱变化频繁，各港口堆场大都已实行计算机管理。

一、堆场箱位的编码方法和箱区的划分原则

要保证船舶如期开船，就必须提高码头装卸速度，而装卸速度的提高在很大程度上取决于码头堆场箱区、箱位安排的合理性。合理安排箱区和箱位不仅能降低翻箱率，减少桥吊等箱时间，提高码头装卸速度，而且能最大程度地提高码头堆场的利用率和通过能力，降低码头生产成本。

（一）堆场箱位的编码方法

堆场箱位（yard location code，YLC）一般是指用一组代码来表示集装箱堆放在码头堆场内的唯一物理位置，它是组成集装箱堆场的最小单元。

在集装箱码头的堆场里，每一个箱子都有一个属于自己的"ID"，这就是"箱位"。控制员和龙门吊司机就是凭借这个"ID"在成千上万的箱堆里精准定位某一个箱子并进行指挥和吊装的。

集装箱码头的堆场通常被划分为多个块（block），这些块构成了堆场的箱区；在每个箱区内又划分有多个贝（bay）、多个列（row）和多个层（tier）。一个集装箱在堆场内的位置，即堆场箱位是由箱区号（block）、贝位号（bay）、箱排（列）号（row）和箱层号（tier）共同组成的，如图3-12所示。

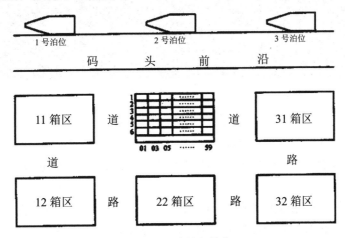

图3-12　码头堆场箱位

1. 堆场箱位的编码步骤

第一步，将整个堆场按"区"划分。

按照泊位顺序，每个泊位对应一个区，如 1 号泊位对应 1 号箱区，2 号泊位对应 2 号箱区……如图 3-13 所示。

图 3-13　泊位对应的箱区

第二步，将每个区划分为"块"（block）。

如第 5 区，按照海侧到陆侧的顺序，分别为 5-1、5-2……如果数到第 10 块还没数完，那就用 5-A、5-B……表示，如图 3-14 所示。

图 3-14　块（block）

第三步，将每个块划分为贝（bay）。

按惯例，用奇数表示 20 ft 小箱的摆放位置，用偶数表示 40 ft 大箱的摆放位置，如图 3-15 所示。

第四步，将每个贝划分为"列"（row）。

每个贝一般有 6 列，从靠近车道一侧起，分别为 1、2、3、4、5、6，如图 3-16 所示。

第五步，将每列分为"层"（tier）。

每列一般有 4～5 层，从底向上，依次为 1、2、3、4、5，如图 3-17 所示。

图 3-15 贝（bay）

图 3-16 列（row）

图 3-17 层（tier）

综上所述，堆场箱位编码如图 3-18 所示。

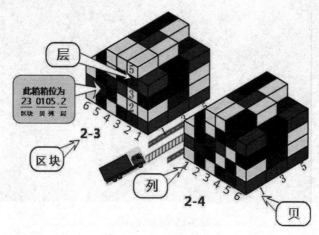

图 3-18　堆场箱位编码

2. 船上箱位的编码步骤

船上箱位编码与堆场箱位编码相似，具体步骤如下。

（1）排（行）号。排（行）号有以下两种表示方法。

① 从船首向船尾按自然数顺序排列，用编号 01、02、03……表示。

② 从船首向船尾按自然数的奇数或偶数顺序排列。

装载 20 ft 集装箱时，按奇数顺序排列，用编号 01、03、05、07……表示。

装载 40 ft 集装箱时，按偶数顺序排列，用编号 02、04、06、08……表示。

（2）列号。列号有以下两种表示方法。

① 从右舷向左舷按自然数顺序排列，用编号 01、02、03……表示。

② 以中纵剖面为基准，向右舷或左舷分别按奇数或偶数顺序排列。

当总列数为奇数时，处于首尾线上的箱格的列号为 00，右舷箱格的列号为 01、03、05、07……，左舷箱格的列号为 02、04、06、08……。

当总列号为偶数时，首尾线上没有箱格，右舷或左舷箱格的列号同上，分别用编号 01、03、05、07……和 02、04、06、08……表示。

（3）层号。层号有两种：舱内层号和甲板层号。表示方法有以下两种。

① 方法 1。

舱内层号以舱内最下一层为基准，自下而上用顺序号 H1、H2、H3……表示。

甲板层号以甲板为基准，自下而上用顺序号 D1、D2、D3……表示。

② 方法 2。

舱内层号以舱内最下一层为基准，自下而上依次用编号 02、04、06……表示。

甲板层号以甲板为基准，习惯自下而上依次用编号 82、84、86……表示。

船上集装箱箱位排（行）、列、层的位置关系如图 3-19 所示。

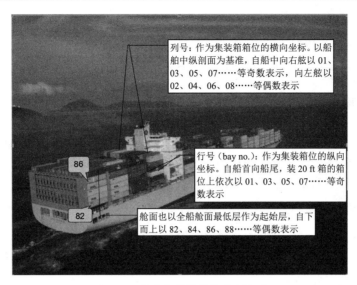

图 3-19　船上集装箱箱位编码方式

（二）集装箱堆场箱区的划分原则

1. 按箱形状态划分箱区

（1）将重箱、空箱分开堆放。

（2）将 20 ft、40 ft 和 45 ft 集装箱分开堆放。

（3）将冷藏箱、危险品箱、特种重箱堆放在相应的专用箱区。

（4）将进口箱和出口箱分开堆放。

（5）将中转箱堆放在海关指定的中转箱箱区。

（6）按装船要求将出口重箱分港、分吨堆放。

（7）将空箱按不同的持箱人、尺码、箱型分开堆放，将污箱、坏箱分开堆放。

（8）按堆场载荷要求堆放重箱。

2. 进场出口箱箱区的划分

堆场出口箱箱区划分应遵循下列原则。

（1）按列堆放。同一列内堆放同一港口、同一吨级的箱，但同一贝内不同的列可以堆放不同港口、不同吨级的箱。

（2）按贝堆放。同一贝内堆放同一港口、同一吨级的箱。

（3）按贝、排堆放。同一贝内堆放同一港口、同一吨级的箱，而该贝的同一列内堆放相同港口、相同吨级的箱。

（4）按不同吨级堆放集装箱。在同一贝中，较重的箱堆放于靠近车道的第二列，较轻的箱堆放在离车道较远的两列，重量在中间等级的箱堆放于较中间的列且重吨级的箱上可以压较轻吨级的箱。在多条路进箱时，可根据集卡的车号判别交替进箱。

3. 进场进口箱箱区的划分

堆场进口箱箱区的划分应遵循下列原则。

（1）同一贝中提单号相同的集装箱堆放于同一列。

（2）一个贝结束后，再选另一个贝。

4．进场空箱箱区的划分原则

堆场空箱根据持箱人、箱型的不同，选择不同的进场位置。

二、堆场的堆箱规则

堆场集装箱的堆箱方式和规则因堆场装卸工艺系统、作业机械、集装箱尺寸和集装箱内装载货种的不同而不同。堆场堆箱的基本原则就是保证集装箱堆放安全、降低翻箱率。

常见的轮胎吊工艺系统下的堆场堆箱规则如下。

（一）箱区堆箱宽度与轮胎吊作业宽度相适应

在设计、建造码头时，轮胎吊箱区长度往往与泊位长度相对应；箱区宽度应视轮胎吊的跨度而定，采取6列加一通道的堆箱规则，即每个箱区的宽度为6列箱宽加上一条集卡车道的宽度，净宽度为22 m左右。

（二）箱区堆箱高度与轮胎吊的起吊高度相适应

堆箱层数依轮胎吊的高度而定，不同类型的轮胎吊系统，堆箱高度也不同，有堆三过四的，也有堆四过五或堆五过六的，国外有些集装箱码头的最大堆高层数可达九层。目前，我国沿海港口基本采用堆四过五的堆箱规则，如图3-20所示。

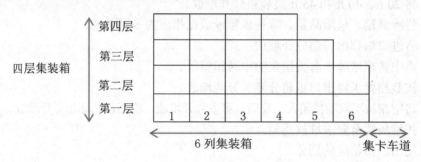

图3-20　堆四过五的堆箱规则

（三）箱区堆箱要留出足够的翻箱位

在堆场取箱时，如果要取最底层的箱子，必须先将压在该箱子上面的所有箱子移开，才能取出，这叫作翻箱作业，而上面的箱子要移到一些预留的空位（翻箱位）上。因此，堆箱时不能将同一个贝上的所有列都堆高至4层或5层（最高层），必须在每一个贝旁边的1～2列留出足够的空位，供装卸作业时翻箱使用。堆4层高时，应留有3个翻箱位。

（四）箱区堆垛要满足集装箱在堆场中储存的安全要求

集装箱进场选位时，应充分考虑堆放的安全系数。若箱区的箱位没有堆满，相邻两列的层高之差不得大于3。各箱区之间要留有合适的通道，使集卡、叉车等机械能在堆场内安全行驶。

三、堆场作业计划的内容

（一）堆场作业的类型

堆场作业主要分为以下三类六种。

（1）进场作业。进场作业主要分为进口箱海侧卸船作业进场和出口箱陆侧铁路、公路及 CFS 箱陆运拖车入箱卸车作业进场两种。

（2）出场作业。出场作业主要分为出口箱海侧装船作业出场和进口箱陆侧铁路、公路及 CFS 箱陆运拖车提箱装车作业出场两种。

（3）堆场内倒箱作业。堆场内倒箱作业主要分为同贝翻倒作业和异贝翻倒作业。

（二）堆场作业计划的安排策略

这里主要介绍以进出口集装箱作业为主的集装箱码头堆场作业计划的安排策略。

1．出口箱入箱进场堆场作业计划

出口箱入箱进场堆场作业计划的目标是尽量缩短装船时集装箱在集卡车上的水平搬运距离和减少发箱时的同贝翻倒作业，这就要求根据不同的航线、班期、卸货港编制堆场作业计划。同时，集装箱在场地上的堆放要做到集散有度，即同一航次的出口箱既不能在场地上过分集中地堆放，也不能过分分散地堆放。若过分集中堆放，在装船作业时会造成作业路拥堵且不能充分利用人员、机械；若过分分散堆放，由于作业点过多，在装船时会造成现场作业机械和人员的不足，使现场调度、管理混乱。

通常情况下，同一箱区应尽量存放同一船名、航次的待装船箱；在场地资源偏紧张时，也可在同一箱区堆放不同船名、航次的待装船箱，但要充分考虑不同船名、航次的班期，尽量避免把班期接近的待装船箱堆放在同一箱区，这样做可能导致在装船作业时相互冲突，造成现场作业资源的瞬间不足。不同尺寸、卸货港的待装船箱应间隔堆放，堆放时同样应考虑装船作业时作业路的通畅问题。

2．进口箱卸船进场堆场作业计划

进口卸船集装箱的堆放较为简单，普遍采用进口箱区半混堆的模式，但不同码头卸船箱区的管理模式仍有区别。因为在通常情况下，对于较早卸船的进口集装箱，货主到码头提箱的时间早于较晚卸船的进口集装箱的货主，所以当货主到码头提箱时，码头堆场的场地翻箱相对较少，提高了码头提箱作业的效率。但同时，进口箱区不间断地归并、整理，需要投入一定的人力和物力，这也使码头日常生产组织的难度有所加大。当然，就作业成本而言，全混堆方式的箱区翻箱工作与货主提箱作业同时进行，码头基本无法控制翻箱量；半混堆方式的箱区翻箱整理工作在卸船前进行，码头对卸船箱区的整理相对更有针对性。

3．中转箱进出场堆场作业计划

在以进出口为主的码头，中转箱场地的作业计划一般采用混堆。因为进出口码头中转箱的比例偏低，所以码头堆场在一程船卸船作业时，一般并不按二程船的航线、航次分别堆放中转箱，而是将中转箱集中堆放在指定的中转箱专用箱区内，在二程船装船时，直接从中转箱专用箱区装船。通常情况下，只有出现批量较大的同属性中转箱时，码头才考虑将其安排在二程船装船箱区或单列某一箱区进行卸船作业，以方便随后进行的二程船装船作业。

4．空箱箱区进出场作业计划

在有条件的情况下，码头的空箱场地多数采用叉车作业或轨道式龙门吊，以充分利用码头场地资源。但如果是待装船的空箱，也可堆放在同一船名、航次的出口重箱场地内或其附近的场地，以方便装船作业。

5．集装箱码头堆场的归位、并位、转位作业计划

堆场内倒箱作业主要分为同贝翻倒作业和异贝翻倒作业，其中异贝翻倒作业又可分为归位、并位和转位三种作业方式，统称为堆场内的归、并、转作业。

归位作业是指码头堆场内箱子的状态发生变化后，将箱子从变化前的箱区归入状态改变后的指定箱区的作业过程。例如，出口重箱退关后，箱状态由出口重箱变成退关箱，就需将该箱从出口重箱箱区归入退关箱箱区。

并位作业一般是指同一堆场、同一箱区内，将零星分散的集装箱整理合并到一起的作业过程。一般由一台场内作业机械就可完成作业。

转位作业一般是指在同一堆场、不同箱区间或同一箱区、不同箱位间整理、转移集装箱的作业过程，一般需要两台场内作业机械及水平运输机械配合才可完成作业。

集装箱码头堆场内的归、并、转作业的主要目的是提高堆场利用率和箱区的作业效率，降低码头作业出差错的可能性，减少翻箱。

第三节　集装箱货运站管理

集装箱货运站是进行集装箱拼箱和拆箱并对货物进行储存、防护和收发、交接的作业场所。它在整个集装箱运输和集装箱多式联运过程中发挥着"链接"和"纽带"的作用，从而形成一个有机的、深入内陆的运输网络，能够有效地进行集装箱货物的集合和疏运，实现集装箱的"门到门"运输。

一、集装箱货运站的种类及其作用

目前，集装箱货运站主要可分为以下两类。

（一）设置于集装箱码头内或码头附近的集装箱货运站

这类集装箱货运站设在码头内或码头附近，是整个集装箱码头的有机组成部分，它所处的位置、实际工作和业务隶属关系都与集装箱码头无法分割。

集装箱货运站除了要有完整的仓库，配备拆、装箱和堆码用的装卸和搬运设备，还要有一定面积的拆箱区，以堆放所需拆箱的集装箱及方便货主提货车辆的行驶。

20 世纪 70 年代至 80 年代中期，集装箱货运站主要布局在集装箱码头堆场内。实践证明，设在码头内的集装箱货运站影响了集装箱码头的整箱货作业。从 20 世纪 80 年代后期开始，国内大多数集装箱码头均将集装箱货运站设置在靠近集装箱码头的地区，处于集装

箱码头外面,它承担的业务没有改变,但避免了与集装箱堆场作业的相互干扰,促进了集装箱运输的发展。

这类集装箱货运站主要处理各类拼箱货,进行出口货的拼箱作业和进口货的拆箱作业。货主托运的拼箱货,凡是出口的,均先在码头集装箱货运站集货,在货运站拼箱后,转往出口堆场,准备装船;凡是进口的,均于卸船后运至码头集装箱货运站拆箱,然后向收货人送货或由收货人提货。

（二）内陆集装箱货运站

内陆集装箱货运站的主要特点是设置于运输经济腹地,深入内陆主要城市及外贸进出口货物较多的地方。它主要负责将货物预先集中,进行装箱,装箱完毕后,再通过内陆运输将集装箱运至码头堆场;反之,由港口进口的集装箱货物卸船后,通过内陆运输疏运到分布在内陆腹地的集装箱货运站。

内陆集装箱货运站具有集装箱货运站和集装箱码头堆场的双重功能。它既接收托运人交付托运的整箱货与拼箱货,也负责办理空箱的发放和回收。如托运人以整箱货托运出口,则可向内陆货运站提取空箱;如整箱进口,收货人也可以在自己的工厂或仓库卸空集装箱后,随即将空箱送回内陆集装箱货运站。它还负责办理集装箱拆、装箱业务及代办有关海关手续等业务。

二、集装箱货运站的主要功能

码头集装箱货运站具有以下主要功能。

（1）集装箱货物的承运、验收、保管和交付。具体包括出口拼箱货的积载与装箱、进口拼箱集装箱的拆箱与保管。

（2）对库存的货物进行堆存保管及有关统计管理。

（3）重箱和空箱的堆存和保管、整箱货的中转。

（4）货运单证的交接及签证处理。

（5）运费、堆存费的结算。

（6）集装箱的检验、修理、清洗、熏蒸等;集装箱车辆的维修、保养。

（7）其他服务,如为办理海关手续提供条件、代办海关业务等。

内陆集装箱货运站除具备上述码头货运站的基本功能外,还必须具备以下功能。

（1）负责接收托运人托运的整箱货及其暂存、装车并集中组织向码头堆场的运输或集中组织港口码头向该站的疏运、暂存及交付。

（2）受各类箱主的委托承担集装箱代理人业务,对集装箱及集装箱设备的使用、租赁、调运、保管、回收、交接等实施管理。

三、集装箱货运站的基本设施和设备

（1）办理集装箱货物交接和其他手续的门房及营业办公用房。

（2）接收、发放和堆存拼箱货物及进行拆、装箱作业的场地、库房与相应的机械设备。

（3）开展集装箱堆存及堆场作业的机械设备。

（4）开展集装箱检验、修理、清洗等业务的车间和条件。

（5）拖挂车和汽车停车场及装卸汽车的场地和机械设备。

（6）开展铁路运输装卸车作业的装卸线及装卸车的机械设备。

（7）能与港口码头、铁路车站及业务所涉及的各货主、运输经营人等方便、快速、准确地进行信息、数据、单证传输、交换的条件与设备。

（8）海关派员及办理海关手续所需的各种条件及设施等。

四、集装箱货运站的业务流程

集装箱货运站的业务流程可以分成进口业务流程和出口业务流程两部分。

（一）进口业务流程

1．取得进口箱相关信息

集装箱货运站在船舶到港前，应从船公司或其代理人处取得以下单证。

（1）提单副本或场站收据副本。

（2）货物舱单。

（3）集装箱装箱单。

（4）装船货物残损报告。

（5）特殊货物表。

集装箱货运站根据以上单据做好拆箱、交货准备工作。

2．发出交货通知

集装箱货运站根据船舶进港时间及卸船计划等情况，联系码头堆场确定提取拼箱集装箱的时间，制订拆箱、交货计划并对收货人发出有关交货日期的通知。

3．从码头堆场领取重箱

集装箱货运站经与码头堆场联系后，即可从码头堆场领取重箱，双方应在集装箱设备交接单上签字，对出堆场的集装箱应办理设备交接手续。

4．拆箱、交货

集装箱货运站从堆场取回重箱后，即开始拆箱作业，拆箱后，应将空箱退回码头堆场。收货人前来提货时，集装箱货运站应要求收货人出具船公司签发的提货单，经单货核对无误后，即可交货，双方应在交货记录上签字。如发现货物有异常，则应将这种情况记入交货记录的备注栏。

（二）出口业务流程

（1）出口拼箱货的集货与配货，为拼箱做好各种前期准备工作。

（2）装箱。拼箱货装箱应考虑货物的积载因数和集装箱的箱容系数，以尽可能充分地利用集装箱的容积并确保箱内货物安全无损。

（3）制作装箱单。集装箱货运站在进行货物装箱时应制作集装箱装箱单，制单应准确无误。

（4）将拼装的集装箱运至码头堆场货运站，装箱完毕后，在海关的监管下对集装箱加海关封志并签发场站收据。同时，应尽快联系码头堆场，将拼装的集装箱运至码头堆场。

（5）收取有关费用。具体费用包括装箱费、挂衣箱铺制费等。

第四节 集装箱码头大门管理

集装箱码头大门（gate）是进出口集装箱和各种运输机械的出入口，也是区分码头内外责任和交接集装箱相关资料的地点。在我国，有一些港口称之为检查桥，也有的港口称之为闸口。

一、集装箱码头大门的设置要求

集装箱码头大门承担集装箱进出口的操作业务，责任重大，因此其设置和管理的要求较高，具体如下。

（1）集装箱码头大门的位置一般设在面向公路、背靠港池的适当地点。

（2）大门的建筑结构一般是钢结构框架、两层通道式建筑，下层设有检查桥和工作人员工作室若干间，上层为通道式走廊。

（3）大门上方应安装电子显示屏和其他标识牌。

（4）大门的跨度（即设置几条通道）要考虑以下因素：一是进港通道；二是出港通道；三是超高箱和港口装卸机械通道。

（5）大门面向公路一侧的门前应建有一定面积的、较为宽敞的、与公路网相连接的场地。

（6）进港通道上应装有先进的地衡设施，以便随时对集装箱实施计量。

（7）设有电子计算机终端并与业务主管部门联网，对进出箱货实施计算机管理。

由于集装箱码头进出集装箱频繁，所以门口的设置目的是保证进出大门的集装箱快速、方便地通行而又不出差错。集装箱码头大门共有两个门口，一个门口用于载箱拖挂车和空车拖挂车进门，另一个门口用于载箱拖挂车以及空车拖挂车出门。

二、集装箱码头大门的基本职责

（一）检验集装箱箱体和铅封，进行集装箱交接

集装箱卡车司机拖箱进入或驶离集装箱码头时，必须在大门处与大门业务人员共同检验集装箱箱体和铅封是否完好并将集装箱异常状况记录于集装箱设备交接单，以完成集装箱交接手续。

（二）审核集装箱单证，称量出口箱重量

大门业务人员负责进口提箱或出口重箱进出码头的所有场站收据、提箱凭证、进箱凭证等集装箱单证的审核处理。此外，为确认集装箱及箱内所装货物重量，集装箱码头入口附近设有地磅（truck scale），其尺度一般称 20 ft 箱长度为 12 m，称 40 ft 箱为 16 m。出口

重箱进场时，利用地磅称量其实际重量，以提供准确的装船数据。

（三）配合堆场作业，指定收箱或提箱箱位

在实行计算机管理的码头，收箱进场或重箱出场的堆场箱位由计算机自动处理；在未实行计算机管理的码头，由检查口业务人员指定堆场箱位。

（四）进场、出场集装箱的信息汇总处理

每一个进场或出场的集装箱均由大门业务人员做出相应的记录，以供各部门查询和汇总。

三、集装箱码头大门的业务及其流程

集装箱码头大门的业务按进出场可分为收箱业务和发箱业务两种，按贸易又分为出口业务和进口业务两种。下面以出口业务和进口业务分别介绍实行计算机管理的集装箱码头大门的主要业务及其流程。

（一）集装箱码头大门出口业务

1. 提运空箱

发货人根据贸易合同及其装运期，在订舱托运和完成备货后，通常委托集装箱卡车司机凭船公司或船代签发的集装箱空箱发箱凭证到码头办理提空箱手续。集装箱卡车进入集装箱码头大门时，司机向大门业务人员递交提空箱凭证和集装箱设备交接单，大门业务人员审核单证后，将提运集装箱的箱号、箱型、尺寸及作业号、集装箱卡车车牌号等信息输入计算机，计算机自动打印指定堆场箱位的发箱凭证并通知堆场机械司机所发空箱的箱号、堆场箱位和集装箱卡车车牌号。拿到发箱凭证后，集装箱卡车司机到发箱凭证指定的堆场位置装箱。集装箱卡车装载空箱后驶经出场大门，集装箱卡车司机递交发箱凭证并与大门业务人员共同检验箱体，如果无异常则双方无批注，在集装箱设备交接单上签字确认，集装箱卡车司机拖运空箱驶离码头；如果空箱有残损或不适合装货，由大门业务人员取消该次作业，重新办理提空箱手续。

2. 重箱进场

发货人完成装箱、施封、填制集装箱装箱单后，在装船前三天可委托集装箱卡车司机拖运重箱进场。集装箱卡车司机在大门处向大门业务人员递交集装箱装箱单和集装箱设备交接单，大门业务人员应审核单证是否一致，包括船名、航次、箱号、箱型、尺寸、提单号等并核对单证上的箱号与集装箱上的箱号是否一致，同时将集装箱的实际重量标注在集装箱装箱单上。大门业务员与集装箱卡车司机共同检验箱体和封志，如果无异常，双方在集装箱设备交接单上无批注签字确认；如果有异常，由大门业务人员如实在集装箱设备交接单上批注并由双方签字以明确责任。对冷藏箱，还应检查箱子的温度是否与装箱单上注明的温度一致；对危险品箱，还应审核危险货物集装箱装箱证明书并检查箱体四面的危标是否完好无损；对框架箱、平台箱等装载重大件货物的集装箱，还应检查货物包装及其固定是否良好。上述工作完成后，大门业务人员收下单证，由计算机打印收箱凭证并自动通知堆场机械司机据以收箱。集装箱卡车司机卸箱后驶经出场大门，递交收箱凭证后再驶离码头。

3．中转箱进场和出场

集装箱码头的中转箱通常一程船在本码头卸船，二程船在本码头装船，此外也有一程船和二程船不是在同一码头卸船和装船的情况，这就产生了中转箱的进场和出场业务。

对于中转箱进场，大门业务人员应先审核集装箱卡车司机递交的中转箱进场凭证和集装箱设备交接单，然后按重箱进场业务程序操作；对于中转箱出场，大门业务人员应先审核集装箱卡车司机提交的中转箱出场凭证和集装箱设备交接单，然后按重箱出场业务程序操作。

4．退关箱出场

退关箱是指由于货主的原因（如变更贸易合同）或船方的原因（如爆舱）造成不能正常装船出运而滞留在码头的集装箱。发货人如暂时不打算出口，在海关、船代、码头办妥退关等手续后，应委托集装箱卡车司机凭提箱凭证到码头提运退关箱，大门业务人员审核提箱凭证和设备交接单后，按提运重箱业务程序操作。

（二）集装箱码头大门进口业务

1．提运重箱

收货人办妥报关报验等进口手续后，通常委托集装箱卡车司机凭提货单到码头办理提运进口重箱手续，集装箱卡车司机在检查口向大门业务人员递交提箱凭证和集装箱设备交接单，大门业务人员审核单证后，将箱号、箱型、尺寸、提单号及作业号、集装箱卡车车牌号等信息输入计算机打印发箱凭证并交给集装箱卡车司机。集装箱卡车司机载箱驶经出场检查口，递交发箱凭证，大门业务人员核对所载运集装箱的箱号并与集装箱卡车司机检验箱体和封志，二人共同在集装箱设备交接单上签字确认后，集装箱卡车拖重箱驶离码头。

2．回空箱进场

收货人完成拆箱后，还应负责将空箱按时归还至指定的还箱点，如果还箱点为码头，应由大门业务人员办理回空箱进场手续，集装箱卡车司机在检查口向大门业务人员递交集装箱设备交接单，大门业务人员将箱号、箱型、尺寸、持箱人及集装箱卡车车牌号等信息输入计算机并与集装箱卡车司机共同检验箱体，如果箱体良好，双方在集装箱设备交接单上无批注签字确认；如果箱体有损坏，由大门业务人员在集装箱设备交接单上如实批注后，双方签字确认。完成验箱及其单证手续后，大门业务人员使用计算机打印收箱凭证并交给集装箱卡车司机。集装箱卡车司机到指定的堆场箱区卸箱，经出场检查口时递交收箱凭证，再驶离码头。

第五节　集装箱码头装卸工艺系统及作业流程

一、集装箱码头装卸工艺系统

集装箱码头装卸工艺是指装卸集装箱的方法。

集装箱码头装卸工艺决定着码头的装卸机械配备、装卸生产作业组织、劳动定额和劳动生产率。

船舶大型化及集装箱码头装卸作业高效化要求集装箱码头装卸工艺系统现代化和最优化。

（一）底盘车工艺系统

底盘车工艺系统如图 3-21 所示。

图 3-21　底盘车工艺系统

（1）作业过程：进口时将从船上卸下来的集装箱直接装到底盘车上，用牵引车拉到堆场上排列整齐而不予堆码，进行内陆运输时，底盘车与牵引车连接后，即可拖走；出口时则相反。

（2）使用机械：集装箱装卸桥+底盘车+牵引车。

（3）优点：在堆场上不需要其他辅助装卸机械且把水平搬运与堆场堆码作业合而为一，最适合"门到门"运输。

（4）缺点：要求有较大的堆场、所需底盘车数量多、投资大。

（5）适用范围：集装箱通过量小而场地大或码头建设的起步阶段。

（二）跨运车工艺系统

跨运车工艺系统如图 3-22 所示。

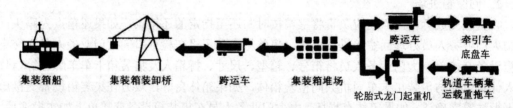

图 3-22　跨运车工艺系统

（1）作业过程：进口时先由集装箱装卸桥将集装箱从船上卸下，放在码头前沿，再由跨运车将集装箱从码头前沿运往堆场堆存，要进行内陆运输时，再用跨运车对底盘车进行换装作业，然后由牵引车牵引底盘车；出口时则相反。

（2）使用机械：集装箱装卸桥+跨运车+底盘车+牵引车。

（3）优点。

① 跨运车可以完成多项作业，减少了机械配备，便于现场生产组织管理。

② 机动灵活，作业中箱角对位快，可充分发挥集装箱装卸桥效率高的优势。

③ 既可搬运，又可堆码，减少作业环节，作业效率高。

④ 相对底盘车工艺，由于跨运车可堆码 2～3 个箱，堆场利用情况较好。

（4）缺点。

① 机械结构复杂，液压部件多且易损坏、漏油，维护工作量大且技术要求高。

② 初始投资大，堆场建造费用高。

（5）适用范围：进口重箱量大、出口重箱量小的码头。

（三）叉车工艺系统

码头前沿采用集装箱装卸桥装卸船舶，码头前沿与堆场间的水平运输、堆场堆码箱和装卸车作业由叉车承担。

（1）优点。

① 叉车的通用性强，可适用于多种作业，在机械寿命期内可以得到充分利用。

② 司机和维修人员容易培训，存在的技术问题较少。

③ 相对大型机械，叉车价格便宜、初始投资少、装卸成本低。

（2）缺点。

① 单机作业，效率较低。

② 由于绝大多数 40 ft 集装箱不设叉槽，叉车不能作业，作业范围受到限制。

③ 叉车对堆场和路面的要求高。

④ 作业中叉车叉齿对准叉槽困难，易造成箱损、货损。

（3）适用范围：吞吐量小的小型码头。

（四）正面吊运机工艺系统

码头前沿采用集装箱装卸桥装卸船舶，码头前沿与堆场之间的水平搬运、堆场堆码箱及装卸车作业由正面吊运机完成。

（1）优点。

① 正面吊运机可以完成搬运、堆码、装卸车作业，减少了码头机械配备且便于机械维修保养。

② 可以跨箱作业，一般可吊装 4 层箱，有的可吊装 5 层箱。

③ 相比叉车工艺系统，正面吊运机工艺系统的堆场利用率高且作业灵活、方便，可减少箱损、货损并可一机多用。

（2）缺点。

① 正面吊运机只能跨越 1～2 个集装箱作业，作业范围小。

② 作业中需要较宽敞的通道，堆场利用率较低，对堆场、路面的要求高。

③ 单机作业效率低，需配备的机械台数较多，多台机械同时作业可能互相干扰，影响作业效率。

④ 正面吊运机的造价较高。

⑤ 正面吊运机开展水平搬运作业时易发生故障。

（3）适用范围：大、中型集装箱码头，特别适合在货运站堆场进行摆重箱和回空箱作业。

（五）龙门起重机工艺系统

1. 轮胎式龙门起重机工艺系统

轮胎式龙门起重机工艺系统如图 3-23 所示。

图 3-23　轮胎式龙门起重机工艺系统

（1）作业过程：进口时用堆场底盘车、牵引车将从船上卸下的集装箱从码头前沿拖运至堆场，在堆场上用轮胎式龙门起重机进行堆码及换装作业，进行内陆运输时，由牵引车牵引底盘车出场。

（2）使用机械：集装箱装卸桥+底盘车+牵引车+轮胎式龙门起重机。

（3）优点。

① 可以有效地利用堆场，堆场建设费用相对较低。

② 设备操作相对简单，设备维修和管理技术成熟。

（4）缺点。

① 相比跨运车工艺系统，灵活性不够，提箱作业比较困难，有时需要开展倒箱作业。

② 根据作业规范要求，1 台装卸桥需配备 4 台轮胎式龙门起重机，如再考虑维修，则需配备 6 台，初始投资大。

③ 轮胎式龙门起重机均采用内燃动力系统，设备维修量及能源消耗较大。

2. 轨道式龙门起重机工艺系统

轨道式龙门起重机工艺系统如图 3-24 所示。

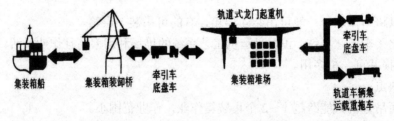

图 3-24　轨道式龙门起重机工艺系统

（1）作业过程。作业过程包括两种类型：一种是卸船时用集装箱装卸桥将集装箱从船上卸到码头前沿的集装箱拖挂车上，然后拖到堆场，采用轨道式龙门起重机进行堆码；装船时相反，在堆场上用轨道式龙门起重机将集装箱装到集装箱拖挂车上，然后拖到码头前沿，用装卸桥把集装箱装船。另一种是在船与堆场之间不使用水平搬运机械，而是由集装箱装卸桥与轨道式龙门起重机直接转运。轨道式龙门起重机将悬臂伸至集装箱装卸桥的内伸距的下方，接力式地将集装箱转送至堆场或进行铁路装卸。

（2）使用机械：集装箱装卸桥+底盘车+牵引车+轨道式龙门起重机。

（3）优点。

① 同轮胎式龙门起重机工艺系统相比，跨距更大，可横跨 14 列集装箱或更多，可堆码 4～5 层集装箱，堆场利用率高。

② 机械结构相对简单，较易维修，作业可靠。

③ 以电力驱动，可节约能源、减少污染。

④ 可采用计算机控制，易于实现堆场作业自动化。

（4）缺点。

① 只能沿轨道运行，作业范围受限制，机动性差。

② 由于跨度大，开展装卸车、倒箱作业较困难。

③ 初始投资大且受电力供应影响。

（5）适用范围：场地面积有限、集装箱吞吐量较大的水陆联运码头。

二、集装箱码头装卸作业流程

（一）出口装船作业

（1）根据船期预报、确报，在船舶抵港前，预先编制出口装船作业计划。出口装船作业计划包括堆场配置计划、船舶配载计划以及泊位、场地、机械、人力配置计划。

编制出口装船作业计划的依据和需要参考的货运资料包括集装箱装载清单、场站收据、堆场积载图、实配船图、危险货物说明书、特种箱的有关要求、船舶规范等。

（2）码头调度单船计划员应根据上述有关货运资料完成如下核对与统计工作。

① 收箱结关后，将场站收据有关联于装船前一定时间内送外轮理货并签证交接。

② 接到船舶代理送交或转送的出口装载清单后，按箱型尺寸统计到港的各类型集装箱数量。

③ 将场站收据、危险货物说明书、冷藏箱温度情况与舱单进行核对。

④ 核对将堆场积载图与集装箱装载清单。

（3）单船计划员在出口装船前，应将实配船图送船长或大副审核，经船方签字确认后，方可根据实配船图编制集装箱装船顺序表并由单船计划员签字，连同其他装船单证送交码头堆场箱控室，由堆场箱控室下达指令，按实配船图和集装箱装船顺序表组织装船作业。

（二）进口卸船作业

（1）根据船期预报、确报，在船舶抵港前，预先编制进口卸船作业计划。

进口卸船作业计划包括堆场配置计划及场地、机械、人力配置计划。

编制进口卸船作业计划的依据和参考资料主要包括进口舱单、进口船舶积载图、bay 图（集装箱在船上横向积载的位置）、离港报告、特种箱货有关货运单证资料、船型、潮汐、船舶性能、堆场情况、生产计划安排等。

（2）码头调度单船计划员接到船公司、货代公司及货主转来的进口货运单证以及资料后，应完成以下内容的核对和统计工作。

① 核对进口舱单和进口船舶积载图，分清本港卸箱和过境箱。

② 以空箱、重箱为内容，核实 20 ft、40 ft 和其他规格的箱型在本港卸箱总数以及中转箱、特种箱、冷藏箱、危险货物箱等有特殊装卸、堆存要求的箱数。

③ 核实堆场部门提供的卸箱场地及箱位。

④ 根据作业线、机械出勤、堆场场地、船舶技术要求、进口箱装载以及出口箱预配等情况，合理分配各条作业线的卸箱量并打印卸船顺序表。

⑤ 根据堆场堆存条件，将空箱、重箱分开堆码；将重箱分票堆码；将冷藏箱、危险货物箱、超限箱、中转箱堆码在专用堆场；直提的特种箱按照卸船顺序表编制的场位堆码。

⑥ 在卸船顺序表封面注明各种箱型的箱数以及总箱数。

（3）进口卸船作业计划编制完毕签字后，连同其他有关卸船资料送交码头堆场箱控室，由堆场箱控室下达指令，组织卸船作业。

（三）倒载作业

船舶倒载作业是指已经装上船的集装箱需要改变装载位置所进行的作业。出于船舶挂靠港口变更、装卸箱量有所增加、保证船舶航行安全的需要等原因，已经装上船的集装箱仍然有可能改变装载位置。

（四）紧固作业

集装箱的紧固作业是指为防止已经装上甲板的集装箱倒塌、移位，必须用栓固杆件和螺栓扣件进行交叉紧固，使集装箱上下左右牢固定位的作业。尽管集装箱装卸作业已经实现机械化，但紧固作业（包括拆、加固作业）仍需人力完成。

课后练习

主要概念

集装箱码头　集装箱堆场　集装箱货运站　集装箱码头大门

应知考核

一、单项选择题

1. 集装箱码头必须具有足够数量和质量的（　　），以保证船舶装卸、货物交接、货物搬运和堆码以及货物保管的顺利进行。

  A．专用码头和泊位　　　　　　B．专用吊车和拖车

  C．专用堆场和仓库　　　　　　D．专用设备和机械

2.（　　）又称为大门，是集装箱码头的门户，它的功能是办理所有进出集装箱码头的集装箱出入交接手续。

  A．关口　　　　　　　　　　　B．闸口

  C．进口　　　　　　　　　　　D．出口

3. 集装箱货运站是货物进行（　　）作业的场所。

  A．出口交箱　　　　　　　　　B．提箱和交箱

C. 进口提箱　　　　　　　　　D. 拆箱和拼箱

4. 集装箱货运站在装箱完毕后，货运站应代表承运人在（　　　）的监管之下，对集装箱加海关封志并签发场站收据。

A. 货主　　　　　　　　　　　B. 收货人

C. 船公司　　　　　　　　　　D. 海关

二、多项选择题

1. 集装箱码头在选址过程中应仔细考虑以下哪几个方面的条件？（　　　）

A. 经济条件　　　　　　　　　B. 地理条件

C. 集疏运条件　　　　　　　　D. 港口条件

E. 气候条件和环境条件

2. 集装箱码头堆场在进口货运中的业务包括（　　　）。

A. 集装箱的卸船准备　　　　　B. 卸船与堆放

C. 交货　　　　　　　　　　　D. 有关费用的收取

E. 制作交货报告和未交货报告

3. 集装箱码头的装卸机械包括（　　　）。

A. 集装箱装卸桥　　　　　　　B. 龙门起重机

C. 千斤顶　　　　　　　　　　D. 叉车

E. 跨运车

4. 集装箱堆场的场箱位由（　　　）组成。

A. 箱区　　　　　　　　　　　B. 贝

C. 排　　　　　　　　　　　　D. 层

E. 列

三、简答题

1. 集装箱码头应具备哪些基本条件？

2. 集装箱货运站的主要作用是什么？

3. 集装箱码头大门主要负责哪些业务？

4. 简述龙门起重机装卸工艺系统的作业流程。

应会考核

一、案例分析

【背景资料】

2004 年 2 月，中国服装进出口公司委托远东贸易运输公司（简称 E 公司）办理 600 只纸箱的男士服装出口手续。E 公司将货装上 MSC（地中海航运有限公司）所属的"红海"轮并签发了远东贸易运输公司的联运提单，提单上标明货物数量为 600 只纸箱，分装 6 个 40 ft 集装箱。2004 年 2 月 27 日，该轮抵达目的港日本神户，同日，集装箱驳卸到岸。2004 年 3 月 4 日，日方收货人 Fast Co., Ltd.在港口开箱，由日本诚信公司出具的拆箱报告称：

箱号为 MSCU 378421 7 的集装箱中，有 15 只纸箱严重湿损，有 30 只纸箱轻微湿损。2004 年 3 月 6 日，6 个集装箱由卡车运至东京某仓库，同日由新日本商检协会检验。该协会于同月 11 日出具商检报告称：51 只纸箱有不同程度的湿损，将湿损衣物的残值冲抵后，实际货损约为 32 000 美元，湿损是集装箱左侧顶部有裂痕所致。

资料来源：百度文库. 一个集装箱装载服装货损案例分析[EB/OL].（2012-09-01）[2022-02-27]. https://wenku.baidu.com/view/927e9fc40c22590102029d80.html.

【考核要求】

（1）你认为造成集装箱箱体有裂痕的原因可能是什么？

（2）有关方在办理集装箱交接手续时需要注意什么问题？

二、技能题

2000 年 12 月 28 日，买方华虹公司与卖方港富公司签订一份买卖合同，约定由华虹公司向港富公司购买美国特灵公司生产的 TRANE 2250USRT 冷冻机组一套，包括两台冷冻机和相应配件，两台冷冻机的价值为 600 300 美元，配件价值为 29 700 美元，总价值为 630 000 美元。2001 年 4 月 19 日，中银集团保险有限公司就前述货物向港富公司签发了编号为 MCG/01-M0139080 的海运货物保险单，该保险单正面记载的被保险人为港富公司，船名、航次为"川河"070WO，开航日期为 2001 年 4 月 20 日，航程为从美国西雅图港至中国上海港，保险为 693 000 美元的定值保险，险别为海洋货物运输一切险、战争险，索赔支付地为中国上海，如发生货损，检验代理为华泰保险咨询有限公司，保险单还约定了保证货物装载在舱内或者集装箱内等其他条款。2001 年 4 月 20 日，中远公司作为承运人签发了编号为 COSU250C63431 的指示提单，该提单记载的托运人为特灵公司，通知方为华虹公司，承运船舶为"川河"轮，装货港为美国西雅图港，卸货港为中国上海港，货物分别装在三个集装箱内，两台冷冻机分别装在两个 20 ft 框架集装箱内，相应配件装在一个 40 ft 集装箱内。同年 5 月 8 日，上述货物被运至上海集装箱码头有限公司张华浜码头，卸入该码头堆场。同月 14 日 8:30 左右，上海交运集装箱发展有限公司的驾驶员许国亮驾驶车号为"沪 A50443"的集装箱卡车将箱号为 CBHU 920057 3 的 20 ft 框架集装箱撞坏，箱内冷冻机受损，受损冷冻机的实际价值为 300 150 美元。

资料来源：豆丁网. 集装箱案例及计算[EB/OL].（2016-02-14）[2022-04-06]. https://www.docin.com/p-1456529065.html.

 实训演练

（1）上海交运集装箱发展有限公司对该次事故是否负全部责任？

（2）简述买方华虹公司的索赔程序。

第四章 集装箱货物进出口实务

本章学习目标

- ❑ 了解整箱货和拼箱货的概念。
- ❑ 掌握集装箱货物的组织模式。
- ❑ 掌握集装箱货物的交接方式。
- ❑ 掌握集装箱货物的进出口流程。

技能目标

- ❑ 能够正确选择集装箱。
- ❑ 能够正确装载集装箱货物。
- ❑ 能够安排集装箱货物的进出口业务。

引导案例

东华公司按 CFR（运费到岸价格）条件，采用即期不可撤销信用证，以集装箱运出口成衣 350 箱，装运条件是 CY to CY。货物交运后，东华公司取得"清洁已装船"提单，提单上标明"Shipper's load and count"。在信用证规定的有效期内，东华公司及时办理了议付结汇手续。20 天后，收货人来函称：经有关船方、海关、保险公司对集装箱开箱检验，发现其中有 20 箱货物包装严重破损，每箱均有短少，共缺成衣 512 件。各有关方均证明集装箱外表完好无损，为此，收货人要求东华公司赔偿其货物短缺的损失并承担全部检验费 2500 美元。收货人的要求是否合理？为什么？

分析：

收货人的要求是合理的。本案中，装运条件为 CY to CY，提单上表明"Shipper's load and count"，意指整箱装运、整箱交货，即由出口方自行装箱、自行封箱后将整箱货物运至集装箱堆场，船方对箱内货物的情况概不负责。货物运抵目的港后，船方在集装箱堆场负责将整箱货物交给收货人，由收货人开箱验货。本案中，经有关船方、海关、保险公司对到货开箱检验，发现其中有 20 箱货物包装严重破损，每箱均有短少，共缺成衣 512 件，各有关方均证明集装箱完好无损，说明货物包装的破损和数量的短少是由于出口方装箱时的疏忽造成的，因而东华公司不能推卸责任。

资料来源于网络并经作者加工整理。

第一节　集装箱货物的装载与交接

一、集装箱货物的装载

（一）集装箱的选择与检查

开展集装箱国际多式联运，应以实行"门到门"运输为原则。因此，在选用集装箱运输时，必须注意到内陆运输的条件。

选用集装箱时主要考虑货物的种类、性质、形状、包装、体积、重量以及运输要求。首先要考虑的是货物是否装得下，其次要考虑在经济上是否合理，与货物所要求的运输条件是否符合。

在装载货物之前，必须对所有集装箱进行严格检查，这是确保货物运输安全的基本条件之一。若选择了存在缺陷的集装箱，轻则导致货损，重则在运输、装卸过程中造成箱毁人亡的事故。发货人、承运人、收货人以及其他关系人在相互交接时，除对箱子进行检查外，还应以设备交接单等书面文件确认箱子交接时的状态。通常，对集装箱的检查应做到以下几点。

（1）外部检查。外部检查是指对箱子的外部进行六面查看，检查是否有损坏、变形、破口等异样情况，如有，即做出修理部位的标志。

（2）内部检查。内部检查是对箱子的内侧进行六面查看，检查是否漏水、漏光，有无污点、水迹等。

（3）箱门检查。检查箱门是否完好、门的四周是否水密、门锁是否完整、箱门能否270°开启。

（4）清洁检查。清洁检查是指检查箱子内有无残留物、污染、锈蚀、异味、水湿。如不符合要求，应予以清洁，甚至更换。

（5）附属件的检查。附属件的检查是指对货物的加固环节状态，如板架式集装箱的支柱的状态，平板集装箱、敞篷集装箱上部延伸用加强结构的状态等进行检查。

（二）集装箱货物装载的一般方法

随着集装箱国际多式联运的发展，不同种类、性质、包装的货物进入了集装箱运输领域。与此同时，从事集装箱运输的管理人员以及操作人员不断增多，为确保货运质量和安全，做好箱内货物的装载是很重要的，许多货损事故的发生都是装箱不当所致。货物在集装箱内的堆装、系固等工作看起来似乎比较简单，但由于集装箱货物在整个运输过程中涉及多种运输方式，特别是海上运输区段的风险很大，货损事故难免发生。货物积载、装箱不当不仅会造成货损，还会对运输及装卸机械等设备造成损坏，甚至会造成人员伤亡事故。

集装箱货物在积载、堆装时应注意如下事项。

（1）在不同件杂货混装在同一箱内时，应根据货物的性质、重量、外包装的强度、特性等情况，将货区分开。将包装牢固的货物、重件货装在箱子底部，包装不牢的货物、轻货则装在箱子上部。

（2）货物在箱子内的重量分布应均衡。如箱子某一部位装载的货物过多，负荷过重，则可能产生箱子底部结构弯曲或脱开的危险；在吊机和其他机械作业时，箱子会发生倾斜，致使作业不能进行。此外，在陆上运输时，如果存在上述情况，会使拖车前、后轮的负荷差异过大，导致行驶发生故障。

（3）在进行货物堆码时，应根据货物的包装强度确定货物的堆码层数。另外，为使箱内下层货物不致被压坏，应在堆码货物时应垫入缓冲器材。

（4）货物与货物之间应加隔板或隔垫，避免货物相互磕碰、沾湿、污损。

（5）货物的装载要严密、整齐，货物之间不应留有空隙，这样不仅可以充分利用箱内容积，也可以防止货物因相互碰撞而造成损坏。

（6）在目的地掏箱时，由于对靠箱口附近的货物通常不采取系固措施，因此可能发生货物倒塌，造成货物损坏和人员伤亡的事故。因此，在装箱完毕、关箱前，应采取措施，防止箱口附近货物的倒塌。

（7）应使用清洁、干燥的垫料（胶合板、草席、缓冲器材、隔垫板），如果使用潮湿的垫料，易发生货损事故。

（8）应根据货物的不同种类、性质、包装选用不同规格的集装箱（可参考表4-1），选用的箱子应符合国际标准、经过严格的检查并具有检验部门出具的合格证书。

表4-1　根据货物种类选择适用的集装箱种类

主 要 货 种	集装箱种类
一般货物	干货集装箱、通风集装箱
重量货物	开顶集装箱、框架集装箱、平板集装箱
冷冻、冷藏货物	冷冻集装箱、保温集装箱、通风集装箱
散装货物	罐式集装箱、漏斗式集装箱
贵重货物	干货集装箱
动、植物	动、植物集装箱，通风集装箱
危险品	适用于危险品及有关法规的集装箱

二、集装箱货物的装箱方式与组织模式

（一）集装箱货物的装箱方式

在集装箱货物的流转过程中，其流转形态分为两种：一种为整箱货；另一种为拼箱货。

（1）整箱货（full container load，FCL）。整箱货是指发货人负责装箱、计数、积载并加铅封的集装箱货物。整箱货的拆箱一般由收货人办理，但其也可以委托承运人在货运站拆箱。因此，整箱货通常只有一个发货人和一个收货人。

（2）拼箱货（less than container load，LCL）。拼箱货是指由承运人的集装箱货运站负责装箱、计数、填写装箱单并加封志的集装箱货物，通常每一票货物的数量较少，因此装载拼箱货的集装箱内的货物会涉及多个发货人和多个收货人。

对于整箱货，承运人以箱为交接单位，承担在箱体完好和封志完整的状况下接收并在相同的状况下交付整箱货的责任。换言之，只要集装箱外表与收箱时相似且封志完整，承运人就不负责箱内的货损、货差，除非货主举证事故损害确实属于承运人的责任。因此，在整箱货的提单上通常要加注"（集装箱内货物）内容据称"（said to contain，STC）、"据货主称"（said by shipper，SBS）、"货主装箱、计数并加铅封"（shipper's load、count and seal，SLACS）、"货主装箱、计数"（shipper's load and count，SLAC）等不知条款。对于拼箱货，承运人应负责在箱内每件货物外表状况明显良好的情况下接收并在相同的状况下交付。

整箱货和拼箱货主要存在如下区别。

（1）货主数量：整箱货有一个货主；拼箱货有多个货主。

（2）装箱人：整箱货由货主装箱；拼箱货由货运站、集拼经营人、承运人装箱。

（3）制作装箱单加封志：整箱货由货主制作装箱单并加封志；拼箱货由货运站、集拼经营人、承运人装箱完成。

（4）交接场所：整箱货是门、场、钩交接；拼箱货都是在货运站完成交接。

（5）货物交接责任：整箱货在确定箱子外表状况良好、关封良好后即可交接；拼箱货需要查看货物的实际情况（如件数、外观、包装等）。

（6）提单上的不同：整箱货要加注不知条款（如 SLAC、SLACS、SBS、STC）；拼箱货中 SLAC、SLACS、SBS、STC 等条款无效。

（7）流转程序。整箱货程序为发货人—装货港码头堆场—海上运输—卸货港码头堆场—收货人；拼箱货程序为发货人—发货地车站、码头货运站—装货港码头堆场—海上运输—卸货港码头堆场—收货地车站、码头货运站—收货人。

（二）集装箱货物的组织模式

集装箱货物有以下四种不同的组织模式。

（1）整箱交、整箱接（FCL/FCL）：发货人从码头堆场（CY）提取空箱并在发货地的工厂（door）装箱，然后在 door 或 CY 将整箱货交付承运人，承运人将货物运输至收货地后，收货人在 CY 或 door 提取整箱货并在 door 拆箱后，将空箱返还至 CY。承运人负责以整箱为单位交接货物。货物的装箱和拆箱均由货方负责。这种模式通常对应一笔贸易合同，即一个发货人和一个收货人。

（2）拼箱交、拼箱接（LCL/LCL）：一个以上的发货人将不足整箱的货物运至发货地的集装箱货运站（CFS）或内陆转运站，货运站负责装箱，然后交由承运人运输至发货地的 CFS 或内陆转运站，CFS 或内陆转运站负责拆箱并将货物交付给不同的收货人。货物的装箱和拆箱均由承运人负责。这种模式通常对应多笔贸易合同，即多个发货人和多个收货人。

（3）整箱交、拼箱接（FCL/LCL）：发货人从 CY 提取空箱并在发货地的 door 装箱，然后在 door 或 CY 将整箱货交付给承运人，承运人运输至收货地的 CFS，CFS 负责拆箱并将货物交付给不同的收货人。发货人以整箱交，收货人以拼箱接，称为分拨模式。这种模式通常对应多份分销贸易合同，即一个发货人和多个收货人。

（4）拼箱交、整箱接（LCL/FCL）：一个以上的发货人将不足整箱货的货物送至发货地 CFS，CFS 负责装箱，然后交由承运人运输至收货地。收货人在 CY 或 door 提取整箱货并在 door 拆箱后，将空箱返还至 CY。发货人拼箱发，收货人整箱接，称为集运模式。这种模式通常对应多笔采购贸易合同，类似于一个收货人的自拼箱，即多个发货人和一个收货人。

（三）集装箱货物的流转程序

1. 整箱货的流转程序

整箱货是指由发货人负责装箱、计数、填写装箱单并由海关加铅封的货物。整箱货通常只有一个发货人和一个收货人。整箱货的拆箱一般由收货人办理，但其也可以委托承运人在货运站拆箱。承运人不负责箱内的货损、货差，除非货方举证事故的损害确属承运人责任。承运人对整箱货以箱为交接单位，只要集装箱外表与收箱时相似且铅封完整，承运人就履行了承运责任。整箱货提运单上要加上"委托人装箱、计数并加铅封"的条款。

整箱货的流转程序如下。

（1）在发货人工厂或仓库配置集装箱。

（2）由发货人在自己的工厂或仓库装箱。

（3）通过内陆或内河运输。

（4）在集装箱码头堆场办理交接。

（5）根据堆场计划堆放集装箱。

（6）装船。

（7）通过海上运输。

（8）卸船。

（9）根据堆场作业计划堆放集装箱。

（10）在集装箱码头堆场办理交接手续。

（11）通过内陆运输。

（12）在收货人工厂或仓库掏箱。

（13）集装箱空箱回运。

2. 拼箱货的流转程序

拼箱货是指装不满一整箱的小票货物。这种货物通常是先由承运人分别揽货并在集装箱货运站或内陆转运站集中，而后将两票或两票以上的货物拼装在一个集装箱内，同样要在目的地的集装箱货运站或内陆转运站拆箱、分别交货。拼箱货涉及多个发货人、多个收货人。对于这种货物，承运人要承担装箱与拆箱作业，拆、装箱费用仍向货方收取。承运人对拼箱货的责任基本上与传统杂货运输相同。

拼箱货的流转程序如下。

（1）货运站从码头堆场领取空箱。

（2）货运站配箱、装箱。

（3）对已装箱的实箱加铅封。

（4）将实箱运至码头堆场。

（5）装船。

（6）通过海上运输。

（7）卸船。

（8）将实箱运至货运站。

（9）货运站掏箱。

（10）货运站交货。

（11）空箱回运。

三、集装箱货物的交接

（一）集装箱货物的交接地点

货物运输中的交接地点是指根据运输合同，承运人与货方交接货物、划分责任风险和费用的地点。目前，集装箱运输中货物的交接地点有门（双方约定的地点）、集装箱堆场和集装箱货运站。

（1）门（door/DR）。门是指收、发货人的工厂、仓库或双方约定收、交集装箱的地点。这一地点在多式联运中经常使用。

（2）集装箱堆场（container yard，CY）。集装箱堆场（简称"场"）是交接和保管空箱（empty container）和重箱（loaded container）的场所，也是集装箱换装运输工具的场所。

（3）集装箱货运站（container freight station，CFS）。集装箱货运站（简称"站"）是交接和保管拼箱货的场所，也是对拼箱货进行装箱和拆箱的场所。集装箱堆场和集装箱货运站也可以同处于一处。

（二）集装箱货物的交接方式

上述三个交接地点中，门、场主要是整箱货（FCL）的交接场所，站则主要是拼箱货（LCL）的交接场所。根据集装箱货物的不同组织模式，集装箱货物有以下九种交接方式。

（1）门到门（DR to DR）。承运人在发货人的工厂或仓库接收货物（FCL）并验收后，负责将货物运至收货人的工厂或仓库交付（FCL）。在这种交接方式下，货物的交接形态都是整箱交接。

（2）门到场（DR to CY）。承运人在发货人的工厂或仓库接收货物（FCL）并负责将货物运至卸货港码头堆场或其内陆堆场，在 CY 处向收货人交付（FCL）。

（3）门到站（DR to CFS）。承运人在发货人的工厂或仓库接收货物（FCL）并负责将货物运至卸货港码头的集装箱货运站或其在内陆地区的货运站，经拆箱后向各收货人交付（LCL）。在这种交接方式下，承运人以整箱形态接收货物，以拼箱形态交付货物。

（4）场到门（CY to DR）。承运人在码头堆场或内陆堆场接收发货人的货物（FCL）并负责把货物运至收货人的工厂或仓库向收货人交付（FCL）。

（5）场到场（CY to CY）。承运人在装货港的码头堆场或其内陆堆场接收货物（FCL）并负责运至卸货港的码头堆场或其内陆堆场，在堆场向收货人交付（FCL）。

（6）场到站（CY to CFS）。承运人在装货港的码头堆场或其内陆堆场接收货物（FCL）并负责运至卸货港码头的集装箱货运站或其在内陆地区的集装箱货运站，一般经拆箱后向收货人交付（LCL）。

（7）站到门（CFS to DR）。站到门交接方式是指运输经营人在装货港码头的集装箱货运站及其内陆的集装箱货运站拼箱后接收货物（LCL），负责运至收货人的工厂或仓库交付（FCL）。

（8）站到场（CFS to CY）。站到场的交接方式是指运输经营人在装货港码头或其内陆的集装箱货运站拼箱后接收货物（LCL），负责运至卸货港码头或其内陆地区的货场交付（FCL）。

（9）站到站（CFS to CFS）。站到站的交接方式是指运输经营人在装货码头或内陆地区的集装箱货运站接收货物（LCL），负责运至卸货港码头或其内陆地区的集装箱货运站，拆箱后向收货人交付（LCL）。

第二节　集装箱货物出口货运程序

集装箱货物出口货运是在运输经营人的组织协作下，由发货人、船公司、集装箱货运站、集装箱码头堆场等各方面相互协作完成的。从空间上讲，业务流程中主要包括发送、中转、交付三个方面的内容。

一、发货人

发货人需要完成如下工作。

（1）订立贸易合同。

（2）备货。

（3）租船订舱［以 CIF（运费和保险费到岸价格）或 CFR 价格条件成交时］。

（4）货物装箱与托运并取得承运人或其代理人签发的场站收据。具体业务分工视交付方式而定。例如，交接方式为 CY to CY，则负责提取空箱、装箱、送重箱至码头；交接方式为 CFS to CFS，则负责货交货运站即可。

（5）投保（如以 CIF 价格条件成交时）；支付运费（运费预付）并凭场站收据取得承运人签发的提单。

（6）向收货人发出装船通知（以 CFR 价格条件成交时）。

二、船公司

船公司需要完成如下工作。

（1）揽货。

（2）受理托运：明确装、卸港，整箱货与拼箱货以及交付方式等。

（3）接收货物：根据交接方式的不同，其接收地点可能为码头堆场、货运站或发货人工厂。

（4）自理或委托船方代办相关船舶手续。

（5）装船：与装船相关的一切工作均由码头负责完成。

（6）缮制、签发并交送相关单证，交送货主、码头、货运站、理货公司及检验机构等。由船公司或其代理人向发货人签发正本 B/L（海上运输提单）。

（7）办理手续离港，驶往目的港。

三、集装箱货运站

集装箱货运站需要完成如下工作。

（1）办理拼箱货物的交接，向发货人签发场站收据；配箱、装箱。

（2）缮制装箱单（对危险品集装箱，出具危险品集装箱装箱单）。

（3）在海关监督之下加海关封志并将装载的集装箱运送至码头堆场，等待装船。

四、集装箱码头堆场

集装箱码头堆场需要完成如下工作。

（1）接收重箱、发放空箱；指导集装箱的堆存与装卸工作。

（2）集装箱的装船并签发相关单据，根据船舶积载图和装船计划安排装船，装船完毕后，由船方在装箱单、码头收据、船舶积载图上签字，确认货物装船。

（3）对特殊集装箱（如冷藏箱、危险品集装箱等）进行特殊处理。

上述内容显示了发货人、船公司、码头堆场以及货运站的业务内容，图 4-1 为集装箱货物出口货运程序。

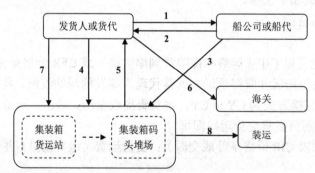

1—订舱申请；2—接受托运申请；3—通知放箱；4—提取空箱；5—审单放箱；6—报关；7—装箱交接；8—装运

图 4-1　集装箱货物出口货运程序

第三节　集装箱货物进口货运程序

集装箱货物进口货运是在运输经营人的组织协作下，由收货人、船公司、集装箱码头堆场、集装箱货运站等各方面相互协作完成的。从空间上讲，业务流程主要包括发送、中转、交付三个方面的内容。

一、收货人

收货人需要完成如下工作。

（1）签订贸易合同。

（2）租船订舱（以 FOB（离岸价格）价格条件成交时），投保（以离岸价 FOB 或到岸价 CIF 成交时）。

（3）申请开立信用证。

（4）付款赎单，从银行处取得正本提单。

（5）凭正本提单支付到付运费后，到承运人或其代理人处换取提货单和设备交接单（FCL）。

（6）凭借提货单到码头（FCL）或货运站（LCL）提取重箱或货物；FCL 需要凭借设备交接单提取。

（7）返还空箱（FCL）。

（8）损害赔偿。

二、船公司

船公司需要完成如下工作。

（1）做好卸船准备工作。

（2）制作并寄送有关单证。

（3）卸船：由码头安排卸船事宜。

（4）凭借正本提单和到付运费等向收货人签发提单和办理集装箱提、还箱手续（FCL）。

三、集装箱码头堆场

集装箱码头堆场需要完成如下工作。

（1）集装箱的卸船准备工作：制订卸船计划、堆场作业计划、交货计划。

（2）卸船和存放。

（3）交交：FCL 交收货人；LCL 交交运站；转运内地货交内陆承运人。

（4）编制交货报告和未交货报告。

四、集装箱货运站

集装箱货运站需要完成如下工作。

（1）做好提箱、拆箱、交货准备。

（2）向收货人发出交货通知。

（3）从码头堆场领取载货的集装箱。

（4）拆箱交货、退还空箱给码头堆场。

（5）编制交货报告和未交货报告。

上述内容显示了收货人、船公司、码头堆场以及货运站的业务内容，图 4-2 为集装箱货物进口货运程序。

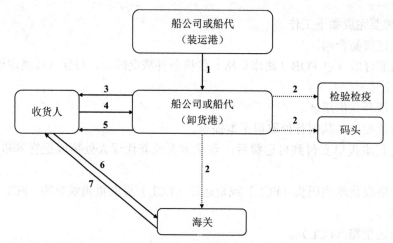

1—寄送单证；2—分送单证；3—发送到货通知；4—换取提货单；5—签发提货单；6—报关；7—放行

图 4-2　集装箱货物进口货运程序

课后练习

主要概念

整箱货　拼箱货　集装箱货的组织模式　集装箱货物的交接方式

应知考核

一、单项选择题

1. CY to CY 是指（　　）。
    A. 一个发货人、一个收货人　　　　B. 多个发货人、多个收货人
    C. 一个发货人、多个收货人　　　　D. 多个发货人、一个收货人

2. "门到门"的集装箱运输最适合（　　）交接方式。
    A. 整箱交、整箱接　　　　　　　　B. 整箱交、拆箱接
    C. 拼箱交、拆箱接　　　　　　　　D. 拼箱交、整箱接

3. FCL 进场如果发现箱体外表有损坏，堆场应在（　　）单证上批注。
    A. D/O　　　　　　B. CIP　　　　　　C. S/O　　　　　　D. EIR

4. 一般来说，（　　）是由货主自行装货的。
    A. FCL　　　　　　B. LCL　　　　　　C. LOC　　　　　　D. CLP

5. LCL/FCL 的交接地点为（　　）。
    A. 门—门　　　　　B. 站—场　　　　　C. 场—场　　　　　D. 站—站

6. 整箱货的英文简写是（　　）。
    A. TEU　　　　　　B. B/L　　　　　　C. SLAC　　　　　　D. FCL

二、多项选择题

1. 下列英文缩写中与集装箱运输有关的是（   ）。

A. FCL   B. LCL   C. CY   D. CFS

2. 集装箱码头的经营方式包括（   ）。

A. 自主经营   B. 个体户经营

C. 合资经营   D. 租赁经营

3. 对集装箱运输发展趋势理解正确的是（   ）。

A. 集装箱船舶大型化   B. 集装箱码头现代化

C. 集装箱微型化   D. 集装箱运输信息化

4. 国际集装箱货代的业务包括（   ）。

A. 为托运人服务   B. 为收货人服务

C. 为海关等政府部门服务   D. 为承运人服务

5. 下列属于集装箱运输特点的是（   ）。

A. 装卸快，效率高，质量有保证

B. 可以实现"门到门"运输

C. 全程运输中无须接触或移动箱内所装货物

D. 运费低

三、简答题

1. 什么是集装箱货运站？简述集装箱货运站的分类和日常业务。

2. 集装箱货物的交接方式有哪些？当前运输中应用得最多的是哪一种？最能体现集装箱运输优越性的是哪一种？

四、比较分析题（见表4-2）

表4-2　整箱货与拼箱货的比较

项　　目	整　箱　货	拼　箱　货
货主数量		
装箱人		
制装箱单加封		
交接场所		
货物交接责任		
提单加注"不知条款"		
流转程序		

 应会考核

一、案例分析

【背景资料】

上海一家公司（以下称发货人）出口价值30万美元的皮鞋，委托集装箱货运站装箱出运，发货人在合同规定的装运期内将皮鞋送至货运站并由货运站在卸车记录上签收后出具仓库收据。该批货物的出口提单记载 CY to CY 运输条款、SLAC、FOB 价格、由国外收货人买保险。国外收货人提箱时箱子外表状况良好，关封完整，但打开箱门后发现里面一双皮鞋也没有。

资料来源于网络并经作者加工整理。

【考核要求】

1. 收货人向承运人提出赔偿要求，承运人拒赔，这合理吗？为什么？
2. 收货人该如何办？为什么？

二、技能题

某公司首次承揽到三个集装箱运输业务，时间较紧，从上海到大连的铁路路程约为1200 km，公路路程约为 1500 km，水路路程约为 1000 km。该公司自有 10 辆 10 t 普通卡车和一个自动化立体仓库。经联系，该公司附近一家联运公司虽无集装箱卡车，却有专业人才和货代经验，只是要价比较高。至于临时安排落实车皮和船舱，该公司实在没有把握。你认为采取什么措施比较妥当？

（1）自己购买若干辆集装箱卡车然后组织运输。
（2）想办法请铁路部门安排运输但心中无底。
（3）水路最短路程，请航运公司来解决运输。
（4）联运公司虽无集卡，但可委托其租车完成此项运输业务。
（5）没有合适的运输工具，放弃该项业务。

资料来源于网络并经作者加工整理。

 实训演练

分析不同贸易术语对应的不同集装箱交接地点。

第五章　集装箱运输组织

本章学习目标

- ❑ 掌握公路集装箱运输的特点。
- ❑ 理解公路集装箱运输货源组织的形式。
- ❑ 了解公路集装箱运输的流程。
- ❑ 掌握铁路集装箱运输的方式。
- ❑ 理解铁路集装箱货源组织的形式。
- ❑ 掌握海上集装箱运输的分类。

技能目标

- ❑ 能够正确填制集装箱进出口货运单证。
- ❑ 能够安排海上集装箱运输。

引导案例

推动以铁水联运为代表的多式联运发展，落实国家"碳达峰""碳中和"的战略目标，是我国交通运输领域的重要举措，也是我国建设现代综合交通运输体系的重要抓手。

交通运输部部长李小鹏在受国务院委托向全国人大常委会所做专题报告中提到，我国"'十三五'时期集装箱铁水联运量年均增长约 23%"。针对下一步工作，他提出要"加快发展铁水联运、江海直达等组织模式，推广全程'一单制'服务和双层集装箱铁路运输发展"。

连云港新东方集装箱码头有限公司（LPCT）一直致力于铁水联运项目的开展和推动，自 2019 年起，该公司正式实施 LPCT 铁路箱"铁海快线"通道项目。

2019 年，LPCT 拓展了铁路箱外贸铁海联运通道，成功打通"郑州—连云港—曼谷""郑州—连云港—林查班"两条国际铁海联运通道，实现了铁路箱铁海联运东西双向、内外贸的全程运输；保证重箱及时装船发运到目的港，以及到达国外后，铁路箱装货返回到国内，实现重去重回，实现铁路箱外贸"一箱到底"的全程多式联运物流新模式。

2020 年，LPCT 首次实现"晋城嘉峰—连云港—宁波港"铁路敞顶箱铁海联运班列。铁路敞顶箱装煤炭铁海联运是实现"一箱到底"全程多式联运物流模式的一次全新探索，填补了铁路箱普箱无法装煤焦类货物下水的空白，该运输模式已在业内得到了广泛认可，能够有效解决原来由汽车、敞车运输到港口后散改集造成的多次倒装、二次损耗等问题，提高了装卸作业效率，也为客户节约了运输成本。

2021 年，LPCT 携手两家公司合力打造了"国际班列+海河联运"项目。该项目让俄罗斯的铁路箱通过国际班列抵达徐州淮海国际陆港后，再通过海河联运的运输经连云港发往我国华南地区。这种运输模式实现了内陆沿海双向贯通、联动发展，推动了国内、国外双循环的多式联运。

资料来源：中国航务周刊. 开通 11 条国内国际集装箱铁水联运航线，郑州、晋城嘉峰、徐州有了贸易新通道[EB/OL].（2021-07-31）[2022-02-27]. https://mp.weixin.qq.com/s/af3kDp6-zyt1x7DrHj_osg.

第一节　公路集装箱运输组织

一、公路集装箱运输概述

集装箱源自于卡车车厢，集装箱运输源于早年偶然发生的将卡车车厢整个脱离底盘的运输实践。现代国际标准中集装箱的外形和尺寸基本与卡车车厢类似，甚至在现代物流过程中使用的 ISO 标准的托盘尺寸也是脱胎于对卡车车厢内尺寸的"整数分割"。所以，集装箱运输与公路卡车运输有着密切的联系。

二、公路集装箱运输的特点

现代集装箱运输发展到目前，公路集装箱运输大约表现出以下特点。

（1）集装箱运输是一种"门到门"运输，这是集装箱运输的突出特征，也是其优越性所在。而集装箱运输最终要实现"门到门"运输，绝对离不开公路集装箱运输这种"末端运输"方式。

纵观集装箱的各种运输过程，不管是水路运输、铁路运输，还是航空运输，其开始和结束都不可能离开公路集装箱运输。离开集装箱卡车，集装箱运输"门到门"的优势就荡然无存了。

（2）具有衔接性、辅助性作用。在大多数情况下，公路集装箱运输在集装箱的各种运输方式之间起衔接性、辅助性作用，是通过陆上"短驳"将各种运输方式衔接起来或最终完成一个运输过程。只在少数情况下，公路集装箱运输扮演"主力军"角色，从头至尾完成一次完整的运输过程。

公路集装箱运输的辅助性、衔接性表现在以下几种情况中。

① 重箱：从码头（目的港）、铁路办理站（终点站）、集装箱堆场到收货人（"门"）的运输。

② 重箱：从码头（目的港）到铁路办理站（始发站）、集装箱堆场的运输。

③ 重箱：从发货人（"门"）到集装箱货运站、码头（始发港）的运输。

④ 重箱：从发货人（"门"）到铁路办理站（始发站）、集装箱堆场的运输。

⑤ 空箱：从集装箱货运站或铁路办理站到发货人（"门"）的运输。

⑥ 空箱：从铁路办理站或集装箱货运站到堆场或从堆场到铁路办理站或集装箱货运站的运输。

⑦ 空箱：集装箱货运站到集装箱堆场和铁路办理站之间的运输。

⑧ 空箱：收货人（"门"）到集装箱堆场、铁路办理站、集装箱货运站之间的运输。

（3）表现出公路运输共有的缺点。不管是不是运输集装箱，公路运输均表现出一些共同的缺点：运力与速度低于铁路运输；能耗与成本高于铁路、水路运输；安全性低于铁路和水路运输；造成环境污染的程度高于铁路和水路运输。所以，有些国家和地区（如欧洲的许多国家）以立法和税收优惠政策等方式鼓励内河运输与铁路运输，限制集装箱的长途公路运输。

公路集装箱运输的合适距离与各个国家和地区的经济发展程度、地理环境有关。美国内陆幅员辽阔、高速公路网发达，一般认为 600 km 为公路集装箱运输的合适距离；日本四周环海，沿海驳运很方便，所以认为公路集装箱运输距离在 200 km 之内比较合适；虽然我国内陆幅员辽阔，但公路网络迄今为止还有待完善，铁路网络相对较发达，所以一般认为公路集装箱运输距离应控制在 300 km 左右。

三、公路集装箱运输的货源组织

（一）公路集装箱运输流转程序和装卸流程的特点

公路集装箱运输中，由于货物的包装形态发生了质的变化，因此货物的装卸、运输过程（流程）也发生了相应的变化。

1. 公路集装箱运输流转程序的特点

（1）出口集装箱货物必须先将分散的小批量货物汇集在内陆地区有限的几个仓库或货运站内，然后组成大批货物以集装箱形式运到码头堆场或者由工厂、仓库将货物整箱拖运到码头堆场。

（2）进口集装箱货物如果是以整箱货物运输，直接送到工厂或仓库掏箱；如果是以拼箱货物运输，将箱子送到堆场或货运站拆箱后再分送。

（3）公路集装箱运输的运送路线简单，一般固定在几个仓库或货运站堆场，这为集装箱运输的规模化、标准化创造了有利条件。

（4）公路集装箱运输的作业方式将更容易实现机械化和程序化，为开展集装箱码头堆场、货运站直至仓库之间的拖挂车运输打下了良好的基础，这对提高公路集装箱运输的效率具有重要意义。

2. 公路集装箱运输装卸流程的特点

（1）从装卸业务上来看，明确规定了整箱货由货主自行装箱、拼箱货由集装箱货运站负责装箱，这就从根本上解决了以往由公路运输单位装卸而造成的作业质量差的问题。

（2）从管理上来看，由货主或货运站装箱、拆箱也便于提高专业化、熟练化程度，集装箱货物装卸流程的变化也使得各环节的责任划分更加明确。

（二）公路集装箱运输货源组织的特点

从事公路集装箱运输的主要是各类集装箱卡车运输公司。集装箱卡车运输公司的车辆配备数与运力是固定的，但运输市场对集装箱卡车的需求在数量、流向、时间、地域上是不均衡的，这是公路集装箱运输在货源组织方面最突出的特点，也是该过程中最大的矛盾。总的来说，在集装箱运输大系统中，普遍存在运力与需求之间的不平衡，但相对于铁路、水路集装箱运输子系统来说，公路集装箱运输中需求的波动与供需的矛盾更为突出。

（三）公路集装箱运输货源组织的客观性与主观性

1. 客观性

公路集装箱运输货源组织的客观性是指国家政策对集装箱货源的影响很大，不仅受国家对外贸易的发展和集装箱化的比例的影响，还受到货主、货运代理及船舶公司等各种因素的影响，因此从集装箱运输货源来说，其平衡性和稳定性只是相对的、暂时的。由于货源的不平衡性，对运输的需求也经常处于不稳定状态，因此集装箱运输在时间和方向上存在着一定的不均衡性。表现在货物的流量上，不同月度、季度或各旬有很大的差异，上行和下行也存在很大的差异。所以，集装箱运输的客观影响因素在一定程度上左右了公路集装箱运输的发展。

2. 主观性

公路集装箱运输货源组织的主观性是指在市场经济运行机制中的竞争规律的作用下，参与企业由于自身状况的不同，能获取的市场份额也不同，体现为参与企业的公路集装箱运输货源组织的业务量不同，所以每个参与企业的物质条件、员工敬业精神、市场开拓能力、企业管理水平等综合素质的高低势必影响集装箱运输的货源组织。每个参与企业的综合素质就是公路集装箱运输货源组织的主观性表现。

（四）公路集装箱运输货源组织的形式

1. 统一受理、计划调拨

这是公路集装箱运输货源组织最基本的形式。公路运输代理公司或配载中心统一受理由口岸进出口、需用集装箱卡车运输的货源，然后根据各集装箱卡车运输公司的车型、运力、营运特点统一调拨运力。这种方式对公路集装箱运输的运力调拨和结构调整起着指导作用，能较好地克服供给与需求的不平衡，也能较好地保证集装箱卡车运输公司的收益。

2. 合同运输

这是统一受理、计划调拨运输的一种补充形式。船公司、货运代理公司和货主在某些情况下与集装箱卡车运输公司直接签订合同，确定某段时间、某一地区的运输任务。

3. 临时托运

集装箱卡车运输公司也接受短期、临时客户小批量托运的集装箱，这是对统一受理、计划调拨运输和合同运输必不可少的补充。

（五）集装箱卡车运输公司组织货源的手段

1. 委托公路运输代理公司或配载中心组货

这是集装箱卡车运输公司主要的组货手段。因为公路运输代理公司或配载中心与各类口岸企业有密切的联系、熟悉业务，所以便于进行商务处理。同时，由公路运输代理公司集中地向众多货主揽货，然后分配给各集装箱卡车运输公司，也便于提高效率、降低交易成本。

2．各集装箱卡车运输公司（车队）在主要货主、码头、货运站设立营业受理点

集装箱卡车运输公司也可以在主要货主、码头、集装箱货运站或公路集装箱中转站设立营业受理点，自行组织货源。这样做能及时解决客户的紧急需求或特殊需求，也便于集装箱卡车运输公司更快地掌握运输市场动态，为改善运输经营策略提供依据。

3．参加集装箱联办会议和访问货主

集装箱卡车运输公司可以通过参加集装箱联办会议，与港区、货运代理公司、货主企业进行沟通，了解货源市场情况，争取货源。此外，集装箱卡车运输公司也可以派员工定期访问货主，这一方面有利于听取货主的意见，改进工作，另一方面可掌握市场的动向，积极争取货源，与货主建立稳定的业务联系。

四、公路集装箱运输的流程

目前，公路集装箱运输主要承担港口码头、铁路车站集装箱的集疏运业务和直达集装箱运输业务。按照公路集装箱运输服务对象的不同，其货运业务主要有三种形式，分别是港口进出口国际集装箱集疏运业务，国内集装箱公铁联运上、下站发送、送达业务以及集装箱公路干线直达运输业务。

（一）港口进出口国际集装箱集疏运业务及其作业流程

1．出口集装箱进港发送作业流程

（1）接受托运人或其代理人提出的集装箱出口托运申请。

（2）汇总托运申请，编制运输计划并据此与货运代理和船舶公司联系提供空箱。

（3）将集装箱出口运输通知单和放箱单交给集装箱码头，换取集装箱设备交接单、集装箱装箱单和封具并提取空箱。

（4）将空箱连同装箱单和封具一起自集装箱码头堆场运往托运人工厂、仓库或中转站。

（5）自托运人工厂或仓库将拼箱货接运至中转站拆、装箱。

（6）在货运代理、海关、商检等部门的监督下，把货物装箱加封后，将集装箱连同已填写、签署的装箱单送往集装箱码头或中转站，待船舶到港后准备装船。

（7）将装箱单和集装箱设备交接单提交给集装箱码头，经核查后取得签发的集装箱交付收据。

2．进口集装箱出港送达作业流程

（1）接受货主或其代理人提出的集装箱进口托运申请。

（2）汇总托运申请，编制运输计划并据此与船舶公司和货运代理联系提箱。

（3）将集装箱进口运输通知单和提货单交至集装箱码头，换取集装箱设备交接单并在集装箱堆场提取重箱装车。

（4）整箱货集装箱运送至收货人工厂或仓库，拼箱货集装箱运回中转站集装箱作业区。

（5）拆箱后将空箱和集装箱设备交接单送回集装箱码头堆场或中转站集装箱堆场。

（6）将集装箱设备交接单提交给集装箱码头堆场，送回集装箱并经检查后取得签发的集装箱退回收据。

（7）在有关部门的监督下，将属于不同收货人的拼箱货理货后分送给有关收货人。

（二）国内集装箱公铁联运上、下站发送、送达业务及其作业流程

1．集装箱公铁联运上站发送作业流程

（1）接受托运人或其代理人提出的货物托运申请。

（2）向铁路货运站提出联运申请和空箱要箱计划。

（3）待联运申请被答复后，领回铁路进货证和集装箱设备交接单，凭单提取空箱运至托运人工厂或仓库或运回中转站堆场。

（4）将拼箱货自托运人工厂或仓库运至中转站，按铁路货运站配箱计划和积载要求装箱并填写集装箱装箱单。

（5）按计划将重箱运送至铁路货运站并按铁路有关规定办理集装箱交接手续。

（6）托运人按铁路运价支付运费，领回托运人报销联及铁路运单副本。

2．集装箱公铁联运下站送达作业流程

（1）接受收货人或其代理人提交的货物托运单、到货通知和领货凭证。

（2）将到货通知、领货凭证提交给铁路货运站办理提箱手续，领取出门证及集装箱设备交接单。

（3）按计划到铁路货运站提取重箱，将重箱运至收货人仓库或中转站并办理交接手续。

（4）将拼箱货在中转站拆箱后通知收货人提货或送至收货人指定地点。

（5）将空箱送回铁路货运站并办理集装箱交接手续。

（6）按规定向收货人收取运费和附加费。

（三）集装箱公路干线直达运输业务及其作业流程

（1）接受托运人或其代理人提出的货物托运申请。

（2）审核托运单填写内容与货物实际情况是否相符，检查包装，过秤量方，粘贴标签、标志。

（3）按有关规定向托运人核收运杂费、附加费。

（4）按照零担运输作业程序核对装箱，当场进行铅封并编制装箱单。

（5）按班期将集装箱货物运送到对方站，凭铅封进行交接，明确相互责任。

（6）到达站将货物从集装箱内掏出并以最快速度通知收货人在最短时间内将货物提走，以加速物资和仓库的周转。

五、公路集装箱运输中转站业务

公路集装箱运输中转站设在港口或铁路办理站附近，是水运、铁路运输向内陆和经济腹地延伸的基地和枢纽，也是集装箱内陆腹地运输的重要作业点之一。

公路集装箱运输中转站具体办理以下业务。

（1）承担集装箱水运目的港、集装箱铁路办理站的终点站和收货人之间集装箱公路转移的任务，完成"门到门"运输；实现集装箱在内陆堆场（CY）的交接并可组织腹地内的干支线、长短途运输或为"水—公"联运的衔接配合创造有利条件。

（2）相当于一种内陆的集装箱货运站（CFS），办理集装箱拼箱货的拆箱与拼箱作业，同时发挥拼箱货集货、货物仓储及向货主接取、送达的作用。

（3）靠近大型集装箱口岸与铁路集装箱办理站的，可作为疏运集装箱的缓冲区域、集装箱堆场或集装箱集散点。

（4）进行空、重集装箱的装卸、堆存和集装箱的检查、清洗、消毒、维修等作业并可作为船舶公司箱管或外轮代理公司指定的内陆还箱点，进行空箱堆放和调度作业。

（5）为货主代办报关、报检、理货以及货运代理等业务。

第二节　铁路集装箱运输组织

一、铁路集装箱运输概述

（一）铁路集装箱专用车辆的沿革

最早的时候，由于铁路集装箱运输数量不多，所运的是小型的非标准集装箱，所以没有专用车辆，代用普通铁路货车。随着铁路集装箱运输的发展，尤其是采用国际标准集装箱以后，箱子增大，普通铁路货车已无法代用，因此产生了铁路集装箱专用车辆。

铁路集装箱专用车辆的发展大致经过了以下三个阶段。

第一阶段：将普通平车改造成集装箱专用车，其优点是处理费用较低、能应急，缺点是集装箱的固定较困难、作业效率低、数量仍然有限。

第二阶段：大量新造集装箱专用车。20 世纪 60 年代开始，随着集装箱标准化的推进和运量的大幅增加，对铁路集装箱运输的需求越来越大，这促使欧洲各国设计与制造了集装箱专用车。这些集装箱专用车与国际标准集装箱配套，装卸与固定十分便捷，作业效率高，能很好地体现集装箱运输的优越性。

第三阶段：不断创新，改进集装箱专用车的结构。围绕降低能耗、提高车速、简化结构、加长尺寸等，欧美各国进行了大量的研究与试验，对集装箱专用车进行了很多创新，出现了双层集装箱专用车等高效率的专用车结构。

（二）铁路集装箱专用车的类型

按车辆组织划分，铁路集装箱专用车可分为编挂于定期直达列车的专用车辆和随普通货物列车零星挂运的专用车辆两种。

1. 编挂于定期直达列车的专用车辆

这类集装箱专用车的结构比较简单，大部分采用骨架式结构，底架有旋锁加固装置，用以固定集装箱。由于这类车辆都以固定形式编组，定期往返于两个办理站之间，无须经过调车作业，所以车辆不必有缓冲装置，各种用于脱/挂钩、编组的设施都可简化。美国南太平洋铁路公司研制的双层集装箱专用车辆采用凹底平车，全长 19.2 m，可放两个 40 ft 的集装箱。这类集装箱专用车由于连接部分采用特殊装置且整体结构简单，所以一方面重量轻于普通平车，另一方面运行中的空气阻力小，停车、启动和行驶中的振动很小。

2. 随普通货物列车零星挂运的专用车辆

这类专用车辆需要编挂到普通货物列车中运行。由于要进行调车作业，所以必须像普通铁路车皮一样装有缓冲装置，结构比前一种专用车复杂。

我国铁路部门已研制了 X6B 型集装箱专用车，载重量为 60 t，可装载 1 个 40 ft 集装箱，或 2 个 20 ft 集装箱，或 1 个 45 ft 集装箱，或 6 个 10 ft 集装箱；全长约 16 388 mm；最大宽度为 3170 mm；空车装载面高度为 1166 mm；构造速度为 120 km/h；自重约 22 t，已能满足对铁路集装箱专用车辆的需求。

（三）集装箱在铁路专用车辆上的固定

集装箱在铁路专用车辆上的固定与在卡车上固定的方法相同，即利用四个底角件加以固定。集装箱在铁路车辆上一般采用锥体固定件来固定。

铁路货车上的锥体固定件有两种形式：一种是把固定件直接安装在货车底板上，如图 5-1 所示；另一种是把固定件安装在一块活动翻板上，如图 5-2 所示，当货车上不装载集装箱时，翻板可通过铰链翻倒在货车的两侧，如图 5-3 所示，这样在装载其他货物时，既不会影响货物的装载，也可以避免固定件的损坏。

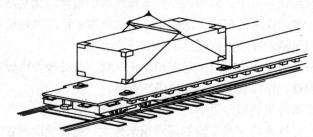

图 5-1　把固定件直接安装在货车底板上

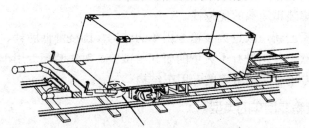

图 5-2　把固定件安装在活动翻板上

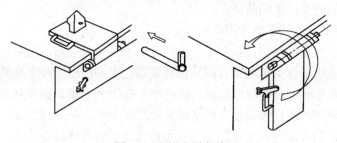

图 5-3　翻板式固定件

为了确保铁路运输作业的安全，集装箱在铁路专用车辆上的固定应做到以下几点。

（1）栓固装置的位置必须显而易见。

（2）所有的中介装置应能拆除或移开。

（3）在车辆启动之前，必须检查集装箱栓固装置的情况。

（4）在起吊集装箱之前应松掉栓固件。

二、铁路集装箱运输方式的类型

铁路集装箱运输方式主要有集装箱定期直达列车、集装箱专运列车、快运货物列车与普通货运列车四种。

（一）集装箱定期直达列车

集装箱定期直达列车主要用于处理整列的集装箱货源。集装箱定期直达列车起源于英国，后在美国与欧洲一些国家得到广泛采用。集装箱定期直达列车一般定点、定线、定期运行，发货人需要预约箱位，准时发到箱子；通常固定车皮的编排，卸货后，循环装货，不轻易拆开重新编组。列车编组一般不长，多以 20 辆专用车为一列。集装箱定期直达列车的终端站一般用一台龙门吊，下设两三股铁路线和一条集装箱卡车通道，进行铁路—公路换装。大的集装箱办理站有两三台龙门吊，下面有 6 股铁路线。龙门吊一侧悬臂下为集装箱堆场，另一侧悬臂下为集装箱卡车通道，以此完成换装工作。每次列车通常在到达几分钟后就开始装卸，在大的中转办理站，每次列车从卸货到装货启程返回的时间一般不超过两小时。为了加速与简化列车到发作业，铁路集装箱办理站一般拥有联络线、机车调头设备以及其他有关作业设备。

（二）集装箱专运列车

集装箱专运列车也用于处理整列的集装箱货源，它与集装箱定期直达列车的区别是：不是定期发车；一般运程较长；主要用于处理货源不均衡与船期不稳定的问题。它与集装箱定期直达列车的相同之处是：两者通常均列入铁路运行图。

（三）快运货物列车

对于整车的集装箱货源，通常难以编入定期直达列车或专运列车，一般可在集装箱办理站装车皮后，在铁路编组站编入普通的快运货物列车。这类快运货物列车的车速一般可达 100 km/h 以上。

（四）普通货运列车

对于整箱的集装箱货源与拼箱的集装箱货源，通常编入普通的货运列车装运。它的装运速度与到站后的装卸效率远不如定期直达列车与专运列车。

三、铁路集装箱运输货源组织的形式与条件

（一）铁路集装箱运输货源组织的形式

（1）整列的集装箱货源。同一品名的整列集装箱货源较少，但在与海运联运时，即与集装箱码头相连的枢纽站接运时，由于集装箱船舶载箱量大，铁路则需要编排整列的、到达同一终点站的集装箱定期直达列车。

（2）整车的集装箱货源。整车的集装箱货源较为普遍，目前有些国家的铁路集装箱专用车长度一般为 18.3 m（约 60 ft），最长的达 27.4 m（约 90 ft），一节整车可装载 3～4 个 6.1 m（约 20 ft）的集装箱。有些国家的铁路为了争取集装箱货源，规定集装箱运价按整车收取，集装箱总长不得超过 24.4 m（约 80 ft），装多装少均按车计费。因此，如何装配一节整车的集装箱数量对每箱运费的分摊有很大的影响。

（3）整箱的集装箱货源。对货运量较少的货主来说，在其货源能装满一个整箱但不够一节整车时，有些国家的铁路为方便这些货主托运集装箱，则采取按箱计费的办法。

（4）拼箱的集装箱货源。拼箱的集装箱货源是由运输部门根据不同货主托运的货物加以整理后装载的集装箱货物，也就是一箱来自多个货主的货物。

（二）铁路集装箱运输货源组织的条件

目前，我国铁路集装箱运输主要是对普通零担货物中适合集装箱运输的货物组织使用集装箱，它的运输条件主要包括以下五个。

（1）必须在铁路集装箱办理站办理运输。集装箱运输是通过集装箱来运送货物的，所以开办集装箱运输业务的车站必须备有场地、装卸机械、专业管理人员等方面的条件。

（2）必须是适合集装箱运输的货物。铁路集装箱以装运贵重货、易碎货物等为主，这是因为这些货物的价值较高，运输过程中又不易发生被盗、灭失、损坏等货运事故。在货源少的情况下，也可装运其他适箱货源。

（3）必须符合一批办理的手续。按一批办理的条件包括两个：一是每批货物必须是同一吨位的集装箱，二是每批货物至少在一箱以上。

（4）由发货人、收货人装箱、拆箱。通常，铁路集装箱运输的货物从装箱、加封到启封、拆箱，应由发货人、收货人负责。铁路凭封印（即铅封）与发货人办理收箱、运输并以发货人的封印向收货人办理交付。

（5）必须由发货人确定重量。由于大多数铁路车站不具备衡量集装箱货物重量的条件，所以集装箱运输货物的重量只能由发货人申报、确定，发货人对自己申报、确定的货物重量负有责任，承担由于货物超重而造成的一切损失。

四、铁路集装箱货运程序

铁路集装箱货运程序是指集装箱货物从接收、装车运送至卸车、交付整个过程的工作环节，具体如下。

（一）集装箱承运日期表的确定

集装箱承运日期表是集装箱运输计划的重要内容，其作用在于使发货人明确装箱日期，有计划地安排货物装箱以及准备短途搬运工具等。集装箱承运日期表有助于铁路内外紧密配合，共同做好集装箱货物的运输。

（二）集装箱货物的受理

目前，大多数车站都采用由货运公司集中受理的形式，这种受理形式大致又分为集装箱单独受理和集装箱、零担统一受理。它是在接受发货人的托运申请后，由货运公司审批运单。审批的方法包括以下几种。

（1）随时受理。按装箱计划或承运日期表规定的日期在货物运单上批注进箱（货）日期，然后将运单退还给发货人。

（2）集中受理。集中审批，由受理货运员根据货物运单，按去向、到站分别登记，待凑够一车集中一次审批并由发货人取回运单。

（3）驻在受理。驻在受理是指车站在货源比较稳定的工厂、工矿区设受理室，专门受理托运的集装箱货物。在货物运单受理后，批准进箱（货）日期，或由驻在货运员把受理的运单交货运室统一平衡，集中审批。

（4）电话受理。电话受理是指车站货运室根据发货人电话登记托运的货物，统一集配，审批后用电话通知发货人进箱（货）日期，在进箱（货）同时向车站货运室递交运单，审核后加盖进箱（货）日期戳记。

（三）货物运单的审核

受理货运员接到运单后，应按有关规定逐项详细审核下列内容。

（1）托运的货物能否以集装箱装载运输。

（2）所到站能否受理该吨位、种类、规格的集装箱。

（3）应注明的事项是否准确、完整。

（4）有关货物的重量、件数、尺码等是否按规定填写。

（四）空箱发放

车站在发放空箱时应认真检查箱子的外表状况是否会影响货物的安全运输，具体应做到以下几点。

（1）发送货运员在接到运单后应核实批准进箱日期，审核运单填写是否准确并根据货物数量核对需要发放的空箱数，发现不符时应立即和受理货运员核实。

（2）对实行"门到门"运输的货物，应开具集装箱"门到门"运输作业单并交发货人，填写集装箱"门到门"运输登记簿。

（3）会同发货人共同检查空箱箱体状态，发货人在集装箱"门到门"运输作业单上签字后，领取空箱。应注意的是，如发送货运员认为所领取的空箱不能保障货物安全运输，发送货运员应予以更换，如无空箱可更换，发货人有权拒绝使用，如使用后发生货损，应由车站负责，除非空箱存在的缺陷是无法以一般手段从外表检查中发现的。

（4）发送货运员有义务向发货人介绍箱子的内部尺寸、容积和货物积载法，这样不仅能使发货人充分利用箱容、载重量，而且能使货物牢固、安全。

（五）装箱

集装箱的装箱和施封均由托运人负责。货物装箱后，由发货人关闭箱门并在规定的位置悬挂标签和加封。加封后，应将封志环插入封盘落销。

（六）集装箱货物的接收和承运

发送货运员在接收集装箱货物时，必须对由发货人装载的集装箱货物进行逐箱检查，符合运输要求的才能接受承运，接收集装箱货物后，车站在货物运单上加盖站名、日期戳记，表明此时货物已承运。所谓承运，从发货人将托运的集装箱货物移交铁路开始，直至到达站将货物交给收货人时止。

在接收所托运的集装箱货物时，发送货运员应做到以下几点。

（1）对由发货人装载的集装箱货物，应逐批、按箱检查箱门是否已关好、锁舌是否落槽，合格后在运单上批注货位号码。对"门到门"运输的集装箱货物，还要核对是否卸入指定货位，然后在集装箱"门到门"运输作业单上签字并返还给发货人一份。

（2）以运单为依据，检查标签是否与运单记载一致、集装箱号码是否与运单记载相符、铅封号码是否正确。

（3）检查铅封的加封是否符合技术要求。

（4）检查箱体是否受损，如有损坏，应编制集装箱破损记录，如损坏是由于发货人过失所致，则要求发货人在破损记录上签章，以划分责任。检查时，如发生铅封失效、丢失、无法辨认站名或未按加封技术要求进行铅封的情况，均由发货人负责恢复至正常状态。

（5）检查确认无误后，车站便在货运单上签字，交发货人交款并发货。

（6）对进行"门到门"运输的集装箱，还应补填集装箱"门到门"运输登记簿有关事项。

（七）装车

装车货运员在接到配装计划后到站确定装车顺序并做到以下几点。

（1）装车前，对车体、车门、车窗进行检查，检查内容包括是否过了检查期、有无运行限制、是否清洁等。

（2）装车时，装车货运员要做好监装，检查待装的箱子和货运票据是否相符、齐全、准确并对箱体、铅封状态进行检查。

（3）装车后，要检查集装箱的装载情况是否满足安全运送的要求，如使用棚车装载，还要加封。装车完毕后，要填写货车装载清单、货运票据，除一般内容的填写外，还应在装载清单上注明箱号，在货运票据上填写总箱数、货重以及箱体自重。

（八）卸车

集装箱货物到达卸站后，开始卸车，卸车时应做到以下几点。

（1）做好卸车前的准备工作，首先要核对货运票据、装载清单等与货票是否相一致，然后确定卸车地点和卸箱货位。

（2）卸车前，还应做好货运检查，检查箱子的外表状况是否良好、铅封是否完整。

（3）开始卸车时，对棚车进行启封，做好监卸和卸货报告。如在卸车过程中发生破损，应做出记录，以便划分责任。

（4）做好复查登记，要以货票对照标签、箱号、封号，在运单上注明箱子停放的货位号码，根据货票填写集装箱到达登记簿和卸货卡片。

（九）集装箱货物的交付

交货时，交箱货运员在接到转来的卸货卡片和有关单据后，应认真做好与车号、封号、标签的核对，核对无误后通知装卸工组交货并当面点交收货人。收货人在收到货物后应在有关单据上加盖"交付讫"的戳记。对"门到门"运输的集装箱货物，应填写"门到门"运输作业单并由收货人签收。对由收货人返回的空箱，应检查箱体状况，在"门到门"运输作业单上签章。

五、铁路集装箱货物的交接责任

铁路集装箱货物的交接责任是指铁路集装箱办理站与发货人、收货人在接收和交付集装箱货物两个作业环节中的责任交接与划分。铁路集装箱的交接均在铁路集装箱办理站的堆场进行，铁路集装箱办理站只接收已加封的集装箱与交付铅封未启封的集装箱，不负责对箱内货物的清点和交接。

（一）铁路集装箱办理站与收货人、发货人的交接责任

铁路集装箱办理站（以下简称铁路）与收货人、发货人在办理集装箱交接时，遇有下列情况，应根据实际情况进行处理和划分责任。

（1）铁路在接受承运时，如果发现发货人所托运的集装箱的铅封已失效、丢失、站名无法辨认或未按加封的技术要求进行加封，则应由发货人重新整理后方能接受。

（2）铁路在接受承运时，如果发现发货人所托运的箱体业已破坏，则应由发货人更换集装箱。如果使用的是铁路集装箱，则由铁路提供空箱进行更换后才能接受；如果箱子的损坏由发货人行为所致，则应由发货人赔偿。

（3）由于发货人装箱过失或疏忽造成超重而引起箱子的损坏或由此而造成箱内货物的损害，该损坏和损害均由发货人负责。

（4）由于发货人谎报货名、货物重量、尺码致使铁路或第三者遭受损害时，发货人对此负有赔偿责任。

（5）铁路向收货人交付重箱时，如铅封完整，对货物的责任即告终止，即使箱内货物发生短少，铁路也不负责任。

（6）铁路向收货人交付重箱时，如铅封完整而箱内货物发生破损，铁路不负责任，除非能证明破损是由于铁路过失所致。

（7）如果集装箱货物在运输途中发生货损事故，则由发货人自行负责，除非能证明货物的货损是由于铁路集装箱的技术状态不良所致。

（8）铁路向收货人交付重箱时，如果发现箱体损坏且危及货物安全，铁路应会同收货人对集装箱货物进行检查。如果货物业已造成损害，根据货物的实际损害情况，由责任方负责赔偿。

（9）铁路接收后的集装箱在承运前发生灭失、损害时，如果是在铁路货场内发生的，由铁路负责赔偿。

（10）货主自有箱在运输中由于铁路方面的过失发生损坏，由铁路负责赔偿。

（二）铁路集装箱破损的责任划分与记录编制

集装箱的破损大致有两种情况：一是箱子损坏；二是箱子破损。后者是指某一单位或个人的责任造成集装箱的部分破损，而前者通常指箱子全损或报废。上述两种损害的责任可分为以下几类。

（1）属于发货人、收货人的过失责任。

（2）属于承运人的过失责任。

（3）属于第三者的过失责任。

（4）由意外事故、自然灾害等不可抗力造成的。

凡属于上述责任造成的损坏箱、破损箱以及货主自有箱在铁路运输过程中发生的破损，均由货运员按箱编制集装箱破损记录，记录所记载的内容必须准确、明确、完整。

（三）铁路集装箱办理站货运员之间的交接

铁路集装箱办理站的不同班次同工种货运员和不同工种货运员在交接时，交接双方均应到现场实现对口交接。交者与接收者应采取以票对箱或以票对票的方法，按批、逐箱进行检查。交接后，双方在交接簿上签章，以分清责任。在交接过程中，如果发现集装箱与货物运单记载的发站、到站、箱数、货名、发货人和收货人不符或者存在铅封失效、丢失，箱体损坏危及货物安全等情况，应按《铁路货运事故处理规则》的有关规定进行处理。

（四）我国关于铁路国际标准集装箱运输的有关规定

目前，我国铁路国际标准集装箱运输的运量还比较小，虽然已经开辟了一些国际标准集装箱水铁联运的专线，但运量有限，运输并不正常。随着我国国际标准集装箱多式联运的发展及陆桥运输的形成和逐渐发展，我国铁路国际标准集装箱运输必定会实现快速发展。同时，我国铁路在专用集装箱运输的长期实践中已积累了一套成熟的程序和方法，形成了一些规范的铁路集装箱办理站，培养了一批熟练的专业人员，这些都为我国铁路国际标准集装箱运输的发展奠定了良好的基础。

为了满足和适应国际标准集装箱运输的发展，我国颁发了《大型集装箱运输货物暂行规定》并加入了《国际铁路货物联运协定》等。有关铁路国际标准集装箱运输的条件和规定主要有以下几个。

（1）国际标准集装箱在铁路运输中只限用 20 ft、40 ft 两种。

（2）由货主自备的上述两种货箱，限在专用路线办理，但 20 ft 集装箱的范围可放宽。

（3）使用国际标准集装箱运输货物，由发货人加铅封，铁路与发货人、收货人之间的交接凭封印办理。

（4）国际联运的国际标准集装箱，按《国际铁路货物联运协定》其细则的有关规定办理。

（5）运输国际标准集装箱应使用敞车或平车装运，装载时箱门应相对，间距不超过200 mm，使用平车时应捆绑加固。

（6）办理国际标准集装箱运箱的车站应按月向铁路分局、铁路局填报"集装箱运输情况月报"。

第三节　海上集装箱运输组织

一、海上集装箱运输的分类

（一）按运输的经营方式分类

1．班轮运输

班轮运输（liner shipping）是指班轮公司按事先制定的船期表，在特定航线的各挂靠港口之间，为非特定的众多货主提供规则的、反复的货物运输服务并按运价本或协议的运价规定计收运费的一种营运方式。班轮运输具有"四固定"的特点：固定航线、固定挂靠港、固定船期和相对固定的运价。

2．不定期船运输

不定期船运输（tramp shipping）亦称租船运输（transport by chartering），是一种既没有事先制定的船期表，也没有固定的航线和挂靠港，而是追随货源，按照货主对运输的要求安排船舶就航的航线、组织货物运输并根据租船市场行情确定运价或租金水平的经营方式。

（二）按集装箱运输航线的地位分类

1．干线运输

干线运输是指相对固定的世界主要集装箱航线的运输。目前，世界上主要的集装箱航线有三条，即远东—北美航线，远东—欧洲、地中海航线，北美—欧洲、地中海航线。

2．支线运输

支线运输是指在某些区域内的集装箱运输。

二、主要的国际海上集装箱运输航线

（一）世界三大主要集装箱运输航线

（1）远东—北美航线，实际上又可分为两条航线，即远东—北美西海岸航线和远东—北美东海岸、海湾航线。

（2）远东—欧洲、地中海航线，也被称为欧洲航线，它又可分为远东—欧洲航线和远东—地中海航线。

（3）北美—欧洲、地中海航线，实际上由三条航线组成，分别为北美东海岸、海湾—欧洲航线，北美东海岸、海湾—地中海航线，北美西海岸—欧洲、地中海航线。

（二）其他集装箱运输航线与支线运输航线

（1）日本/韩国—中国台湾/中国香港—新加坡航线。

（2）东亚—东南亚航线。

（3）中国内地—中国香港/中国台湾/菲律宾航线。

（4）东亚—东北亚航线。

三、海上集装箱运输的相关单位和一般程序

（一）海上集装箱运输的相关单位

1．集装箱班轮公司

集装箱班轮公司是国际海上集装箱运输的主角，负责完成海上与内河的集装箱航运任务，是海上集装箱运输的主要参与方。

2．集装箱码头公司

集装箱码头公司是国际海上集装箱运输的另一个主角，负责完成海上集装箱运输起点和终点的装卸任务。

3．无船承运人

无船承运人是指在集装箱运输中经营集装箱货运但不经营船舶的承运人。无船承运人的主要特征如下。

（1）是国际贸易合同的当事人。

（2）在法律上有权订立运输合同。

（3）不拥有运输工具。

（4）有权签发提单并受提单条款的约束。

（5）由于与托运人订立运输合同，所以对货物全程运输负责。

（6）具有双重身份：对货物托运人来说，是承运人或运输经营人；而对实际运输货物的承运人而言，是货物托运人。

4．集装箱租赁公司

集装箱租赁公司通过购置一定数量的集装箱，专门从事租箱业务，同时进行箱务管理，一般还经营堆场，专门满足货主与船舶公司对集装箱空箱的租赁需求。

5．集装箱船舶租赁公司

集装箱船舶租赁公司提供集装箱船舶，满足集装箱班轮公司对船舶的租赁需求。

6．国际货运代理人

国际货运代理人专门为货主代理各类货运业务。国际货运代理人代理的主要业务包括以下内容。

（1）订舱，即代表货主向集装箱班轮公司订舱。

（2）报关，即代表货主针对进出口集装箱货物向海关报送、结关。

（3）拆、装箱，即对整箱货与拼箱货，国际货运代理人均代表货主安排集装箱货运站进行空箱装箱与重箱拆箱。

（4）办理货物保险，即代表货主办理各种运输保险业务。

（二）海上集装箱运输的一般程序

（1）订舱。

（2）接受托运申请。接受托运申请又称为"确定订舱"。

（3）发放空箱。发放空箱时，应区分是整箱托运还是拼箱托运。

（4）拼箱货装箱，应由发货人将货物送到集装箱货运站，由集装箱货运站核对接收后装箱。

（5）整箱货交接。由发货人或其货运代理人自行负责装箱。

（6）集装箱交接签证。

（7）换发提单。发货人或其货运代理人凭已签署的场站收据向船舶公司或其代理人换取提单，作为向银行结汇的凭证。

（8）装船。码头制订装船计划，待船舶靠泊后即安排装船。

（9）海上运输。

（10）卸船。码头堆场制订卸船计划，在船舶靠泊后即安排卸船。

（11）整箱货交付。整箱货一般在指定的集装箱堆场交付或送至收货人工厂交付。

（12）拼箱货交付。拼箱货一般先在指定的集装箱货运站掏箱，然后由集装箱货运站根据提货单将拼箱货交付给收货人或其代理人。

（13）空箱回运。收货人或集装箱货运站在掏箱完毕后，应及时将空箱运回到指定的码头堆场。

四、海上集装箱运输进出口货运程序及其单证

（一）海上集装箱运输出口货运程序

海上集装箱运输出口货运程序如图5-4所示。

（1）订舱或托运。托运人应在船舶到港前的一定时间提出订舱要求，向船公司或其代理人订舱，接受订舱的船公司或其揽货代理人根据货主提供的有关资料编制订舱单。

（2）分送货运单证。船公司根据所有订舱单资料编制订舱清单，分别送集装箱装卸作业区和货运站，以便安排空箱出借或办理货物交接。

（3）整箱货提空箱。出口公司（发货人）凭订舱单或托运单去船公司指定的集装箱装卸区堆场提取空箱，发货人和堆场负责人共同填制集装箱设备交接单（出场）。

（4）拼箱货装箱。发货人将不足一整箱的货物交集装箱货运站，由货运站根据订舱清单的资料，核对场站收据装箱。

（5）整箱货交接。由发货人自行负责装箱并将加海关封志的整箱货运至集装箱装卸区堆场，堆场根据订舱清单核对场站收据及装箱单，验收货物。

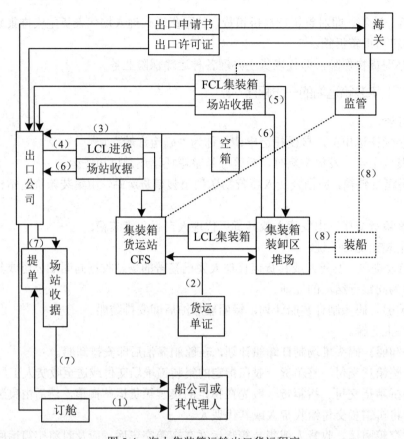

图 5-4　海上集装箱运输出口货运程序

（6）集装箱交接签证。集装箱装卸区堆场验收货物和集装箱后，在场站收据上签字并将签收的场站收据交还出口公司（发货人），出口公司（发货人）可凭此换取提单。

（7）换取提单。出口公司（发货人）凭经签署的场站收据，向负责集装箱运输的人或其代理人换取提单，然后去银行结汇。

（8）装船。集装箱码头根据待装船的货箱情况制订装船计划，在船舶到港前，处于海关监管之下，将待装船集装箱移至前方堆场，待船舶停泊后完成装船作业。

（二）海上集装箱运输出口货运单证

（1）集装箱发放通知单。集装箱发放通知单又称为空箱提交单，是船公司指示集装箱堆场将空集装箱及其附属设备提交给该单持有人的书面凭证。在海上集装箱运输中，通常由船公司提供空集装箱。

通常的做法是：船公司根据订舱清单向托运人或集装箱货运站签发集装箱发放通知单并通知集装箱堆场向集装箱发放通知单的持有人提供空箱。

集装箱发放通知单一式三份，由船公司签发，除自留一份备查外，其余两份分送给托运人或货运站及集装箱堆场。

（2）装箱单。装箱单是详细记载装入集装箱货物的名称、数量和装箱顺序（由里向外）等资料的货运单证。

装箱单通常为一式五联，即码头联、船代联、承运人联、发货人联、装箱人联。整箱货的装箱单由托运人缮制；拼箱货的装箱单由货运站缮制。

装箱单既是集装箱船舶进出口报关时向海关提交的载货清单的补充资料和货物出口报关随附单证，也是向承运人提供的箱内所装货物的明细清单；既是装、卸两港的集装箱作业区编制装、卸船计划的依据，也是集装箱船舶计算船舶吃水和稳性的数据来源。当发生货损时，装箱单还是处理索赔的原始依据之一。

（3）场站收据。场站收据又称为港站收据，是证明托运的集装箱货物业已收讫的凭证，也是明确表示承运人开始对集装箱货物负责的凭证，还是集装箱货物出口报关的必要单证之一。

场站收据一般为一式三联，正本一联，副本两联——装货单一联、大副收据一联。

场站收据由托运人缮制，随集装箱货物一起送交码头、堆场或货运站。如果同一批货物有几个集装箱，则先凭装箱单验收，直到最后一个集装箱送交堆场，再由堆场或货运站在场站收据上签章，证明已收到货物，托运人则据此换取提单。

（4）集装箱设备交接单。这是集装箱所有人委托集装箱堆场与用箱人交接集装箱及其附属设备的凭证。在装货港，托运人提取空箱、将货物装箱后，将重箱送交集装箱堆场时，设备交接单由托运人或货运站缮制；在卸货港，收货人提取重箱时，设备交接单由集装箱堆场缮制；在货物拆箱后送回空箱时，设备交接单则由收货人或货运站缮制。

设备交接单分为出场和进场两种，交接手续在集装箱堆场进出口处办理。

空、重箱进出堆场时，集装箱堆场门卫会同运输集装箱的卡车司机进行检查，除对集装箱及其附属设备的外表状况进行检查外，还需共同审核单证上的项目。

对于出场的设备交接单，还应审核当地装箱、当地拆箱、外地回空与底盘车及有关设备情况等栏目。

（三）海上集装箱运输进口货运程序

海上集装箱运输进口货运程序如图5-5所示。

（1）寄送单证。装运港在出口货物装船开航后，根据装船实际情况编制一系列出口货运单证并将有关单证发送给卸货港的船公司或其代理人，使其及时掌握进口货运情况，以便做好接船、接货准备。

（2）卸货准备。在海关监督之下，将货物卸至堆场/货运站，卸货港的船公司将有关单证发送给集装箱码头堆场/货运站、代理船公司，使其为船舶进港、卸货及货物的交接做好准备工作；联系集装箱货运站，使其为拼箱货的拆箱作业做好准备工作。

（3）发送到货通知。船公司在卸货港的代理人还要向收货人发出进口货物的到货通知，通知收货人做好提货准备；一般地，集装箱从船上卸下来后，如果是在堆场整箱交接，则将集装箱安置在码头后方堆场，向收货人发出到货通知；如果是集装箱拼箱货，则需要先将集装箱运送到指定的集装箱货运站，进行拆箱、分票、整理后，再发出到货通知，要求收货人及时提取货物。

（4）付款赎单。收货人所在地银行收到发货人所在地银行寄来的提单后，通知收货人付款赎单。在收到银行结汇通知后，收货人应在信用证结算方式下及时向银行办妥手续，结清货款及相关费用，取得提单。

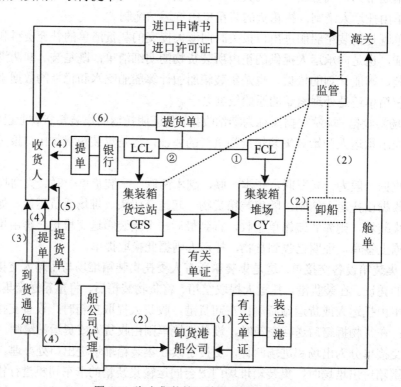

图 5-5　海上集装箱运输进口货运程序

（5）换取提货单。收货人收到到货通知后，凭此通知和正本提单向船公司或其代理人换取提货单。船公司或其代理人审核有关单证无误后，收回到货通知和正本提单，签发提货单给收货人。如果是运费到付的方式，收货人换单前还要付清运费。

（6）提货单提货。经海关验收并在提货单上加盖海关放行章后，收货人就可以在指定的地点凭提货单提取货物，完成货物的交付。

① 整箱提货。收货人凭提货单和其他单证去指定的集装箱堆场提取集装箱，堆场凭海关放行的提货单，与收货人结清有关费用（如果在货运过程中产生了相关费用，则有滞期费、保管费、再次搬运费等）后交付货物。

② 拼箱提货。收货人凭提货单和其他单证去集装箱货运站提取货物，货运站凭海关放行的提货单，与收货人结清有关费用（如果在货运过程中产生了相关费用，则有滞期费、保管费、再次搬运费等）后交付货物。

在交付整箱货或拼箱货时，集装箱堆场或集装箱货运站的经办人员还必须会同货主或货主的代理人检查集装箱或货物的外表状况，填制集装箱设备交接单（出场），双方在记载了货物状况的交货记录上签字，作为交接证明，各持一份。

（四）海上集装箱运输进口货运单证

（1）提货通知书。提货通知书是船公司在卸货港的代理人向收货人发出的船舶预计到港时间的书面通知。船公司在卸货港的代理人向收货人发出提货通知书的目的在于要求收货人事先做好提货准备，避免集装箱和货物在港口积压。至于是否及时发出这个通知或收货人是否收到这个通知，船公司并不承担责任。

（2）到货通知书、提货单和交货记录。到货通知书是船公司在卸货港的代理人在集装箱卸入集装箱堆场或在货运站拆箱完毕，办好交货准备后，以书面形式向收货人发出的要求收货人及时提取集装箱货物的通知。

到货通知书通常为一式五联，由船公司在卸货港的代理人缮制。除到货通知书联寄交收货人，通知收货人提货和费用账单两联用作费用结算单证外，其余两联是提货单和交货记录。

提货单既是提货凭证，也是向海关办理货物进口报关的必要单证，提货单必须经海关签章同意放行才能成为提货凭证。在集装箱运输中，具体证明承运人或其代理人已进行货物交接和载明货物交接状态的单证并不是提货单，而是交货记录。

在收货人实际提取集装箱货物时，集装箱堆场或货运站凭收货人所持交货记录发放集装箱货物。收货人提货完毕，在交货记录上签字。交货记录由发放集装箱货物的堆场或货运站留存。

（3）卸货报告。这是集装箱堆场或货运站在交付集装箱货物后，将交货记录中记载的有关箱损和货损的批注，按不同载货的船名分船编制的表明交货状态的批注清单。卸货报告必须送交船公司，作为船公司理赔的重要依据。不过并不是所有船公司都要求集装箱堆场或货运站提交这一单证，也有以交货记录的记载作为理赔依据的。

第四节　航空集装箱运输组织

一、航空集装箱运输概述

随着航空运输的发展，航空公司货物运输也像地面运输方式一样，逐步采用集装箱运输方式。

航空成组运输始于 20 世纪 30 年代的航空托盘，而真正意义上的航空集装箱运输是在 20 世纪 70 年代出现诸如波音 747 这样的大型宽体运输机以后才开始的。之后，在航空领域采用集装箱运输方式的情况日益增多。航空集装箱的使用缩短了航空公司飞机在始发站、经停站、中转站和抵达站装卸货物的时间，降低了人工操作成本和货物在库区的拥挤程度，缩短了货物滞留时间，简化了地面处理环节，减少了货物损坏情况的出现。

然而，迄今为止，航空集装箱运输还处于运量较小的状态，与水路、铁路、公路集装箱运输的运量不在一个数量级上。

（一）航空集装箱运输的不利因素

（1）飞机的负荷有限。航空运输的特殊性使飞机的负荷量量处于非常有限的范围内。大约半个世纪前，关于飞机的负荷能否无限扩大的问题就有了结论。问题在于，如果飞机要扩大负荷，就要造得更大，其起落重量就会成倍地增长，相应地，飞机起落架的对数要增加，强度也要提高，由此就会形成一个矛盾：飞机由于体积增大而扩大的负荷量可能全部消耗在所需要增加的起落架的重量上，所以除非改用水上起降方式，否则飞机的负荷量基本只能限制在目前已有的波音747等机型的水平上。

（2）航空运输成本高、运费昂贵。航空运输的成本远远高于水运，比铁路运输与公路运输也要高很多，所以其运费昂贵，超出很多货物所能负担的水平。

（3）水路、陆路运输采用的国际标准集装箱无法用于航空运输，限制了多式联运的开展。目前，国际标准集装箱的主要类型是根据水路、铁路、公路运输的需要与可能性确定的，其外形尺寸与总重量均是飞机无法承受的；而飞机所能运载的集装箱又大多与飞机各部位运载的可能性相配合，若直接接载到船舶、火车、卡车上，又会因尺寸、负荷太小或形状奇异而与船舶、火车、卡车不配套。因此，开展航空运输与其他运输方式之间的国际标准集装箱多式联运难度较大，这就限制了航空集装箱运输运量的增长。

（二）航空集装箱运输的有利因素

从前景来看，航空货物运输与航空集装箱运输的未来发展空间很大，主要原因在于具有以下几个有利因素。

（1）航空运输有着运程长、速度快的突出优势。就像航空运量与水路运量不在一个数量级上一样，同样的运程，航空运输所耗费的时间与水路运输所耗费的时间也不在一个数量级上。速度快，商品和原材料的供应就及时，生产周期就能大幅度缩短，企业的竞争力就会大幅度上升，这对货主无疑具有巨大的吸引力。

（2）现代物流业以"效益背反"的思维方式比较各种运输方式的优劣，这使航空货运的地位大大提高。所谓"效益背反"，是指在某些经济活动中，一种效益或功能的上升往往会导致另一种效益或功能的下降。在对两种经济选择进行比较时，不能单比较一个侧面，而应将两个侧面集中起来加以比较。例如，对比航空运输与铁路运输，航空运输成本高而耗时少，铁路运输运费低而耗时多。单从运费这一个角度思考，肯定应选择铁路运输，但如果从运费和运输时间两个角度考虑，铁路运输就不一定是最佳的选择。如从"前置时间"（从订货到把货物交付到收货人手里的时间）的角度比较，将航空运输与铁路运输的时间差转化为经济效益，很可能会大于航空运输与铁路运输的费用差。

（3）随着整体经济的增长，许多商品对运费的承受能力大大提高，这也使航空运输的发展空间增大。例如，某些对保鲜要求较高的货物（如食品、海鲜、鲜花、水果）、价值昂贵的货物（如计算机芯片、电子产品、家用电器）、高档消费品对运费的承受能力很高，因此航空运输更有利于提高这些商品的市场竞争力。

（4）航空运输可以节省包装费，减少货损、货差。相对于铁路、公路和水路运输，航空运输是最平稳的、对所运货物的冲击最小的运输方式，所以航空运输货物的包装可以相对轻薄，从而可以节省货物的包装费用。由于运输平稳，货损、货差就少，也可以相应地降低运输成本。

（5）海陆空联运国际标准集装箱的出现使航空运输进入了国际集装箱多式联运的运输链，这也使航空货物运输与航空集装箱运输迎来了一片光明的前景。

二、航空集装箱运输机构及相关当事人

（一）国际民用航空组织

国际民用航空组织（International Civil Aviation Organization，ICAO）是负责国际航空运输的技术、航行及法规方面的机构，是各国政府间的国际航空机构，是协调世界各国政府在民用航空领域内各种经济和法律事务、制定航空技术国际标准的重要组织。它是根据1944年芝加哥《国际民用航空公约》（简称《芝加哥公约》）设立的联合国专门机构之一。截至2020年，ICAO共有193个成员国，总部设在加拿大的蒙特利尔。国际民航组织大会是其最高权力机构，常设机构是理事会，由大会选出的成员国组成。我国是该组织的成员国，也是理事国之一。ICAO的宗旨是制定国际空中航行原则，发展国际航行技术，促进国际航空运输的规划和发展，以保证全世界国际民用航空的安全和有秩序地增长。

（二）国际航空运输协会

国际航空运输协会（International Air Transport Association，IATA）是1945年4月19日在古巴哈瓦那由各国航空运输企业（空运承运人）自愿联合组织的非政府性国际组织。它是全世界航空公司之间最大的一个国际性民间组织，主要负责处理航空公司之间的业务以及航空公司与其他方面的关系问题，目标是调节有关商业飞行的一些法律问题，简化和加速国际航线的客货运输，促进国际航空运输的安全和世界范围内航空运输事业的发展。目前，国际航空运输协会由近300家会员航空公司组成，占据了现有国际班机运输中95%的市场份额，总部设在加拿大的蒙特利尔，它的最高权力机构是年会，年会选举执行委员会主持日常工作，下设财务、法律、技术和运输等委员会。我国（除香港、澳门和台湾）有13家IATA会员航空公司，包括中国国际航空公司、中国东方航空公司、中国南方航空公司、海南航空公司等。

（三）航空公司

航空公司是以自身拥有的飞机从事航空运输活动的企业。目前，我国有国航、东航和南航等航空运输集团公司。另外，依据有关航空协议，在我国上空还有法国航空公司、日本航空公司、德国航空公司等数家国际航空公司从事客货运输活动。

（四）国际货运代理协会联合会

国际货运代理协会联合会（International Federation of Freight Forwarders Associations，法文缩写为FIATA）是1926年5月31日在奥地利维也纳成立的世界国际货运代理的行业组织，总部设在瑞士苏黎世。它是世界范围运输领域内最大的非政府性、非营利性组织。其宗旨是保障和提高国际货运代理在全球的利益，目标是团结全世界的货运代理企业。目前，FIATA有来自86个国家和地区的96个一般会员，在150多个国家和地区有2700多家联系会员，它的最高权力机构是会员代表大会，下设主席团。

（五）航空货运代理

一般情况下，航空公司只负责将货物从一个机场运至另一个机场，而其他诸如揽货、

接货、报关、订舱以及在目的地机场提货和将货物交付收货人等方面的业务则由航空货运代理办理。

基于划分角度的不同，航空货运代理主要包括以下几类。

（1）航协代理。这类代理是指经 IATA 注册，取得 IATA 颁发的 IATA 执照，可以代表 IATA 所属的航空公司从事货物销售等业务的国际航空货运代理。

（2）销售代理。根据《中国民用航空运输销售代理资格认可办法》的规定，销售代理企业是指取得中国航空运输协会（以下简称中国航协）所颁发的中国民用航空运输销售代理业务资格认可证书，接受航空运输企业委托，依照双方签订的委托销售代理合同，在委托的业务范围内从事销售代理活动的企业法人。

航空销售代理作为货主和航空公司之间的桥梁和纽带，一般具有两种职能：一是为货主提供服务的职能，代替货主向航空公司办理货物托运或货物提取；二是航空公司的代理职能，经航空公司授权代替航空公司接收货物，出具航空公司主单和自己的分单或从事机场地面操作业务。

（3）空运货运代理。这类代理是指《中华人民共和国国际货物运输代理业管理规定》中所称的空运代理，即受进出口发货人、收货人的委托，在约定的授权范围内作为他们的代理人，代为处理国际航空货物运输过程中的各项业务。

在实务中，通常将航空销售代理称为一级代理（俗称为空运一代），而将空运货运代理称为二级代理（俗称空运二代）。与空运一代相比，空运二代既没有领单权（不可以向航空公司领取运单）和订舱权（不可以向航空公司订舱、交货），也难以向海关申请监管仓库。但空运二代经营机制灵活、营运成本低，能开发出限时服务、等级服务等新服务产品来满足托运人不同的细分市场要求，因此仍然有一定的生存空间。

（4）地面代理。这类代理可接受航空公司的委托，在装卸机场为其办理装卸货物，分解处理货物和集装板，为飞机加油、配餐、清洁，为旅客办理乘机手续、托运行李，对飞机进行维修检查等业务。这类代理一般拥有货运站，兼有货运站和销售代理或货运代理的双重职能。

三、航空货物运输方式

航空货物运输是一种现代化的运输方式，其优点是运输速度快，安全性能高，货物破损少，包装、保险和储存费用少，不受地面条件限制；其缺点是运输成本高、运量相对较小。

航空货物运输方式有很多，具体包括以下几种。

（一）班机运输

班机运输（scheduled airline）是指定期开航的、定航线、定始发站、定目的港、定途经站的飞机运输。一般航空公司都使用客货混合型飞机（combination carrier），即一方面搭载旅客，另一方面运送少量货物。但一些较大的航空公司在一些航线上开辟了定期的货运航班，使用全货机（all cargo carrier）运输。

班机运输的特点有以下三个。

（1）由于班机运输航线固定、停靠港固定，可定期开航，因此国际货物流通多使用班机运输方式，保证货物能安全、迅速地到达世界各通航地点。

（2）便于收货人、发货人确切掌握货物的起运和到达时间，这对市场上急需的商品，鲜活、易腐货物以及贵重商品的运送是非常有利的。

（3）班机运输一般是客货混载，因此舱位有限，不能使大批量的货物及时出运，往往需要分期、分批运输，这是班机运输的不足之处。

（二）包机运输

1．包机运输（chartered carrier）的类型

（1）整包机运输。整包机运输是指航空公司按照与租机人事先约定的条件和费用将整架飞机租给包机人，从一个或几个航空港装运货物至目的地。包机人一般要在货物装运前一个月与航空公司联系，以便航空公司安排运载并向起降机场以及有关政府部门申请、办理过境或入境的有关手续。整包机运输的费用通常一次一议，随国际市场供求情况的变化而变化。原则上，包机运费是按每一飞行公里固定费率核收费用并按每一飞行公里费用的 80% 收取空放费。因此，大批量货物使用包机时均要争取来回程都有货载，这样费用比较低，只使用单程则运费比较高。

（2）部分包机运输。由几家航空货运公司或发货人联合包租一架飞机或者由航空公司把一架飞机的舱位分别卖给几家航空货运公司装载货物，就是部分包机运输。部分包机运输适用于托运不足一整架飞机舱位但货量又较重的货物。

2．部分包机运输与班机运输的比较

（1）时间比班机运输长，尽管部分包机运输有固定时间表，但往往因其他原因不能按时起飞。

（2）各国政府为了保护本国航空公司的利益，常对从事包机业务的外国航空公司实行各种限制，如包机的活动范围比较狭窄；降落地点受到限制，需降落至非指定地点外的其他地点时，一定要向当地政府有关部门申请，获得同意后才能降落（如申请入境、通过领空和降落地点）。

3．包机运输的优点

（1）可解决班机舱位不足的问题。

（2）货物全部由包机运出，可节省时间和多次发货的手续。

（3）可弥补没有直达航班的不足且不用中转。

（4）可减少货损、货差或货物丢失现象。

（5）在空运旺季缓解航班紧张状况。

（6）可解决海鲜、活动物的运输问题。

（三）集中托运

1．集中托运的概念

集中托运（consolidation）是指航空货运代理将若干批单独发运的货物集中成一批向航空公司办理托运，填写一份总运单，送至同一目的地，然后由其委托当地的代理人负责将货物分发给各个实际收货人。

2．集中托运的特点

（1）节省运费。航空货运代理的集中托运运价一般低于航空协会的运价，发货人可按低于航空公司运价的标准支付运费，从而节省费用。

（2）提供方便。将货物集中托运可使货物到达航空公司到达地点以外的地方，延伸了航空公司的服务，方便了货主。

（3）提早结汇。发货人将货物交予航空货运代理后即可取得货物分运单，可持分运单到银行尽早办理结汇。

3．集中托运的限制

（1）集中托运只适合办理普通货物，对于采取等级运价的货物，如贵重物品、危险品、活动物以及文物等，不能办理集中托运。

（2）目的地相同或临近的可以办理，其他则不宜办理。

4．集中托运的具体流程

集中托运的流程及其单证流转如图 5-6 和图 5-7 所示。

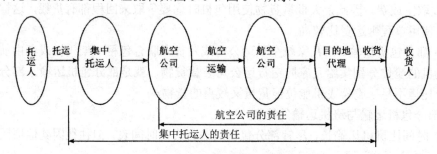

图 5-6　集中托运流程

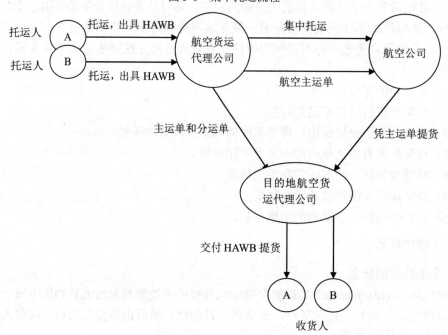

图 5-7　集中托运单证流转

（1）对每一票货物分别制定航空运输分运单，即出具货运代理的运单 HAWB（house air way bill）。

（2）对所有货物区分目的地，集中同一国家、同一城市的货物，制定出航空公司的主运单 MAWB（master air way bill）。主运单的发货人和收货人均为航空货运代理公司。

（3）打出主运单项下的货运清单（manifest），即主运单有几个分运单，号码各是什么，其中件数、重量各为多少等。

（4）把主运单和货运清单作为一整票货物交给航空公司。一个主运单可视货物具体情况随附分运单（可以是一个分运单，也可以是多个分运单）。如一个 MAWB 内有 10 个 HAWB，说明此主运单内有 10 票货，发给 10 个不同的收货人。

（5）货物到达目的地机场后，当地的货运代理公司作为主运单的收货人负责接货、分拨，按不同的分运单制定各自的报关单据并代为报关，为实际收货人办理有关接货、送货事宜。

（6）实际收货人在分运单上签收以后，目的地货运代理公司以此向起运地发货的货运代理公司反馈到货信息。

集中托运方式已在世界范围内普遍开展，形成较完善、有效的服务系统，为促进国际贸易发展和国际科技、文化交流起到了良好的促进作用。集中托运已成为我国进出口货物的主要运输方式之一。

（四）航空快递

航空快递（air express）是指具有独立法人资格的企业将进出境的货物或物品从发件人所在地通过自身或代理的网络运达收件人的一种快速运输方式。

1. 航空快递的特点

航空快递在很多方面与传统的航空货运业务、邮政运输业务有相似之处，但作为一项专门的业务，它又有独到之处，主要表现在以下几个方面。

（1）收件对象不同。航空快递的收件对象主要有文件和包裹两大类。其中，文件主要是指商业文件和各种印刷品。对于包裹，一般要求毛重不超过 32 kg（含 32 kg）或外包装单边不超过 102 cm、三边相加不超过 175 cm。近年来，随着航空运输行业的竞争愈加激烈，快递公司为吸引更多的客户，对包裹大小的要求趋于放松。而传统的航空货运业务以贸易货物为主要对象，规定每件货物的体积不得小于 5 cm×10 cm×20 cm，邮政业务则以私人信函为主要业务对象，对包裹的要求是每件重量不超过 20 kg，长度不超过 1 m。

（2）经营者不同。经营国际航空快递的大多为跨国公司，这些公司以独资或合资的形式将业务深入世界各地，建立起全球网络。航空快递的传送基本都是在跨国公司内部完成的；国际邮政业务则通过万国邮政联盟的形式在世界上大多数国家的邮政机构之间取得合作，邮件通过两个以上国家邮政当局的合作完成传送；国际航空货物运输主要采用集中托运的形式或直接由发货人委托航空货运代理人进行货物运输，货物到达目的地后再通过发货地航空货运代理的关系人代为转交货物到收货人的手中，业务中除涉及航空公司外，还要依赖航空货运代理的协助。

（3）经营者内部的组织形式不同。邮政运输的传统操作理论是接力式传送；航空快递公司则大多采用中心分拨理论（或称转盘分拨理论）组织全球网络。简单来讲，就是航空快递公司根据自己的实际业务情况在中心地区设立分拨中心（hub）。从各地收集起来的快件按所到地区分拨完毕后装上飞机，当晚各地飞机飞到分拨中心，各自交换快件后飞回。第二天清晨，快件再由各地分公司用汽车送到收件人处。这种方式看上去似乎不太合理，但由于中心分拨理论减少了中间环节，快件的流向简单、清楚，减少了错误，提高了操作效率，缩短了运送时间，事实证明是经济、有效的。

（4）使用的单据不同。航空货运使用的是航空运单，邮政使用的是包裹单，航空快递也有自己独特的运输单据——交付凭证（proof of delivery，POD）。

（5）航空快递的服务质量更高，主要体现在以下几个方面。

① 速度更快。航空快递自诞生之日起就强调快速服务，速度是整个航空快递行业的生存之本。一般地，洲际快件在1～5天内完成运送，地区内部快件只要1～3天。这样的传送速度，无论是传统的航空货运业，还是邮政运输业，都是很难达到的。

② 更加安全、可靠。因为在航空快递形式下，快件运送自始至终是在同一公司内部完成，各分公司的操作规程相同，服务标准也基本相同，而且同一公司内部的信息交流更加方便，对高价值、易破损货物的保护也会更加妥帖，所以运输的安全性、可靠性更高。与此相反，邮政运输和航空货物运输都涉及多位经营者，各方的服务水平参差不齐，所以较容易出现货损、货差的现象。

③ 更方便。确切地说，航空快递不只涉及航空运输这一种运输形式，它更像陆空联运，通过将服务由机场延伸至客户的仓库、办公桌，航空快递真正实现了"门到门"服务，方便了客户。此外，航空快递公司对一般包裹代为清关，针对不断发展的电子网络技术又率先采用了 EDI（电子数据交换）报关系统，为客户提供了更为便捷的网上服务，快递公司特有的全球性计算机跟踪查询系统也为有特殊需求的客户带来了极大的便利。

当然，航空快递同样有自己的局限性，如航空快递服务所覆盖的范围不如邮政运输广泛。国际邮政运输综合了各国的力量，可以这样说，有人烟的地方就有邮政运输的足迹，但航空快递毕竟是靠某个跨国公司的一己之力，所以各快递公司的运送网络只能涉及那些商业发达、对外交流多的地区。

2. 航空快递的主要业务形式

（1）门/桌到门/桌（door/desk to door/desk）。这种服务形式是航空快递公司最常用的一种服务形式。首先由发件人在需要时电话通知快递公司，快递公司接到通知后派人上门取件，然后将所有收到的快递集中到一起，根据其目的地分拣、整理、制单、报关、发往世界各地，到达目的地后，再由当地的分公司办理清关、提货手续并送至收件人手中。在这期间，客户还可依靠快递公司的计算机网络随时对快递（主要指包裹）的位置进行查询；快递送达之后，航空快递公司也可以及时通过计算机网络将消息反馈给发件人。

（2）门/桌到机场（door/desk to airport）。与前一种服务方式相比，门/桌到机场的服务是指快件到达目的地机场后不是由快递公司办理清关、提货手续并送达收件人手中，而是由快递公司通知收件人自己去办理相关手续。采用这种方式的多是海关当局有特殊规定的货物或物品，代理人无权为其办理清关手续。

（3）专人派送（courier on board）。所谓专人派送，是指由快递公司指派专人在最短时间内将快递直接送到收件人手中。这种形式服务周到，但费用较高。

以上三种服务形式相比，门/桌到机场形式对客户来讲比较麻烦；专人派送最可靠、最安全，同时费用也最高；而门/桌到门/桌的服务介于上述两者之间，适合绝大多数快递的运送。

四、国际航空集装箱运输的业务程序及其运单的性质与作用

国际航空集装箱运输一般委托空运代理企业与机构办理。

（一）国际航空集装箱运输的业务程序

1. 国际航空集装箱货物出口业务程序

国际航空集装箱货物出口业务程序是指航空货运代理人从发货人手中接货至将货物交给航空公司承运这一过程中所需要经历的环节和办理的手续，具体如下。

（1）托运受理。发货人在货物出口地寻找合适的航空货运代理人为其代理空运订舱、报关、托运业务；航空货运代理人根据自己的业务范围、服务项目等接受发货人的委托并要求其填制航空货物托运书，以此作为委托与接受委托的依据，托运人应对托运书上所填内容及其所提供的与运输有关的运输文件的正确性和完备性负责。

（2）订舱。航空货运代理人汇总所接受的委托，根据发货人的要求选择最佳的航线和最理想的承运人，制定预配舱方案，为每票货物分配货运单号。同时，航空货运代理人填写民航部门要求的订舱单，注明货物的名称、体积、质量、件数、目的地、时间等，在接到托运人的发货预告后，采取合适的方式向航空公司订舱。

（3）货主备货。航空公司根据航空货运代理人填写的订舱单安排航班和舱位，由航空货运代理人及时通知发货人备单、备货。

（4）接单、接货。接单是指航空货运代理人从发货人手中接收货物出口所需要的一切单证，包括商务单证和货运单证。接收文件时，应检查舱位预订情况、货物品名、适用的运价、运费、随附的文件、限制和禁运情况以及货运单内的其他信息。

接货是指航空货运代理人把即将发运的货物从发货人手中或托运人指定的国内段承运人手中接过并运送到机场。航空货运代理人可以安排车辆上门取货，也可以按照托运人提供的运单号、航班号以及接货地点、接货日期代其向有关国内段承运人提取货物。如果货物已在起运地办理了出口海关手续，托运人应同时提供起运地海关的关封。

接货时，双方应办理货物的交接、验收并进行过磅称重入库，应重点检查数量、重量、体积、包装、标志、标签等。将货物接到机场后，或先入周转仓库，或直接装板或装箱。

一般而言，对于体积在 2 m^3 以上并已预订舱位的大宗货物或集中托运货物，由航空货运代理人安排装板、装箱，不能装板、装箱的体积在 2 m^3 以下的货物作为小件货物交给航空公司拼装或单件运输。

（5）缮制单证。航空货运代理人审核托运人提供的单证，缮制报关单，报海关初审。

航空货运代理人在货物交航空公司前，通常要缮制以下货运单证：主运单和分运单、

航空货物清单、空运出口业务日报表、航空公司主标签和空运代理分标签、出库舱单、装箱单和国际货物交接清单等。

（6）报关。航空货运代理人持缮制完的航空运单、报关单、装箱单、发票等相关单证到海关报关，海关将在报关单、运单正本、出口收汇核销单上盖放行章并在出口产品退税单据上盖验讫章。

（7）货交航空公司。货交航空公司是指航空货运代理人与航空公司办理交单、交货的过程。航空公司地面代理人在加盖海关放行章的货运单上签单确认后，航空货运代理人可以将单、货交航空公司。航空公司进行验货、核单、过磅称重，确保单单相符、单货相符后，在货物交接清单上签收。对于大宗货物、集中托运货物，以整板、整箱称重交接；对于零散小件货物，按票称重、计件交接。

航空公司接单、接货后，将货物存入出口仓库，单据交吨控部门，以便进行缮制舱单、吨位控制与配载。

（8）信息传递。货物发出后，航空货运代理人及时通知国外代理人收货。通知内容包括航班号、运单号、品名、数量、质量、收货人的有关资料等。

（9）费用结算。费用结算主要涉及航空货运代理人与发货人、航空公司和国外代理人三个方面的结算，即向发货人收取航空运费、地面运费及各种手续费、服务费，向航空公司支付航空运费并向其收取佣金，可按协议与国外代理人结算到付运费及利润分成。

2. 国际航空集装箱货物进口业务程序

国际航空集装箱货物进口业务程序是指航空货物从入境至提取或转运整个过程中所需经历的环节和办理的手续，具体如下。

（1）到货。航空货物入境后，即处于海关监管之下，货物存在海关监管仓库内。同时，航空公司根据运单上的收货人发出到货通知。若运单上的第一收货人是航空货运代理人，则航空公司会把有关货物运输单据交给航空货运代理人。

（2）分类整理。航空货运代理人在取得航空运单后，根据自己的习惯进行分类整理，应区分集中托运货物和单票货物、运费预付货物和运费到付货物。集中托运货物需要对主运单项下的货物进行分拨，按每一分运单的货物分别处理。分类整理后，航空货运代理人编上公司内部的编号，以便于用户查询和内部统计。

（3）到货通知。航空货运代理人根据收货人资料寄发到货通知，催促其速办报关、提货手续。

（4）缮制单证。航空货运代理人根据运单、发票及证明货物合法进口有关批文缮制报关单并在报关单的右下角加盖报关单位的报关专用章。

（5）报关。航空货运代理人将已做好的报关单连同正本的货物装箱单、发票、运单等递交海关，向海关提出办理进口货物报关手续。海关经过初审、审单、征税等环节后，放行货物。只有经过海关放行后的货物才能提出海关监管仓库。

（6）提货。航空货运代理人凭借盖有海关放行章的正本运单到海关监管仓库提取货物并送货给收货人，收货人也可自行提货。

（7）费用结算。收货人或其委托人在收货时，应结清各种费用。

（二）航空运单的性质与作用

航空运单与海运提单有很大的不同，而与国际铁路运单相似。它是由承运人或其代理人签发的重要的货物运输单据，是承运人、托运人双方的运输合同，其内容对双方均具有约束力。航空运单不可转让，持有航空运单也并不能说明对货物有所有权。

1．航空运单是发货人与航空承运人之间的运输合同

与海运提单不同，航空运单不仅证明航空运输合同的存在，而且航空运单本身就是发货人与航空运输承运人之间缔结的货物运输合同，在双方共同签署后产生法律效力并在货物到达目的地交付给运单上所记载的收货人后失效。

2．航空运单是承运人签发的已接收货物的证明

航空运单也是货物收据，在发货人将货物发运后，承运人或其代理人就会将其中一联收据交给发货人（即发货人联），作为已经接收货物的证明。除非另外注明，它是承运人收到货物并在良好条件下装运的证明。

3．航空运单是承运人据以核收运费的账单

航空运单分别记载着应由收货人负担的费用，属于应支付给承运人的费用和应支付给代理人的费用并详细列明费用的种类、金额，因此可作为运费账单和发票。

4．航空运单是报关单证之一

出口时，航空运单是报关单证之一。在货物到达目的地机场进行进口报关时，航空运单通常也是海关查验、放行的基本单证。

5．航空运单可作为保险证书

如果承运人承办保险或发货人要求承运人代办保险，则航空运单也可用来作为保险证书。

6．航空运单是承运人办理内部业务的依据

航空运单随货同行，证明了货物的身份。运单上载有关货物发送、转运、交付的事项，承运人会据此对货物的运输做出相应安排。

航空运单一式三份，每份都印有背面条款，其中第一份交发货人，是承运人或其代理人接收货物的依据；第二份由承运人留存，作为记账凭证；第三份随货同行，在货物到达目的地交付给收货人时作为核收货物的依据。

🌀 课后练习

📝 主要概念

班轮运输　不定期船运输　场站收据　装箱单

💡 应知考核

一、单项选择题

1．集装箱（　　　）可作为向海关办理集装箱暂时进口手续和设备管理的依据并且可在

与其他单据进行核对时使用。

    A．装箱单   B．提单

    C．场站收据   D．号码单

2．公路集装箱运输的货源组织形式主要有统一受理、计划调拨运输，合同运输以及（   ）。

    A．定期托运   B．临时托运

    C．单位托运   D．个人托运

3．在我国国际海运实践中，收货人凭以向现场提货的单证是（   ）。

    A．提单   B．收货单

    C．场站收据   D．提货单

4．近几年来，西方发达国家的铁路集装箱运输设备不断更新，装载集装箱的铁路车辆从敞车、平车过渡到了（   ）。

    A．集装箱列车   B．骨架结构的集装箱专用平车

    C．建立集装箱运输通道   D．集装箱专列

二、多项选择题

1．公路集装箱运输组织货源的主要手段有（   ）。

    A．委托公路运输代理公司组货   B．委托配载中心组货

    C．直接造访货主   D．参加集装箱联办会议

    E．建立集装箱公路运输营业受理点

2．国外铁路集装箱运输的特点主要表现在（   ）。

    A．运量不断增长   B．设备不断更新

    C．组织方法不断改进   D．集装箱数量不断变化

    E．集装箱的质量变化

3．铁路货物运输可分为（   ）。

    A．整车   B．零担   C．调度

    D．分装   E．集装箱

4．以下对无船承运人的基本特征描述正确的是（   ）。

    A．在法律上有权订立运输合同，有权签发提单及其运输单据

    B．由于签发提单，对合同规定的货物运输负有责任

    C．不拥有运输工具，只能作为契约承运人而不是实际承运人

    D．具有双重身份：对货物托运人来讲，他是承运人或运输经营者；而对于实际承运人来说，他是货物托运人或收货人

    E．不是国际贸易合同的当事人

三、简答题

1．简述铁路集装箱货运流程。

2．开展铁路集装箱货运需要具备的条件有哪些？

3．公路集装箱运输的货源组织形式有哪些？

4．简述海上集装箱运输组织的一般程序。

应会考核

一、案例分析

【背景资料】

2003 年 10 月 8 日，天津新洋公司以每千克 1.76 元收购葵花籽 34 650 kg，共 770 件，委托天津火车站客货服务公司运输到上海铁路分局化鱼山火车站所属的芜湖西站，交安徽省芜湖市果品食杂公司收货。到站卸车时，收货人发现车厢内有严重异味，拒收货物。天津新洋公司因此遭受经济损失并要求上海铁路分局化鱼山火车站赔偿全部损失：货价、包装费及运费等共计 68 179.50 元。后该批货物车厢内的残存物中检出 3911（剧毒农药），含量为 3591.6 mg/kg；在包装葵花籽的麻袋中检出 3911，含量为 100 mg/kg。经铁路到站顺查，发现该车皮于 2003 年 5 月 18 日曾装运过 3911。卸车后，该车皮被回送到郑州东站经消毒后又投入使用。

资料来源：考试资料网．国际货运代理资格考试[EB/OL]．（2011-11-23）[2022-02-27]. https://www.ppkao.com/shiti/54C1BF968E09C9220CA2980B0C29E74B/181b4403c4da42fbb64dd95a08eb289a.

【考核要求】

（1）危险货物在运输中要注意哪些事项？

（2）化鱼山火车站是否应承担赔偿责任？为什么？

二、技能题

杭州公司从国外进口 5×20 ft 箱塑料粒子，进口提单上注明 FCL—FCL（整箱货交接），装船港为神户，卸船港为上海。卸船后，收货人与承运人就由谁负责内陆运输并支付内陆拖运费产生争议。承运人的观点是：FCL-FCL 运输，承运人责任、费用终止为进口国集装箱码头堆场；而收货人则认为承运人责任、费用应终止在收货人仓库。你认为谁应负责内陆运输并支付内陆拖运费呢？为什么？

资料来源：道客巴巴．ppt3 水路集装箱运输业务 1-进出口流程[EB/OL]．（2016-09-11）[2022-04-06]. http://www.doc88.com/p-6995229736766.html．

实训演练

1．用图示说明海上集装箱运输出口货运程序。

2．用图示说明海上集装箱运输进口货运程序。

第六章 集装箱运输与多式联运运费计收

本章学习目标

- ❑ 理解集装箱运价的概念。
- ❑ 掌握海、陆、空集装箱运费的计收方法。
- ❑ 掌握国际集装箱多式联运运价的制定和运费计收。

技能目标

- ❑ 能够正确地核收海、陆、空集装箱运费。
- ❑ 能够正确地核收集装箱多式联运运费。

引导案例

上海航运交易所（上海航交所）是全球唯一能够收集到上海出发到世界主要干线挂港、市场份额覆盖超过 80% 的航线真实成交数据的机构。同时，上海港作为世界第一大港，是全球主要航线的必经之地，而上海进出的航线运价也在全航线中有着绝对的坐标地位。

2009 年上海航交所推出上海出口集装箱运价指数（SCFI），由于其数据来源优势，SCFI 已经逐渐成长为世界主流航运媒体和机构广泛引用的一个指数。2020 年 11 月初，上海出口集装箱结算运价指数（SCFIS）正式发布，强调成交的结算运价，不仅精确性和可信度有所提升，而且有望成为全球首个真正意义上的交易型指数。在业内看来，SCFI、SCFIS 相较于其他即期运价指数，其数据收集更加具有广泛性和真实性，总之，航运指数期货是创新的，是必然的选择。

资料来源：航运交易公报. 集装箱运价指数在实操中的应用与建议[EB/OL].（2020-11-16）[2022-02-27]. https://mp.weixin.qq.com/s/h2X_MzfwGpU7WKURms902A.

第一节 集装箱运价概述

为补偿国际集装箱运输过程中的各项支出并获得一定的利润，集装箱运输经营人应向集装箱货物托运人收取一定的运输费用，集装箱运输费用的单位价格即集装箱运价。国际集装箱运价不是一个简单的价格，而是包括费率标准，计收办法，承托双方责任、费用，风险划分等的一个综合价格体系。

相比传统的件杂货运输，集装箱运输具有成本低，装卸效率高，中转环节少，车、船周转快，货损、货差小等优点，因而是开展"门到门"运输的一种十分有效的运输方式。与此相对应，在运价的构成、计费方式、承托双方责任与风险等方面，集装箱运输与传统的件杂货运输相比具有不同的特点。

一、集装箱运输与国际贸易价格条件

在国际贸易中，买卖双方一般都相距遥远，其所交易的商品通常需要经过长途运输。在商品的运输、装卸、仓储、转运及交接过程中，需要办理清关手续，安排运输与保险，支付各项税捐和运杂费用。此外，货物在装运过程中还可能遭遇自然灾害、意外事故以及其他各种外来风险。上述责任应由谁承担、手续由谁办理、费用由谁支付、风险如何划分等就成为买卖双方在磋商交易、签订合同时必须明确的问题。为此，在国际贸易的长期实践中，逐渐形成了适应各种需要的贸易价格术语（或称价格条件）。不同的价格条件表示了买卖双方在责任、费用和风险上所承担的权利和义务的区别。目前，常用的价格条件主要有三种，即离岸价格（FOB）、运费到岸价格（CFR）、运费和保险费到岸价格（CIF）。这三种常用的价格条件是建立在"港到港"交接的基础上的，主要适用于传统的散件货物的海上和内河运输。

在现代国际贸易中，集装箱运输和国际多式联运的应用越来越广泛，货物交接向内陆延伸，实现了"门到门"交接。在这种情况下，上述三种常用价格条件就难以完全适应新形势发展的需要。鉴于此，国际商会（ICC）在 INCOTERMS 1990 中推出了三种新的贸易价格条件，货物交指定地点承运人价格（FCA），运费付至目的地价格（CPT），运费、保险费付至目的地价格（CIP）。这三种贸易价格条件不仅适用于公路、铁路、海上、内河、航空等单一运输方式，而且适用于两种或两种以上运输方式相结合的国际集装箱多式联运。

在目前常用的三种条件（FOB、CFR、CIF）中，买卖双方的责任和风险的划分以装货港或卸货港的船边为界限。而在新的价格条件（FCA、CPT、CIP）中，买卖双方的责任和风险的划分以货物交给承运人或收货人为界限。尽管目前国际集装箱运输中货物的交接地点已延伸到内陆，但习惯上仍然沿用 FOB、CFR、CIF 这三种常用的价格条件。不过，随着国际集装箱多式联运逐渐发展并走上正轨，新的贸易价格条件（FCA、CPT、CIP）的使用将会越来越普遍。

二、集装箱运价的按箱计费

在货物运输中，运费计收具有按距离而异和按货物重量或体积而异的特点。传统件杂货运价是以吨公里费率来表示的，叫作吨公里运价。虽然目前有些国家在公路或铁路集装箱运输中仍然沿用件杂货的吨公里运价，没有专门制定集装箱运价，但大多数集装箱运输较为发达的国家对整箱货物都采用了箱公里运价。不过，对于拼箱货则采用以货物重量或体积为计费标准且包括拆箱费在内的拼箱货运价。

对于国际集装箱海运运价，目前世界上大多数集装箱船公司对集装箱整箱货都采用包箱费率（commodity box rates）。这种费率形式分别按货物种类和箱型制定不同的包干费率。

这种包箱费率一般包括集装箱海上运输费用以及集装箱在装船港和卸船港的码头装卸费（terminal handling charges）。包箱运价的费率水平定得比较低，体现了货物整箱托运的优势，是船公司吸引集装箱运输资源的一种重要手段。

港口集装箱装卸费也是以单位计收的。该费用主要有两种：一种是集装箱装卸包干费，是指"船—堆场"之间的所有作业费用，其中包括一定天数的免费堆存；另一种是集装箱中转包干费，是指"船—岸—船"之间的所有作业费。国外主要集装箱港口为了吸引中转箱，制定的中转包干费一般都低于装卸包干费。例如，新加坡港的中转包干费为装卸包干费的60%左右，美国旧金山港的中转包干费为装卸包干费的75%左右。

三、集装箱运价的作用

国际集装箱运价同其他交通运输方式的价格一样，对国民经济的发展起着重要的调节作用和杠杆作用。合理地制定运价既有利于促进商品的流通、生产力的合理布局以及各种运输方式之间的合理分工，也有利于提高运输工具的使用效率。

运价是对外贸易进出口商品价格的一个重要组成部分，同时在对外贸易中，运价水平的高低不仅涉及商品的成本，而且直接影响贸易成交率和商品在国际市场上的竞争力，因此制定一个合理的运价对促进对外贸易和国际经济交流以及发展不同国家海上贸易运输均起着十分重要的作用。如果运价定得过低，会使国家遭受不必要的经济损失；反之，如果运价定得过高，不仅有可能直接阻碍贸易的成交，而且因为货载的减少，会影响运输业的发展。

就国际集装箱运价而言，由于集装箱运输具有成本低的特点，因此在国外，集装箱运价一般低于传统的件杂货运价。集装箱运价的这种价格导向作用促进了国际集装箱运输业的发展，促进了件杂货的集装箱化。20世纪70年代末，国际海上贸易运输中，件杂货的集装箱化约为30%～40%。目前，北美、欧洲、日本主要航线的集装箱化已达到75%以上，有些航线已高达90%。

第二节　各种运输方式下集装箱货物运费的计收

一、海运集装箱货物运费的计收

国际海运运价大体可以分为两种类型：不定期船运价和班轮运价。其中，前者的费率水平随航运市场的供求关系而波动，在市场繁荣时期，不定期船运费率就会上涨；在市场不景气时，不定期船运费率就会随之下跌。后者由班轮公会和班轮经营人确定，多与经营成本密切相关，在一定时期内保持相对稳定。

由于海上集装箱运输大都是采用班轮营运组织方式经营的，因此海运集装箱运价实质上也属于班轮运价的范畴。海运集装箱运费的计算方法与普通的班轮运输运费的计算方法是一样的，也是根据费率表规定的费率和计费办法计算运费的且有基本运费和附加运费之分。

（一）海运集装箱货物运价的确定原则

通常，班轮公会或班轮经营人确定班轮运费率的基本原则是不公开的。不过，一般来说，在传统的"港—港"（或称"钩—钩"）交接方式下，海运运价的确定通常基于下列三个基本原则。

1. 运输服务成本原则

所谓运输服务成本原则（the cost of service），是指班轮经营人为保证班轮运输服务连续、有规则地进行，以运输服务所消耗的所有费用和一定的合理利润为基准确定班轮运价。根据这一原则确定的班轮运价可以确保班轮运费收入不低于实际的运输服务成本。该原则被广泛应用于国际航运运价的制定。

2. 运输服务价值原则

运输服务价值原则（the value of service）是从需求者的角度出发，依据运输服务所创造的价值的多少进行定价。它是指货主根据运输服务能为其创造的价值水平而愿意支付的价格。运输服务的价值水平反映了货主对运价的承受能力。如果货物的运费超过了其服务价值，货主就不会将货物交付托运，因为较高的运费将使其商品在市场上失去竞争力。因此，如果说按照运输服务成本原则制定的运价是班轮运价的下限，那么按照运输服务价值原则制定的运价则是其上限。因为基于运输服务价值水平制定的班轮运价可以确保货主在出售其商品后获得一定的合理收益。

3. 运输承受能力原则

这是一个很古老的原则，也是在过去较为普遍采用的运价确定原则。考虑到航运市场供求对班轮运输的巨大影响，运输承受能力原则（what the traffic can bear）采用的定价方法是以高价货物的高费率补偿低价货物的低费率，从而达到稳定货源的目的。按照这一定价原则，承运人运输低价货物可能亏本，但是这种损失可以通过对高价货物制定高费率所获得的盈利获得补偿。

虽然价值较高货物的运价可能会高于价值较低货物的运价很多倍，但从运价占商品价格的比重来看，高价货物比低价货物要低得多。根据联合国贸易和发展会议的资料统计，低价货物的运价占该种货物 FOB 价格的 30%～50%，而高价货物的运价仅占该类货物 FOB 价格的 1%～28%。因此，尽管从某种意义上说，运输承受能力原则对高价货物是不太公平的，但是这种定价方法可消除或减少不同价值货物在货物价格与运价之间的较大差异，使得低价货物不致因运价过低而失去竞争力，进而放弃运输，从而可实现稳定货源的目的，因而对于班轮公司来说，这一定价原则具有十分重要的意义。

毋庸置疑，上述定价原则在传统的件杂货海上运输价格的制定过程中确实起了十分重要的作用。然而，随着集装箱运输的出现，如何确定一个合理的海运运价，确实是集装箱班轮运输公司面临的全新课题。在过去，由于零散的件杂货种类繁多，实际单位成本的计算较为复杂，因而运输承受能力原则比运输服务成本原则更为普遍地被班轮公会或船公司所接受。但是，标准化的集装箱运输使单位运输成本的计算得以简化，特别是考虑到竞争的日趋激烈，现在承运人更多地采用运输服务成本原则制定运价。当然，在具体的定价过程中，应该以运输服务的成本为基础，结合考虑运输服务价值的水平和运输承受能力，综合地运用这些定价原则。孤立地运用某一个原则，不可能使定价工作做得科学、合理。

由于集装箱班轮运输已进入成熟期，运输工艺的规范化使得船公司的运输服务达到均一化程度。尤其是随着集装箱船舶的大型化，船舶运输的权益平衡点越来越高，提高市场占有率、迅速突破损益平衡点成为集装箱船公司获利的基础。因此，维持一定水平的服务内容，合理地降低单位运输成本，以低运价渗透策略迅速提高市场占有率，应是合理制定集装箱海运运价的重要前提。

（二）海运集装箱运价的基本形式

目前，国际海上集装箱运输有几种不同的运价形式，主要包括均一费率、包箱费率以及运量折扣费率等。

1. 均一费率

均一费率（freight for all kinds rates，FAK）是指对所有货物均收取统一的运价。其基本原则是集装箱内装运什么货物与应收的运费无关。换句话说，就是对所有相同航程的货物征收相同的费率，而不管其价值如何。它实际上是承运人将预计的总成本分摊到每个所要运送的集装箱上所得出的基本的平均费率。

这种运价形式从理论上讲是合乎逻辑的，因为船舶装运的和在港口装卸的都是集装箱而非货物且集装箱占用的舱容和面积也是一样的。但是，采用这种运价形式对低价值商品的运输会产生负面影响，因为低价值货物的货主可能难以接受高价值货物所对应的费率水平。例如，集装箱班轮公司对托运瓶装水和瓶装酒的货主统一采取同样的运价，尽管瓶装酒的货主对此并不在意，但瓶装水的货主则会拒绝接受这种状况，最终船公司被迫对这两种货物分别采取不同的运价。因此，在目前大多数情况下，均一费率实际上还是将货物分入5~7个费率等级。

2. 包箱费率

包箱费率（commodity box rates，CBR，或称货物包箱费率）是为适应海运货物集装箱化和多式联运发展的需要而出现的一种运价形式。这种运价形式是按不同的货物和不同的箱型规定不同的包干费率，即将各项费率的计算单位由"吨"（重量吨或体积吨）简化为"箱"。对于承运人来说，这种费率可简化计算，同时也可减少相关的管理费用。

以每个集装箱为计费单位，据我国交通部发布的《中国远洋货运运价本》，有以下三种包箱费率。

（1）FAK 包箱费率。FAK 包箱费率即对每一集装箱不分货类统一收取的费率。

（2）FCS 包箱费率。FCS 包箱费率即按不同货物等级制定的包箱费率。货物等级有1~20 级，但级差较小。一般低价货的费率高于传统运输费率，高价货的费率则低于传统运输费率；同一等级货物，重货运价高于体积货运价。

（3）FCB 包箱费率。FCB 包箱费率既按不同货物等级或货类又按计算标准制定的费率。同一级费率因计算标准不同，费率也不同。例如，8~10 级，CY/CY 交接方式，20 ft 集装箱货物如按重量计费为 1500 美元，如按尺码计费则为 1450 美元。

3. 运量折扣费率

运量折扣费率（time-volume rates 或 time-volume contracts，TVC）是为适应集装箱运

输发展需要而出现的又一费率形式，它实际上就是根据托运货物的数量给予托运人一定的费率折扣，即托运货物的数量越大，支付的运费就越少。当然，这种费率可以是一种均一费率，也可以是某一特定货物等级费率。由于这种运量激励方式是根据托运货物数量确定运费率，因而运量较大的货主通常可以从中受益。

起初，这种折扣费率的尝试并不十分成功，原因是有些多式联运经营人在与承运人签订 TVC 合同时承诺托运一定数量的集装箱货物，如 500 TEU，从而从承运人那里获得了一定的费率折扣。但到合同期满时，他们托运的集装箱并未达到合同规定的数量，如仅托运了 250 TEU。显然，承运人就会认为自己遭受了损失。正因如此，所谓的"按比例增减制"越来越普遍。根据这种方式，当拥有 500 TEU 集装箱货物的货主托运第一个 100 TEU 集装箱时，支付的是某一种运价，他托运第二个 100 TEU 集装箱时支付的是比第一次低的运价，而他托运第三个 100 TEU 集装箱时支付的是一个更低的运价，以此类推。目前，这种运量折扣费率形式采用得越来越广泛，尤其是多式联运经营人可以充分利用这种方式节省费用。不过，采用 TVC 形式并非都是有利可图的。对于一个新的，当然经营规模也可能是较小的多式联运经营人来说，相比大的多式联运经营人，如果采用 TVC 费率形式，将处于不利的局面，这是由于其集装箱运量十分有限而不得不支付较高的运费。

（三）国际集装箱海运运费的构成

传统的件杂货运费建立在"港到港"交接的基础上，仅仅包括货物的海运运费和装卸船作业费用，而在国际集装箱运输中，货物的交接向内陆延伸，承运人的责任和风险扩大到内陆某点，如内陆港口、车站、货运站、货主仓库或工厂等。因此，国际集装箱海运运费不仅包括集装箱的海上运费，还包括港区服务费和集散运费。

1．海上运费

集装箱海上运费是指海上运输区段的费用，包括基本海运运费及各类海运附加费，是集装箱运费中最主要的部分，一般由集装箱运输承运人根据班轮公会或班轮公司运价本的规定向托运人或收货人计收。

2．港区服务费

港区服务费包括堆场服务费和货运站服务费。

（1）堆场服务费。堆场服务费又称为码头服务费（terminal handing charge，THC），即在装船港堆场接收出口的整箱货以及将箱子堆存和搬运至装卸桥下的费用；在卸船港装卸桥下接收进口箱并将箱子搬运至堆场堆存的费用以及在装卸港的单证等费用。

（2）货运站服务费。货运站服务费是指拼箱货（LCL）经由货运站作业时的各种操作费用，包括提/还空箱、装箱、拆箱、封箱、做标记，在货运站内货物的正常搬运与堆存，签发场站收据、装箱单，必要的分票、理货与积载等的费用。

3．集散运费

集装箱集散运输又称为支线运输，对集装箱远洋干线运输而言，是国际集装箱运输的一种运输组织方式。干线集装箱船舶停靠在集装箱枢纽港，通过内河和沿海支线以及公路、铁路支线网络系统线集中或疏散集装箱货物。

集装箱货物经由水路和陆路集散的运费分别称为水路支线运费和内陆运输费。

（1）水路支线运费。水路支线运费是指将集装箱货物由收货地经水路（内河、沿海）集散港运往集装箱堆场的集装箱运费或由集装箱堆场经水路（内河、沿海）集散港运往交货地的集装箱运费。

（2）内陆运输费。内陆运输费是指经陆路（公路或铁路）将集装箱货物运往装船港口的运输费用或将集装箱货物经陆路（公路或铁路）运往交货地的运输费用。

此外，集装箱运费的计收还有整箱货托运和拼箱货托运的区别。因而，与传统的件杂货运费构成相比，集装箱运费的结构与分摊更为复杂。按照不同的交接方式，集装箱运输经营人应收取的费用也不相同，大致可分为以下几种情况。

（1）拼箱货—拼箱货（LCL—LCL）。拼箱货—拼箱货的运费为：拼箱服务费+装船港堆场服务费+海上运费+卸船港堆场服务费+拼箱服务费。

（2）整箱货—整箱货（FCL—FCL）。

① 门—门运费。门—门运费为：集散运费+装船港堆场服务费+海上运费+卸船港堆场服务费+集散运输费。

② 门—场运费。门—场运费为：集散运费+装船港堆场服务费+海上运费+卸船港堆场服务费。

③ 场—场运费。场—场运费为：装船港堆场服务费+海上运费+卸船港堆场服务费。

④ 场—门运费。场—门运费为：装船港堆场服务费+海上运费+卸船港堆场服务费+集散运费。

（3）拼箱货—整箱货（LCL—FCL）。

① 站—场运费。站—场运费为：装船港拼箱服务费+装船港堆场服务费+海上运费+卸船港堆场服务费。

② 站—门运费。站—门运费为：装船港拼箱服务费+装船港堆场服务费+海上运费+卸船港堆场服务费+进口国集散运费。

（4）整箱货—拼箱货（FCL—LCL）。

① 门—站运费。门—站运费为：集散运费+装船港堆场服务费+海上运费+卸船港堆场服务费+拼箱服务费。

② 站—场运费。站—场运费为：拼箱服务费+装船港堆场服务费+海上运费+卸船港堆场服务费。

习惯上，海上承运人将海上运费、集装箱船边装卸费以及堆场作业费都计入集装箱的海运运费，形成了承运人的包箱运价。不过，各个船公司都根据具体情况规定了不同的收费办法，有的按上述费用结构逐项计收，也有的将某几项费用合并计收。

（四）普通班轮运费的计算方法

由于海上集装箱运输大都是采用班轮营运组织方式经营的，因此集装箱海运运费实际上也属于班轮运费的范畴。班轮运费由基本运费和运费附加费两部分组成。班轮基本运费的计算方法因所运货物的不同而有所区别，有重量法、体积法、从价法、选择法、综合法、按件法和议定法七种。

1. 重量法

基本运费等于计重货物的运费吨乘以运费率。所谓计重货物，是指按货物的毛重计算运费的货物。在运价表中用"W"表示，它的计算单位为重量吨。

按照国际惯例，计重货物是指每公吨体积小于 1.1328 m³ 的货物，我国远洋运输运价表中则将每公吨体积小于 1 m³ 的货物定为计重货物。

2．体积法

基本运费等于容积货物的运费吨乘以运费率。所谓容积货物，是指按货物的体积计算运费的货物，在运价表中以"M"表示，它的计量单位为容积吨（或称体积吨）。

按照国际惯例，容积货物是指每公吨体积大于 1.1328 m³ 的货物；我国的远洋运输运价表中则将每公吨体积大于 1 m³ 的货物定为容积货物。某些国家对木材等容积货物按 "板尺"和"霍普斯尺"作为计量单位，它们之间的换算公式为

$$1 \text{ ft}^3 = 12 \text{ board foot（板尺）} = 0.785 \text{ Hoppus foot（霍普斯尺）}$$
$$1 \text{ m}^3 = 35.3147 \text{ ft}^3$$

3．从价法

基本运费等于货物的离岸价格（FOB）乘以从价费率。所谓货物的离岸价格，是指装运港船上交货（free on board）。若贸易双方按此价格条件成交，卖方应承担货物装上船之前的一切费用，买方则承担包括运费及保险费等在内的货物装上船以后的一切费用。而从价费率常以百分比表示，一般为 1%～5%。按从价法计算基本运费的货物，在运价表中用"Ad. Val"表示。

4．选择法

选择法即从上述三种计算运费的方法中选择一种收费最高的计算方法计算运费。此方法适用于难以识别货物是属于计重货物还是容积货物或货物的价值变化不定的情况。在运价表中，对按选择法计算的货物常以"W/M or Ad. Val"表示。

5．综合法

综合法是指对某种货物分别按毛重和体积计算其运费并选择其中运费较高者，再加上该种货物的从价运费。此类货物在运价表中用"W/M or Plus Ad. Val"表示。

6．按件法

按件法是指以货物的实体件数或个数为单位计算运费的方法。该方法适用于既不是贵重物品又不需要测量重量和体积的货物，如活牲畜按"头"计收、车辆按"辆"计收等。

7．议定法

议定法是指按承运人和托运人双方临时议定的费率计算运费。采用此方法计费的货物通常是低价的货物，如特大型机器等。

在班轮运价表中除"说明及有关规定"部分，主要内容是货物分级表及航线费率表。货物分级表中列出了各种货物的计算标准和等级，航线费率表列出了各等级货物的不同费率，而费率通常又分东行和西行两种。

【例 6-1】我公司向某国家出口商品 1000 箱，每箱体积为 40 cm×30 cm×20 cm，每箱毛重为 30 kg。经查，该商品计费标准为 W/M，等级为 10 级，每吨运费率为 200 港币。另查得知该国要加收港口附加费 20%。请问：我公司应付轮船公司多少运费？

解：

（1）商品总体积。商品总体积为

$$(0.4×0.3×0.2) ×1000=24 \text{ m}^3$$

因为该商品的计费标准为 W/M，总重量大于总体积，所以运费吨以 W 为标准，即 30 t。

（2）海运运费。海运运费为基本运费+港口附加费。

$$基本运费=运价×运费吨=200×30=6000（港币）$$
$$港口附加费=6000×20\%=1200（港币）$$
$$海运运费=6000+1200=7200（港币）$$

因此，托运人应支付海运运费 7200 港币。

（五）国际集装箱海运运费的计算方法

国际集装箱海运运费的计算方法与普通班轮运费的计算方法一样，也是根据费率本规定的费率和计费办法计算运费且同样有基本运费和附加费之分。不过，由于集装箱货物既可以交集装箱货运站（CFS）装箱，也可以由货主自行装箱整箱托运，因而在运费计算方式上也有所不同。主要表现在当集装箱货物是整箱托运且使用的是承运人的集装箱时，集装箱海运运费计收有"最低计费吨"和"最高计费吨"的规定，此外，对于特种货物运费的计算集装箱滞期堆存费和超期使用费以及附加费的计算也有相应的规定。

1. 拼箱货集装箱海运运费的计算

目前，各船公司对集装箱运输的拼箱货的运费计算基本上是依据件杂货运费的计算标准，按所托运货物的实际运费吨计费，即尺码大的按尺码吨计费、重量大的按重量吨计费；另外，在拼箱货海运运费中，还要加收与集装箱有关的费用，如拼箱服务费等。由于拼箱货涉及不同的收货人，因而拼箱货不能接受货主提出的有关选港或变更目的港的要求，在拼箱货海运运费中没有选港附加费和变更目的港附加费。

2. 整箱货集装箱海运运费的计算

对于整箱托运的集装箱货物运费的计收，有两种方法：一种方法是同拼箱货一样，按实际运费吨计费；另一种方法是目前采用得较为普遍的方法，即根据集装箱的类型按箱计收运费。

在整箱托运集装箱货物且所使用的集装箱为船公司所有的情况下，承运人则有按"集装箱最低利用率"（container minimum utilization）和"集装箱最高利用率"（container maximum utilization）支付海运运费的规定。

（1）按集装箱最低利用率计费。一般来说，班轮公司在收取集装箱海运运费时通常只计算箱内所装货物的吨数，而不对集装箱自身的重量或体积进行收费，但是对集装箱的装载利用率有一个最低要求，即"最低利用率"。

规定集装箱最低利用率的主要目的是：如果所装货物的吨数（重量或体积）没有达到规定的要求，则仍按最低利用率相对应的计费吨计算运费，以确保承运人的利益。在确定集装箱的最低利用率时，通常要包括货板的重量或体积。最低利用率的大小主要取决于集装箱的类型、尺寸和集装箱班轮公司所遵循的经营策略。当然，在有些班轮公司的费率表中，集装箱的最低利用率通常仅与箱子的尺寸有关，而不考虑集装箱的类型。目前，按集装箱最低利用率计收运费的形式主要有三种：按最低装载吨计收、按最低运费额计收以及上述两种形式的混合形式。

最低装载吨可以是重量吨或体积吨，也可以是集装箱装载能力（载重或容积）的一定比例。以重量吨或体积吨表示的最低装载吨数通常是依集装箱的类型和尺寸的不同而不同，但在有些情况下也可以是相同的。而当以集装箱装载能力的一定比例确定最低装载吨时，该比例对于集装箱的载重能力和容积能力通常都是一样的，当然也有不一样的。

最低运费额是按每吨或每个集装箱规定一个最低运费数额，其中后者又被称为"最低包箱运费"。

至于上述两种形式的混合形式则是根据下列方法确定集装箱最低利用率。

① 集装箱载重能力或容积能力的一定百分比加上按集装箱单位容积或每个集装箱规定的最低运费额。

② 最低重量吨或体积吨加上集装箱容积能力的一定百分比。

（2）亏箱运费（short fall freight）的计算。亏箱运费实际上就是对不足计费吨货物计收的运费，即所规定的最低计费吨与实际装载货物数量之间的差额。当集装箱内所装载货物的总重或体积没能达到规定的最低重量吨或体积吨而导致集装箱装载能力未被充分利用时，货主将支付亏箱运费。在计算亏箱运费时，通常是以箱内所载货物中费率最高者为计算标准。此外，当集装箱最低利用率是以"最低包箱运费"形式表示时，如果根据箱内所载货物吨数与基本费率相乘所得运费数额再加上有关附加费之后仍低于最低包箱运费，则按后者计收运费。

（3）按集装箱最高利用率计收运费。集装箱最高利用率的含义是当集装箱内所载货物的体积吨超过集装箱规定的容积装载能力（集装箱内容积）时，运费按规定的集装箱内容积计收，也就是说，超出部分免收运费。至于计收的费率标准，如果箱内货物的费率等级只有一种，则按该费率计收。如果箱内装有不同费率等级的货物，计收运费时通常采用下列两种做法：① 箱内所有货物均按箱内最高费率等级货物所适用的费率计算运费；② 按费率高低，从高费率起往低费率计算，直至货物的总体积吨与规定的集装箱内容积相等为止。

需要指出的是，如果货主没有按照承运人的要求，详细申报箱内所装货物的情况，运费则按集装箱内容积计收，而且费率按箱内货物所适用的最高费率计。如果箱内货物只有部分没有申报数量，那么未申报部分货物的运费按箱子内容积与已申报货物运费吨之差计收。

规定集装箱最高利用率的目的主要是鼓励货主使用集装箱装运货物并最大程度地利用集装箱的内容积。为此，在集装箱海运运费的计算中，船公司通常都为各种规格和类型的集装箱规定了一个按集装箱内容积计算的最高利用率。例如，20 ft 集装箱的最高利用率为 31 m^3，而 40 ft 集装箱的最高利用率为 67 m^3。最高利用率之所以用体积吨而不用重量吨为计算单位，是因为每一个集装箱都有其最大载重量，在运输中是不允许超重的。因此，在正常情况下，不应出现超重的集装箱，更不会出现鼓励超重的做法。

3．特殊货物集装箱海运运费的计算

在使用集装箱装运一些特殊货物，如成组货物、家具和行李、服装、回运货物时，在运费的计算上有一些特别的规定。

（1）成组货物。班轮公司通常对符合运价本中有关规定与要求并按拼箱货托运的成组货物给予一定的运费优惠，在计算运费时，应扣除货板本身的重量或体积，但这种扣除不能超过成组货物（货物加货板）重量或体积的 10%，超出部分仍按货板上货物所适用的费率计收运费。但是，整箱托运的成组货物不能享受优惠运价且整箱货的货板在计算运费时一般不扣除其重量或体积。

（2）家具和行李。对装载在集装箱内的家具或行李，除组装成箱子再装入集装箱外，应按集装箱内容积的 100%计收运费以及其他有关费用。该规定一般适用于搬家的物件。

（3）服装。当服装以挂载方式装载在集装箱内进行运输时，承运人通常仅接受整箱货"堆场—堆场"（CY—CY）的运输交接方式并由货主提供必要的服装装箱物料，如衣架等。运费按集装箱内容积的 85%计算。如果箱内除挂载的服装外，还装有其他货物，服装仍按箱容的 85%计收运费，其他货物则按实际体积计收运费，但当两者的总计费体积超过箱容的 100%时，其超出部分免收运费。在这种情况下，货主应提供经承运人同意的公证机构出具的货物计量证书。

（4）回运货物。回运货物是指在卸货港或交货地卸货后的一定时间以后，由原承运人运回原装货港或发货地的货物。对于这种回运货物，承运人一般给予一定的运费优惠，如当货物在卸货港或交货地卸货后六个月由原承运人运回原装货港或发货地，整箱货（原箱）的回程运费按原运费的 85%计收，拼箱货则按原运费的 90%计收回程运费。但货物在卸货港或交货地滞留期间发生的一切费用均由申请方承担。

4. 集装箱滞期堆存费和超期使用费的计算

（1）集装箱滞期堆存费。在集装箱运输中，货物运抵目的地后，承运人通常给予箱内货物一定的免费堆存期（free time），但如果货主未在规定的免费堆存期内前往承运人的堆场提取货箱或去货运站提取货物，承运人则对超出的时间向货主收取滞期堆存费。货物的免费堆存期通常是从货箱卸下船时开始计算，其中不包括星期六、星期日和节假日。但一旦进入滞期堆存时间，便连续计算，即在滞期堆存时间内若有星期六、星期日或节假日，该星期六、星期日及节假日也应计入滞期堆存时间。免费堆存期的长短以及滞期堆存费的计收标准与集装箱箱型、尺寸以及港口的条件等有关，同时也依班轮公司而异，有时对于同一港口，不同的班轮公司有不同的计算方法。

根据班轮公司的规定，在货物超过免费堆存期后，承运人有权对货箱另行处理。对于使用承运人的集装箱装运的货物，承运人有权将货物从箱内卸出，存放于仓储公司仓库，由此产生的转运费、仓储费以及搬运过程中造成的事故损失与责任均由货主承担。

（2）集装箱超期使用费。如货主所使用的集装箱和有关设备为承运人所有，而货主未能在免费使用期届满后将集装箱或有关设备归还给承运人或送交承运人指定地点，则承运人按规定对超出时间向货主收取集装箱超期使用费。

5. 附加费的计算

与普通班轮一样，国际集装箱海运运费除计收基本运费外，也要加收各种附加费，附加费的标准与项目根据航线和货种的不同而有不同的规定。集装箱海运附加费通常包括以下几种形式。

（1）货物附加费（cargo additional）。某些货物，如钢管之类的超长货物、超重货物、需洗舱（箱）的液体货等，由于它们的运输难度较大或运输费用较高，因而对此类货物要加收货物附加费。当然，对于集装箱运输来讲，计收对象、方法和标准有所不同。例如，对超长、超重货物加收的超长、超重、超大件附加费（heavy-lift and over-length additional）只对由集装箱货运站装箱的拼箱货收取，其费率标准与计收办法与普通班轮相同。如果采用CFS/CY 条款，则对超长、超重、超大件附加费减半计收。

（2）变更目的港附加费（change of destination surcharge）。变更目的港仅适用于整箱货并按箱计收变更目的港附加费。提出变更目的港的全套正本提单持有人必须在船舶抵达提单上所指定的卸货港 48 h 前以书面形式提出申请，经船方同意变更。如果变更目的港后的运费超出到达原目的港的运费，申请人应补交运费差额；反之，承运人不予退还。由于变更目的港所引起的翻舱费用以及其他费用，也应由申请人承担。

（3）选卸港附加费（optional additional）。选择卸货港或交货地点仅适用于整箱托运、整箱交付的货物，而且一张提单的货物只能选定在一个交货地点交货并按箱收取选卸港附加费。

选择卸货港应在订舱时提出，经承运人同意后，托运人可在承运人经营范围内直航的或经转运的三个交货地点内选择指定卸货港，其选卸范围必须按照船舶挂靠顺序排列。此外，提单持有人还必须在船舶抵达选卸范围内第一个卸货港 96 h 前向船舶代理人宣布交货地点，否则船长有权在第一个或任何一个选卸港将选卸货卸下，即认为承运人已终止其责任。

（4）服务附加费（service additional）。当承运人为货主提供了诸如货物仓储或转船运输以及内陆运输等附加服务时，承运人将加收服务附加费。对于集装箱货物的转船运输，包括支线运输转干线运输，都应收取转船附加费（trans-shipment additional）。

除上述各项附加费外，其他有关的附加费计收规定与普通班轮运输的附加费计收规定相同，这些附加费包括：因港口情况复杂或出现特殊情况所产生的港口附加费（port additional）；因国际市场上燃油价格上涨而加收的燃油附加费（bunker adjustment factor，BAF）；为防止货币贬值造成运费收入上的损失而收取的货币贬值附加费（currency adjustment factor，CAF）；因战争、运河关闭等原因迫使船舶绕道航行而加收的绕航附加费（deviation surcharge）；因港口拥挤致使船舶抵港后不能很快靠卸而需长时间待泊所加收的港口拥挤附加费（port congestion surcharge）；等等。此外，对于贵重货物，如果托运人要求船方承担超过提单上规定的责任限额，船方要加收超额责任附加费（additional for excess of liability）。

需要指出的是，随着世界集装箱船队运力供给大于运量需求的矛盾越来越突出，集装箱航运市场上削价竞争的趋势日益突现，因此目前各船公司大多减少了附加费的种类，将许多附加费并入运价，给货主提供一个较低的包干运价，这既起到了吸引货源的作用，也简化了运费结算手续。

【例 6-2】某托运人通过集装箱运输公司承运一票货物（2×20'FCL），采用包箱费率，从福州港出口到汉堡港经厦门港转船，货币贬值附加费率为10%、燃油附加费率为5%。请问：托运人应支付多少海运运费？

分析：

（1）从题中得知，该票货物从福州港出口到汉堡港经厦门港转船，运输航线属于中国—欧洲航线，汉堡港是航线上的基本港。

（2）从题中得知：该票货物为 2×20'FCL，采用包箱费率。

（3）查中国—欧洲航线集装箱费率表得知：从福州港出口到汉堡港经厦门港转船，福州经香港转船出口欧洲，其费率在厦门、湛江费率基础上加 USD 50/20'。

（4）查中国—欧洲航线集装箱费率表得知：厦门、湛江经香港转船费率为 USD 1950/20'。

（5）从题中得知，货币贬值附加费率为 10%，燃油附加费率为 5%。

解：

$$海运运费=基本运费+货币贬值附加费+燃油附加费$$
$$基本运费=(1950+50)×2=4000（美元）$$
$$货币贬值附加费=4000×10\%=400（美元）$$
$$燃油附加费=4000×5\%=200（美元）$$
$$海运运费=4000+400+200=4600（美元）$$

因此，托运人应支付海运运费 4600 美元。

二、公路集装箱货物运费计收

（一）公路集装箱运价及其制定

1．公路集装箱基本运价

公路集装箱基本运价是指各类标准集装箱重箱在等级公路上运输的每箱公里运价。现行的公路集装箱运输实行全国统一的基本运价，具体如下。

（1）20 ft 标准箱基本运价为 6.00 元/箱·公里。

（2）40 ft 标准箱基本运价为 9.00 元/箱·公里。

标准集装箱空箱运价在标准集装箱重箱运价的基础上减成计算。

各省、自治区、直辖市交通主管部门根据当地实际情况，可以在全国统一基本运价的基础上，在 20%上下幅度内制定本地区的基本运价并报交通部备案。

非标准箱重箱运价按照不同规格的箱型，在标准集装箱基本运价的基础上加成计算，非标准集装箱空箱运价在非标准集装箱重箱运价的基础上减成计算。

特种箱运价在箱型基本运价的基础上按装载不同特种货物的加成幅度加成计算。

2．以重箱为计价基础的运价制定

对于国际公路集装箱运价的计算，交通部制定的规则规定以重箱为计价基础，分别规定了"单程重箱运价""双程重箱运价""一程重（空）箱、一程空（重）箱运价""单程空箱运价""双程空箱运价"。

（1）单程重箱运价。按各省、自治区、直辖市制定的公路集装箱运输基本运价计算。

（2）双程重箱运价。同一托运人同一去程和回程的重箱，回程对流运输的重箱运价，按基本运价减成 20%；提供不属于同一托运人的回程重箱，对各托运人均按对流运输部分的基本运价减成 10%计收。

（3）一程重（空）箱、一程空（重）箱运价。同一托运人托运的重箱去、空箱回或空箱去、重箱回的，按一程重箱计费，遇有空箱运输里程超过重箱运输里程的非对流运输部分，按重箱运价计算。

（4）单程空箱运价。单程空箱按基本运价收费。

（5）双程空箱运价。对于同一托运人托运的双程空箱，其中较长一程的空箱按单程重箱计费，另一程捎运的空箱则免收运费。

（二）公路集装箱运费的计算

目前，公路集装箱运费一般包括基本包干费、车辆通行费、其他附加费和场站费用，计算公式为

$$重（空）集装箱运费=基本包干费+车辆通行费+其他附加费+场站费用$$

式中，车辆通行费、其他附加费、场站费用只有在发生时才予以计算。

1．基本包干费

基本包干费包括重（空）箱运输和辅助装卸作业所发生的费用，以箱为单位进行计算，其计算公式为

$$基本包干费=重（空）箱运价×计费箱型×计费里程+箱次费×计费箱数$$

（1）计费箱型。公路集装箱运输的计费箱型包括以下两种。

① 国际标准集装箱的计费箱型：20 ft 箱型和 40 ft 箱型。

② 非标准箱型。非标准箱型是指外形尺寸超过标准箱型的集装箱，如超高、超宽、超长以及特殊用途的集装箱。

（2）计费里程。公路集装箱运输的计费里程包括运输里程和装卸里程。运输里程按装箱地点到卸箱地点的实际里程计算，装卸里程按发车点到装卸点往返空驶里程的50%计算。计费里程的依据是各省、自治区、直辖市制定的营运路线里程图。若涉及市区内的计费里程的确定，以市区交通主管部门制定的营运路线里程图为依据。未列入营运路线里程图的计费里程可由承运方、托运方协商确定。

① 包干计费里程。在进行国际集装箱的批量运输或在同一地区、同一线路内进行多点运输时，为简化里程计算，可以根据不同运次的运送里程差异计算综合平均运距，作为每次运输的距离，平均运距是包干计费里程。只要是批量运输，在规定区域分布点上，均可按平均运距收费。包干计费里程一般用于港口区域至城市区域内的多点运输。每批运输量不大时，不使用包干计费里程。

② 起码计费里程。根据我国港口国际集装箱的集疏运条件和内陆中转站的布局情况，国家规定起码计费里程为 5 km，以 km 为单位，不足 1 km 按 1 km 计算。

（3）箱次费。对公路集装箱运输，在计算运输费用的同时，按不同箱型加收箱次费。

2．车辆通行费

车辆通行费属于代征代收费用。目前，根据国家有关规定，各省、自治区、直辖市均对其境内所有收费公路（包括政府还贷性收费公路和经营性收费公路）制定了本省、自治区、直辖市收费公路车辆通行费征收政策。

车辆通行费实行按车型收费和按计重收费两种计征方式。已安装计重设备的收费公路，对载重货车按吨公里计征车辆通行费；尚未安装计重设备的收费公路，对所有过往车辆按

车型计征车辆通行费。

3．其他附加费

（1）车辆延滞费。当车辆（包括挂车）按规定时间到达装卸箱地点后，由于托运人或收货人的责任造成装箱、卸箱、掏箱、拆箱、冷藏箱预冷超过规定时间，装卸箱落空的等待时间，现场和途中的停滞时间，都应按计时运价的 25% 核收车辆延滞费。由于承运人的责任延误的运输时间，按承、托双方协议支付延滞赔偿费，最高不得超过运费收入的 15%。

延误时间累计不足半小时者，免收车辆延滞费；超过半小时，则以半小时为单位递进计收。

（2）车辆装箱落空损失费。汽车（包括挂车）按预定时间到达指定地点后，因托运人的直接责任引起的装箱落空，应按自车场（站、车辆驻地）至装箱、卸箱地点的往返行驶里程和计程运价的 50% 计收装箱落空损失费，装箱落空又同时延误时间的，还要核收车辆延滞费。

（3）过渡费。车辆过渡、过桥、过隧道和通过收费路段的费用均由托运人承担，承运人按当地规定的收费标准代收代付。

（4）计箱装卸费。国际公路集装箱运输的计箱装卸费以 20 ft 国际标准集装箱装载普通货物的基本费率为基础，按不同箱型、装箱货物类别和重箱、空箱分别计费，装有危险货物的集装箱和冷藏箱在基本费率的基础上增加 30%～50%，装载放射性、易燃、易爆货物的集装箱在基本费率的基础上增加 75%～100%。40 ft 国际标准箱的计箱装卸费在 20 ft 箱各项费率的基础上增加 50%。

空箱计箱装卸费按重箱装卸基本费的 80% 计收。非标准集装箱和特殊集装箱的计箱装卸费由承、托双方协议确定。

（5）装卸机械计时包用费。在国际公路集装箱运输的装卸过程中，根据托运人的要求以及作业条件的限制，需要包用装卸机械的，收取装卸机械计时包用费。

该项费用按包用时间和装卸机械计时费率计费。装卸机械的计时费率应分别按不同的机械操作能力制定，其计费单位为每标记吨位吨小时。包用时间是指装卸机械到达任务地点起至完成任务时止的全部时间。作业时间内机械发生故障进行修理的时间、工人用餐时间应予扣除。包用时间以 4 小时为起码计费时间，以半小时为单位递进计费。

（6）装卸机械走行费。自行或牵引的装卸机械自出场、站或驻地至装卸地点作业，应按发车点至作业点往返行驶时间或行驶里程折算时间和装卸机械计时费率的 50% 核收装卸机械的走行费。

（7）装卸机械延滞费。装卸机械按规定时间到达指定作业地点后，由于托运人或收货人的直接责任引起的超过额定装卸时间、装卸箱落空时间、中途的停滞时间，都要按装卸机械实际操作能力和计时费率的 25% 核收装卸机械延滞费。上述延误时间不足半小时者免收延滞费，超过半小时以上，以半小时为单位递进计费。

（8）掏、装箱费。国际集装箱在汽车货运站内拆箱、装箱，应按港口收费规定向船方或货方收取掏箱费。站外拆箱、装箱，应向收、发货人计收掏箱费。

装有危险货物的集装箱和冷藏箱，在基本费率的基础上增加 50%；装有放射性、易燃、易爆危险货物的集装箱，在基本费率的基础上增加 100%。

（9）人工延滞费。凡随车工人（包括单独约用）至约定地点掏箱、装箱或进行其他劳务作业时由于托运人或收货人、发货人的直接责任不能作业或延误作业时间，应核收人工延滞费。延误时间不足半小时者，免收延滞费；延误超过半小时以上的，以半小时为单位递进计费。

（10）辅助装卸费。在装箱、卸箱、掏箱、装箱作业中，涉及码垛、铺垫、遮盖、分包、超高、超远和加固作业的，应另收辅助装卸费或包干费。

4．场站费用

对于国际集装箱公路中转站内的中转作业，还有装卸包干费、站内搬移费、集装箱堆存费、集装箱一般清洗费、集装箱熏蒸费、冷藏箱预冷费、货物堆存费、辅助作业费、服务手续费等收费项目。

三、铁路集装箱货物运费计收

铁路集装箱货物运费是指集装箱货物以铁路进行运输时所产生的费用。国内铁路集装箱货物运费的计算有两种方法：一种是常规计算法，由运费、杂费、装卸作业费和铁道部规定的其他费用组成；另一种是为适应集装箱需要而制定的集装箱一口价计算方法。国际铁路集装箱联运运费根据《国际铁路货物联运协定》（以下简称《国际货协》）的规定计算。

（一）铁路集装箱货物运杂费及其计算

铁路集装箱货物运杂费是指在铁路集装箱货物运输中，货主向铁路区段承运人支付的运杂费。具体包括铁路车辆在运行过程中的运费，货物在起运、到达、中转时的装卸、仓储、保管、搬运等作业费和业务费。

1．铁路集装箱货物运费

铁路集装箱货物运费由发到运费和运行运费组成，按照使用的箱数和铁路货物运价率（见表6-1）中规定的集装箱运价率计算，其计算公式为

铁路集装箱货物运费=发到运费+运行运费=基价1×箱数+基价2×运价里程×箱数

表6-1　铁路货物运价率表

运 价 号	基价1		基价2	
	单 位	标 准	单 位	标 准
20 ft箱	元/箱	440	元/箱·公里	3.185
40 ft箱	元/箱	532	元/箱·公里	3.357

注：表中数据根据《关于调整铁路集装箱运价有关事项的通知》（铁总货电〔2018〕57号）修订而成。

（1）20 ft罐式、35 t通用集装箱、冷藏箱（使用BX型车为冷藏箱提供在途供电时）按"铁路货物运价率表"中规定的 20 ft 集装箱运价率分别加 5%、20%、30%计算。40 ft罐式集装箱按"铁路货物运价率表"中规定的 40 ft 集装箱运价率加30%计算。

（2）装运一级毒害品（剧毒品）的集装箱按"铁路货物运价率表"中规定的运价率加100%计算；装运爆炸品、压缩气体和液化气体、一级易燃液体（石油类除外）、一级易燃固体、一级自燃物品、一级遇湿易燃物品、一级氧化剂和过氢化物、二级毒害品、感染性

物品、放射性物品的集装箱按"铁路货物运价率表"中规定的运价率加50%计算。

（3）根据国家发展改革委下发的《关于调整铁路货物运价有关问题的通知》（发改价格〔2014〕210号），自备集装箱空箱运价率按重箱费率的40%计算；承运人利用自备集装箱回空捎运货物，按集装箱重箱适用的运价率计费，在货物运单铁路记载事项栏内注明免收回空运费。

2. 铁路集装箱货物运输的运营杂费

与铁路集装箱货物运输有关的运营杂费项目及其费率如表6-2所示。

表6-2　与铁路集装箱货物运输有关的运营杂费项目及其费率

序　号	项　　目			单　位	费　率
1	过秤费	20 ft 箱		元/箱	30.00
		40 ft 箱		元/箱	60.00
2	表格材料费	运单	普通货物	元/张	0.10
			水陆联运货物	元/张	0.20
			国际联运货物	元/张	0.20
		物品清单		元/张	0.10
		施封锁材料费（承运人装车、装箱的除外）		元/个	1.50
3	取送车费			元/车·千米	6.00
4	机车作业费			元/0.5 h	60.00
5	押运人乘车费			元/人百千米	3.00
6	集装箱使用费	20 ft 箱	500 km 以内	元/箱	100.00
			501～2000 km 每增加 100 km 加收	元/箱	10.00
			2001～3000 km 每增加 100 km 加收	元/箱	5.00
			3001 km 以上计收	元/箱	300.00
		40 ft 箱	500 km 以内	元/箱	200.00
			501～2000 km 每增加 100 km 加收	元/箱	20.00
			2001～3000 km 每增加 100 km 加收	元/箱	10.00
			3001 km 以上计收	元/箱	600.00
		铁路拼箱（一箱多批）		元/10 kg	0.20
7	货物作业装卸费	按铁道部《铁路货物装卸作业计费办法》和《铁路货物作业装卸费率》的规定核收			
8	货物保价费	按铁道部《关于修改货物报价费率的通知》的规定核收			

注：根据《铁路货物运价规则》（铁运〔2005〕46 号）整理而成

（1）集装箱使用费。凡使用铁路集装箱运输货物，除核收运费外，还要按箱型、箱数和运价里程核收使用费；如使用铁路危险品专用集装箱装运货物，集装箱使用费加20%核收。

（2）电气化附加费、新路新价均摊运费、铁路建设基金。根据《铁路电气化附加费核收办法》《新路新价均摊运费核收办法》《铁路建设基金计算核收办法》的规定，应分别核收电气化附加费、新路新价均摊运费、铁路建设基金。其计算公式分别为

电气化附加费＝费率×计费重量（箱数或轴数）×电化里程

新路新价均摊运费=均摊运价率×计费重量（箱数或轴数）×运价里程

铁路建设基金=费率×计费重量（箱数或轴数）×运价里程

3．延期使用运输设备、违约以及委托服务费用

与铁路集装箱货物运输有关的延期使用运输设备、违约以及委托服务杂费项目及其费率如表 6-3 所示。

表 6-3　与铁路集装箱货物运输有关的延期使用运输设备、违约以及委托服务杂费项目及其费率

序　号	项　　目		单　位	费　率
1	集装箱货物暂存费	20 ft 箱	元/（箱·日）	15.00
		40 ft 箱	元/（箱·日）	30.00
2	集装箱延期使用费	20 ft 箱	元/（箱·日）	40.00
		40 ft 箱	元/（箱·日）	80.00
3	货物运输变更手续费（20 ft、40 ft 集装箱）	变更到站（含同时变更收货人）	元/批	300.00
		变更收货人或发货前取消托运	元/批	100.00
4	清扫费（收货人自行掏箱时未清扫干净的）	20 ft 箱	元/箱	2.50
		40 ft 箱	元/箱	5.00
5	专用线、专用铁路货车使用费	按照铁道部《货车使用费核收暂行办法》的规定核收		
6	承运后发现托运人匿名、错报货物品名填写运单，致使货物减收或危险货物匿报、错报货物品名按一般货物运输时，按批核收相当于全程正当运费 2 倍的违约金，不另外补收运费差额。集装箱货物超过集装箱标记总重量，对其超过部分：20 ft、40 ft 箱每 100 kg 按该箱型运价率的 5%核收违约金			
7	运杂费迟交金：从应收该项运杂费的次日起至付款日止，每迟延一日，按运杂费（包括垫付款）迟交金额的 3% 核收			

（1）集装箱货物暂存费。发送的集装箱应于承运人指定的进站日期当日进站完毕。到达的集装箱应于承运人发出催领通知的次日算起，两日内领取集装箱货物并于领取的当日内将箱内货物掏完或将集装箱搬出。集装箱货物（含空自备箱）在车站存放超过上述免费暂存期限，应按规定核收货物暂存费。此外，对于危险货物和易燃货物的暂存费率，按表 6-3 中规定的费率加 100% 计算。货物暂存费在应收该费时间段的前 3 日，按规定的费率计费，自第四日起，允许铁路局根据各地的不同情况适当上浮费率并报铁道部备案，上浮的幅度最大不得超过规定费率的 300%。

（2）集装箱延期使用费。托运人或收货人使用铁路集装箱超过下列期限，自超过之日起核收集装箱延期使用费：站内装箱时，应于承运人指定的进货日期当日装完。站内掏箱时，应于领取的当日内掏完。到达的集装箱应于承运人发出催领通知的次日起算，两日内领取集装箱。集装箱"门到门"运输重去空回或空去重回时，应于领取的次日送回；重去重回时，应于领取的 3 日内送回。

（二）铁路集装箱货物运输一口价

铁道部为提高价格透明度、规范收费行为、满足货主需要、开拓铁路集装箱运输市场，于 1999 年制定了《集装箱运输一口价实施办法》（铁运〔1999〕61 号）。

1．铁路集装箱运输一口价的含义

铁路集装箱运输一口价是指自集装箱进入发站货场时起至搬出到站货场时止，对其铁路运输全过程各项价格的总和采取一次收取、一票结清的运费结算办法。集装箱一口价按发、到站分箱型列明于《集装箱运输一口价表》中。车站应在集装箱营业场所公布《集装箱运输一口价实施办法》和本站的《集装箱运输一口价表》。

2．铁路集装箱运输一口价的组成

铁路集装箱运输一口价由铁路运输收入、发站费用和到站费用三部分组成。

（1）铁路运输收入。铁路运输收入包括国铁运费、国铁临管费用、铁路建设基金、特殊加价、电气化附加费、铁道部规定核收的代收款、铁路集装箱使用费或自备集装箱管理费、印花税等。

（2）发站费用。发站费用包括组织服务费、集装箱装卸综合作业费、护路联防费、运单表格费、货签表格费、施封材料费等。

（3）到站费用。到站费用包括到站集装箱装卸综合作业费、铁路集装箱清扫费。

3．铁路集装箱运输一口价包含的费用

根据《集装箱运输一口价实施办法》和《集装箱运输一口价实施工作有关问题的通知》（铁运函〔1999〕253 号）的规定，铁路集装箱运输一口价除包括铁路基本运价、建设基金、新路新价均摊运费、电气化附加费、特殊运价、杂费等所有符合国家规定的运价和收费外，还包括"门到门"运输取空箱与还空箱的站内装卸作业、专用线取送车作业、港站作业的费用和经铁道部确认的集资货场、转场货场费用。

铁路集装箱运输一口价不包括下列费用。

（1）要求保价运输的保价费用。

（2）快运费。

（3）委托铁路装箱、掏箱的综合作业费。

（4）专用线装卸作业的费用。

（5）集装箱在到站超过免费暂存期间产生的费用。

（6）由于托运人或收货人责任而发生的费用。

4．铁路集装箱运输一口价的适用范围

铁路集装箱运输一口价主要适用于国内铁路普通集装箱运输，因而下列运输不适用集装箱一口价，仍按一般计费规定计费。

（1）集装箱国际铁路联运。

（2）集装箱危险品运输（可按普通货物条件运输的除外）。

（3）冷藏、罐式、板架等专用集装箱运输。

此外，实行一口价的集装箱运输暂不办理在货物中途站或到站提出的运输变更。

（三）国际铁路集装箱联运运费计算

1. 国际铁路集装箱联运费用的构成与支付

国际铁路集装箱联运费用由发送路运送费用、过境路运送费用和到达路运送费用三部分构成。

（1）发送路运送费用与到达路运送费用。根据《国际货协》及其附件《国际铁路货物联运统一过境运价规程》（以下简称《统一货价》）和《国际客协和国际货协清算规则》的规定：发送路、到达路的运送费用按本国铁路规章规定，以本国货币分别在发站、到站向发货人或收货人核收。

（2）过境路运送费用。过境路运送费用的主要依据是《国际货协》《统一货价》和国内的《铁路货物运价规则》及其附件。

目前，过境路运送费用的清算规则已由《国际货协》参加国铁路间相互清算改变为各国指定的国际货运代理人直接交付，即货主委托国际货运代理人为其办理过境一个或几个国家铁路到达其他国家的运输时，国际货运代理人应根据与货主的协议，向货主收取货物全程运送费用后，在发运站代货主交付国内铁路段的运送费用，通过过境国、到达国货运代理人向过境铁路和到达铁路交付运送费用。

对于过境我国的铁路货物的运送费用，我国铁路规定，过境货物的运输必须由国家有关主管部门批准、认可的具有国际货物运输代理经营资格并办理过境货物运输代理业务的企业承担。凡是以"过境货物报关单"向海关申报并在"国际货协运单"上加盖"海关监管货物"戳记的，均视为过境货物。

2. 国内段费用的计算

国际铁路联运货物在我国境内的运输费用，按我国国内铁路运输费用计算。我国铁路运费核收的基本文件是《铁路货物运价规则》及其附属章程。

对于出口货物运输，在我国境内铁路发生的费用一律在我国核收，如铁路运费、装卸费、运杂费等，包括在发运车站到边境口岸车站的运价里程外，从边境口岸车站到国境线（零公里）的铁路运输费用，全部在发运车站交付。货物跨越国境线（零公里）后的铁路运费、换装费，则由境外运输代理人或收货人交付。

对于进口货物运输，境外铁路运输费用由发货人或运输代理人交付，在边境口岸交接后（货物跨越国境线（零公里）后）发生的所有费用（包括到收货站的国内运费），一律在我国国境口岸车站核收。

在计算国内段铁路运输费用时，应按照以下步骤操作。

第一步，确定货物的运费计算等级（运价号）。

第二步，确定货物的运价率。

第三步，确定货物的运价里程。

第四步，查明在货物运输里程中是否有特殊运价路段。

第五步，计算运杂费。

（1）计算运费。运费的计算公式为

$$运费＝（发到基价＋运行基价×运价里程）×箱数$$

国际联运货物运价里程还应加上国境车站到国境线零公里处的里程。

（2）计算铁路建设基金。铁路建设基金的计算公式为

$$铁路建设基金=铁路建设基金费率×箱数×运价里程$$

（3）计算电气化附加费。电气化附加费的计算公式为

$$电气化附加费=电气化附加费费率×箱数×通过铁路电气化区段里程$$

（4）计算印花税。印花税以每张货票计算，按运费的 0.5‰核收，不足 0.1 元免收，超过 0.1 元实收。

（5）计算特殊运价区段运费。根据国家规定，部分正式铁路营业线执行单独核收特殊运价，有些地方铁路、合资铁路与国家铁路办理直通运输，其单独特殊运价也合并收取。如经过铁路特殊运价区段，则应计算特殊区段运价加上正常运费；铁路特殊运价区段里程则应从运输总里程中扣除。

（6）其他铁路运杂费，包括运单表格费、集装箱使用费、机车作业费等，按规定项目和标准计算出发生的杂费。

以上各项费用相加即国际铁路集装箱联运国内段费用。

3．过境运送费用的计算

我国过境货物铁路运输执行《国际货协》规则，以《统一货价》第 8 条过境里程表中的中华人民共和国铁路过境里程表计算过境里程，按《统一货价》计费。过境货物运送费用一律在接入国境站或港口站（由港口接入）时向发货人或代理人核收。为进一步增加过境我国铁路国际联运货物运量，我国铁道部于 2000 年 3 月颁布了《关于过境中国铁路国际联运货物运送费用核收暂行规定》，该规定还对实行《统一货价》提供了减成优惠政策，具体包括以下内容。

（1）过境货物运费，按《统一货价》规定的费率并与《过境货物运费计算系数表》规定的系数相乘计算。

（2）经由阿拉山口国境站办理货物运送时，港口站或国境站至乌西站的运费按《统一货价》规定的费率并与《过境货物运费计算系数表》规定的系数相乘计算。

（3）过境货物的运价等级根据《国际铁路货物联运通用货物品名表》的规定确定。

（4）过境货物在国境站或港口站发生杂费，按照国内规定计费。国内规章未规定而《统一货价》规定的费率，按《统一货价》的规定计算。

四、航空集装箱货物运费计收

（一）航空货物运价概述

航空货物运价（费率）是指承运人对所运输的每一重量单位货物（千克或磅，kg or lb）所收取的自始发地机场至目的地机场的航空费用。航空货物运价使用运输始发地货币。航空货运单所使用的运价应为填制货运单之日的有效运价，即在航空货物运价有效期内适用的运价。

1．航空货物运价的种类

（1）按运价的组成形式划分，国际航空货物运价包括协议运价、公布直达运价和非公

布直达运价。

（2）按货物的性质划分，国际航空货物运价包括普通货物运价、指定商品运价、等级运价和集装货物运价。

2．航空货物运价的使用规定

（1）使用顺序。优先使用协议运价；如果没有协议运价，使用公布直达运价；如果没有协议运价和公布直达运价，使用比例运价；最后采用分段相加运价（最低组合）。

（2）货物运价应为填开货运单当日承运人公布的有效货物运价。

（3）货物运价的使用必须严格遵守货物运输路线的方向性，不可反方向使用运价。

（4）使用货物运价时，必须符合货物运价注释中要求和规定的条件。

（二）航空集装箱货物运费的计算方法

目前，国际航空集装箱货物运费的计算方法有两种：常规运价计费法和新型运价计费法。

1．常规运价计费法

常规运价计费法即采用普通航空货物运费的计算方法，首先对两个机场城市间的航线制定出经营航班的运价，航空公司根据货物的重量或体积计算出应收的运费。此种运价需提交国际航空协会和有关政府，通过协议和政府批准后才生效。

按照常规方法计算航空集装箱货物运费时要确定以下几个因素：计费重量、运价种类和声明价值附加费。

（1）计费重量。在航空运输中，通常以货物的实际毛重与体积重量中较高者作为计费重量。

承运人对重量大、体积小的重货，按货物的实际毛重计算其运费；对体积大、重量轻的轻泡货，则将货物的体积换算为计费重量以计算运费。重货与轻泡货的区分以 $6000\ \mathrm{cm^3/kg}$ 为基准。当货物每千克体积小于 $6000\ \mathrm{cm^3}$ 时，为重货；反之，当货物每千克体积大于 $6000\ \mathrm{cm^3}$ 时，为轻泡货。

体积重量的计算公式为

$$体积重量（kg）= \frac{货物体积（cm^3）}{6000(cm^3 / kg)}$$

式中，货物体积应为货物的长、宽、高的最大值的乘积。

计费重量以 0.5 kg 为最小单位，重量尾数不足 0.5 kg 的，按 0.5 kg 计；重量尾数在 0.5 kg 以上不足 1 kg 的，按 1 kg 计算。

（2）运价种类。运价通常分为以下几类。

① 指定商品运价（SCR）。SCR 又称为特种货物运价，是指为某些从指定始发地至指定目的地的指定商品而公布的特别优惠的运价。特种货物运价规定有起码重量（如 100 kg），达不到所规定的起码重量则不能按此运价计算运费。

② 等级货物运价（CCR）。CCR 是指在一般货物运价的基础上附加或附减一定百分比作为某些特定货物的运价。等级货物运价适用于指定地区内部区域之间的少数货物运输且仅适用于少数没有指定商品运价的货物，即活动物、贵重货物、作为货物托运的行李等。

等级货物运价包括附减等级货物运价（运价种类代号为 R）和附加等级货物运价（运价种类代号为 S）两类。前者适用于报纸、杂志、作为货物运送的行李等；后者适用于活动物、贵重物品、尸体、骨灰等。

③ 普通货物运价（GCR）。GCR 又称为一般货物运价，是应用得最为广泛的一种运价。当一批货物不能适用等级货物运价，也不属于指定商品时，就应该选择普通货物运价，即没有特别规定而为普通货物制定的运价为普通货物运价。

普通货物运价针对所承运货物数量的不同规定了以下几个计费重量分界点，分别适用不同的费率：N 表示 45 kg 以下普通货物运价；Q 表示 45 kg 以上（包括 45 kg）普通货物运价。45 kg 以上又分为 100 kg、300 kg、500 kg、1000 kg、2000 kg 等多个计费重量级别，但运费类别代号仍以 Q 表示。表示方法如下：Q45 表示 45 kg 以上（包括 45 kg）的普通货物运价；Q100 表示 100 kg 以上（包括 100 kg）的普通货物运价，以此类推。

普通货物运费的计算方法是：货物的计费重量乘以相应重量等级的运价所得运费与按下一个较高重量等级的起始重量乘以相应的运价所得的运费进行比较，以其中较低者作为该批货物的运费。这一原则也适用于指定商品运费的计算。

④ 起码运费（M）。起码运费是航空公司承运一批货物所能接受的最低运费，不论货物的重量或体积。

⑤ 其他附加费。其他附加费包括制单费、货到付款劳务费、提货费等。

（3）声明价值附加费。《华沙公约》对由于承运人自身的疏忽或故意造成的货物灭失、损坏或延迟规定了最高赔偿责任限额，这一金额一般被理解为 20 美元/kg（或等值其他货币）。若货物价值超过了该值就增加了承运人的责任，因此承运人要收取一定的声明价值附加费。若托运人不缴纳声明价值附加费，承运人对超出 20 美元/kg 的部分也不承担责任。对于办理声明价值附加费有以下要求。

① 托运人办理声明价值时必须整批货物办理，不得办理分批货物声明价值或在整批货物中办理两种不同的声明价值。

② 供运输用的声明价值仅适用于货物的毛重，不包括航空公司的集装箱。

③ 根据 IATA 的规定，发货人必须在运单上对发运的货物声明其价值，若无声明价值，也要在运单上写上"无声明价值（no value declared，NVD）"。

④ 我国民航总局规定，每票货物的声明价值不得超过 10 万美元；声明价值附加费的最低标准为人民币 10 元，若计算附加费低于最低标准，按最低标准缴费。

声明价值附加费一般按超过 20 美元部分的 0.5%计收，即

$$声明价值附加费=(整批货物的声明价值-20×货物毛重×汇率)×0.5\%$$

运价的货币单位一般以起运地当地货币单位为准，费率以承运人或其授权代理人签发航空运单当天的费率为准。

2. 新型运价计费法

新型运价计费法是为了适应航空集装箱货物运输的快速发展而使用的一种运价计算法，它不区分货物的种类、等级，只要将货物装在集装箱或成组器中运输，就可以将装在飞机货舱里的集装箱或成组器作为计价单位来计算运费，即采用成组货物运价，它适用于集装板或集装箱货物。

对于集装货物运价，目前主要采取以下三种形式。

（1）大宗货集装器运价（bulk unitization charge，BUC）。此种运价以一个集装器为单位，对装有货物的集装器规定了最低收费重量和最低收费金额。当装有货物的集装器重

量超过规定的最低收费重量时，超出部分（扣除集装器的自重）应按规定的费率支付附加超重费。

（2）集装器运价（ULD）。此种运价是按集装器的重量与规定的费率予以收费。它通常根据是使用航空公司的集装器还是使用货方自备集装器而分别定价。目前，我国始发站不办理由托运人或代理人自备集装器的货运业务。

（3）包箱运价（FAK）。这种运价是不管装运货物的种类，而是根据装运在集装器中的货物体积制定统一的费率，从而简化了手续，也有利于市场竞争。

第三节 国际集装箱多式联运运价的制定和运费的计收

一、集装箱多式联运成本的构成

由于集装箱多式联运经营人开展业务时需要依靠船公司、港口、内陆运输公司、装卸仓储公司等运输服务供应商来完成具体的运输业务，所以集装箱多式联运经营人的总成本包括运输总成本和经营管理费两大部分。

（一）运输总成本

运输总成本是指多式联运经营人为获得运输、仓储等服务而需要支付给各运输服务供应商的运输费用。

运输总成本的构成、大小与多种因素有关，其中影响最大的是集装箱货物的运输方式和交接方式。由海上运输方式组成的国际集装箱多式联运的运输总成本的结构如表 6-4 所示。

表 6-4　由海上运输方式组成的国际集装箱多式联运的运输总成本的结构

交 接 方 式	发货地陆运区间				海上运输区间	收货地陆运区间			
	A	B	C	D	E	D	C	B	A
door—door		√	√		√		√	√	
door—CFS		√	√		√		√		√
door—CY		√	√		√		√		
CFS—door	√		√		√		√	√	
CFS—CFS	√		√		√		√		√
CFS—CY	√		√		√	√	√		
CY—Door			√	√	√		√	√	
CY—CFS			√	√	√		√		√
CY—CY			√	√	√	√	√		

注：A 为集装箱货运站（非码头内）服务费，包括集装箱货运站对拼箱货物的取箱、装箱、送箱、拆箱、理货，免费期间的堆存、签单、制单等各种作业所发生的费用。

B 为内陆集疏运费，包括通过铁路、公路、航空、沿海和内河支线网络向集装箱码头集中和疏散集装箱货物所发生的运输费用。

C 为装、卸车费，包括在码头的堆场、货运站等地点使用港区机械从货方接运的汽车、火车上卸下或装上箱子时的费用。

D 为集装箱码头堆场服务费，包括装船、卸船、船与堆场间搬运、免费期间的堆存及单证制作等费用。

E 为海运运费，是指海上运输区段的集装箱运输费用在实践中，集装箱码头堆场服务费一般按集装箱装卸包干费向船方计收并计入海运运费；装、卸车费通常也作为码头装卸包干费用的一部分计入海运运费。

（二）经营管理费

经营管理费是指多式联运经营人经营管理过程中自身的费用支出，主要包括多式联运企业与货主、各派出机构、代理人、实际承运人之间的通信费用、单证传递费用、单证成本及其他管理费用。这部分费用既可单独计算，又可分别加到不同区段的运输成本中一并计算。

对于全程运输中发生的报关手续费，申请监管运输（保税运输）手续费，全程运输中的理货、检查（商检、卫检等）以及由发货人或收货人委托的其他服务引起的费用，一般应单独列出并根据贸易交易条件规定由承担的一方或委托方收取，而不包含在单一费率之内。

二、集装箱多式联运运费的计算方式

如前所述，国际集装箱多式联运全程运费由多式联运经营人向货主一次计收。目前，多式联运运费的计算方式主要有单一运费制、分段运费制和混合运费制。

（一）单一运费制

单一运费制是指集装箱从托运到交付，所有运输区段均按照相同的费率计算运费。在西伯利亚大陆桥（SLB）运输中采用的就是这种计费方式。苏联从1986年起修订了原来的7级费率，采用了不分货种的以箱为计费单位的均一费率（FAK）。陆桥运输开办初期，从日本任何一个港口到布列斯特（苏联西部边境站）的费率均为1385卢布/TEU，陆桥运输的运费比班轮公司的海运运费低20%～30%。

（二）分段运费制

分段运费制是按照组成多式联运的各运输区段分别计算海运、陆运（铁路、汽车）、空运以及港站等各项费用，然后合计为多式联运的全程运费，由多式联运经营人向货主一次计收，再由多式联运经营人与各区段的实际承运人分别结算各运输区段的费用。目前，大部分多式联运的全程运费均采用这种计算方式，如欧洲到澳大利亚的国际集装箱多式联运、日本到欧洲内陆或北美内陆的国际集装箱多式联运等。

（三）混合运费制

从理论上讲，多式联运经营人应制定全程运价表且应采用单一运费率。然而，由于制定单一运费率是一个较为复杂的问题，因此作为过渡方法，目前有的多式联运经营人尝试采取混合运费制的计算方式：从国内接收货物地点至到达国口岸采取单一费率，向发货人收取（预付运费）；从到达国口岸到其内陆目的地的费用按实际成本确定，另向收货人收取（到付运费）。

此外，也有采取分段累加计收或者根据分段累加的总费用换算出单一运费率计收的方式。

课后练习

主要概念

亏箱运费 均一费率（FAK） 包箱费率（CBR） 运量折扣费率（TVC）

应知考核

一、单项选择题

1. FAK 费率是指（ ）。
   A．不同等级费率 B．均一费率
   C．重量/尺寸选择费率 D．近洋航线费率

2. 凡运往非基本港的货物，达到或超过规定数量，船舶可直接挂靠，但要收取（ ）。
   A．转船附加费 B．直航附加费
   C．港口附加费 D．选港附加费

3. 下列不属于国际货物集装箱运输中包箱费率的是（ ）。
   A．FCL B．FAK C．FCS D．FCB

4. 集装箱运费收入中最主要的部分是（ ）。
   A．海运运费 B．港区服务费
   C．集疏运费 D．货运站服务费

5. 租约规定"满载货物 1 万吨，船方有上下 5%的幅度选择"，船长宣载 9800 t，而租方实际提供 9500 t 货物，租方应付给船方的亏舱费为（ ）。
   A．300 t 的亏舱费 B．500 t 的亏舱费
   C．100 t 的亏舱费 D．无亏舱费

6. 一般而言，基于（ ）制定的运价应该是集装箱多式联运企业可承受的最低价格。
   A．成本定价法 B．需求定价法
   C．竞争法 D．综合定价法

7. 以高价商品的高费率补偿低价商品的低费率的集装箱运价确定原则是（ ）。
   A．运输服务成本原则 B．运输服务价值原则
   C．运输承受能力原则 D．竞争原则

二、多项选择题

1. 买卖双方的责任是以货物交给承运人或收货人为界限的贸易术语是（ ）。
   A．FOB B．FCA C．CPT D．CIP

2. 集装箱多式联运的计费方式主要有（ ）。
   A．单一运费制 B．分段运费制
   C．包干运费制 D．混合运费制

3. 集装箱整箱货通常采用（ ）方式计费。
   A．FAK B．FCS C．FCB D．CFS

4. 集装箱货物在进行"门到门"运输时，可通过多种运输方式完成整个运输过程，该过程包括的组成部分有（　　　）。

A. 出口国内陆运输　　　　　　B. 装船港运输

C. 海上运输　　　　　　　　　D. 卸船港运输

E. 进口国内陆运输

5. 下列属于班轮基本运费的计算方法有（　　　）。

A. 重量法　　　　　　　　　　B. 体积法

C. 从价法　　　　　　　　　　D. 综合法

E. 按件法

6. 铁路集装箱运输一口价包括（　　　）。

A. 铁路基本运价　　　　　　　B. 铁路建设基金

C. 新路新价均摊运费　　　　　D. 特殊运价

E. 杂费

7. 铁路集装箱运输一口价主要适用于（　　　）。

A. 集装箱国际铁路联运

B. 可按普通货物条件运输的集装箱危险品运输

C. 不可按普通货物条件运输的集装箱危险品运输

D. 冷藏、罐式、板架等专用集装箱运输

三、简答题

1. 简述国际集装箱海运运价的确定原则。

2. 简述国际集装箱运价的基本形式。

3. 简述集装箱全程运输所包含的费用。

4. 班轮基本运费的计算方法有哪些？

5. 班轮运输的主要附加费有哪些？

四、计算题

1. 某票货从我国张家港出口到欧洲费里斯托，经上海转船。2 ft×20 ft FCL，上海到费里斯托的费率是 USD 1850.00/20 ft，张家港经上海转船，其费率在上海直达费里斯托的费率基础上加 USD 100/20 ft，另有货币贬值附加费 10%、燃油附加费 5%。请问：托运人应支付多少运费？

2. 某进出口公司委托一国际货运代理企业代办一小桶货物以海运方式出口国外。货物的重量为 0.5 t，小桶（圆的）的直径是 0.7 m，桶高 1 m。货运代理企业最后为货主找到一杂货班轮运输公司实际承运该货物。货运代理企业查了船公司的运价本，运价本中对该货物运输航线、港口、运价等的规定为：基本运价是每运费吨支付 100 美元（USD 100/freight ton）；燃油附加费按基本运费增收 10%；货币贬值附加费按基本运费增收 10%；计费标准是"W/M"；起码提单按 1 运费吨计算，作为货运代理企业，请计算以下内容并告知货主。

（1）货物的计费吨（运费吨）。

（2）该批货物的基本运费。

（3）该批货物的附加费。

（4）总运费。

🔍 应会考核

案例分析

【背景资料】

"SEVERN"轮运费、亏舱费、滞期费纠纷案

原告：泛洋航运贸易公司（Pan Pacific Shipping & Trading S.A.）

被告：深圳蛇口万事达实业有限公司

1994年10月18日，原告与被告签订了一份金康格式航次租船合同，约定由被告租用原告"SEVERN"轮运输水泥原料，载货量为13 500～14 000 t，或多或少由原告选择。如果被告未能提供约定数量的货物，被告应按运费率支付原告亏舱费。装货港为中国日照的一个安全泊位，卸货港为孟加拉国吉大港的1～2安全泊位。运费为每吨20美元，经纪人佣金为5%，扣除佣金后的运费应于收到提单后7个银行工作日内支付。如果装卸准备就绪通知书在上午递交，则装卸时间从下午13:00开始起算；如果装卸准备就绪通知书在下午办公时间内递交，则装卸时间从下一个工作日上午6:00时开始起算；装货效率为每连续24小时晴天工作日4000 t，星期日和政府公布的节假日除外，除非已使用；卸货效率为每连续24小时晴天工作日1500 t，星期五和政府公布的节假日除外，即使使用；等候泊位的时间依情况计算为装货和卸货时间；船舶首次开舱和关舱所用的时间不计入装卸时间。如发生滞期，被告必须在装港和卸港按每日3500美元或按比例支付滞期费。速遣费由原告按滞期费的一半向被告支付。滞期费和速遣费应在真实、正确交货和收到船东的装卸时间事实记录后20天内支付。合同载明，"SEVERN"轮有四个起重吊机。发生与租船合同有关的纠纷，在广州适用英国法律仲裁。

1994年10月20日20:30，"SEVERN"轮抵达中国日照岚山港锚地。21日8:00装卸准备就绪通知书被收到和接受，12:15船舶办妥联检手续。21日，船长向被告出具载货声明，确认船舶该航次能载货13 800 t。同日15:08，"SEVERN"轮开始装货。23日为星期日，16:45—18:00因休息而暂停装货。24日2:00装货平舱完毕，共载货13 553.20 t。11月8日，被告支付原告运费257 471.07美元。同日15:36，"SEVERN"轮抵达孟加拉国吉大港并递交装卸准备就绪通知书。9日20:30开始卸货，24日6:15卸货完毕。其中，9日16:06—20:30为停靠泊位和首次开舱时间，10日1:15—9:00因雨而暂停卸货，11日和18日为星期五，21日7:30—8:45因工人罢工影响卸货。"SEVERN"轮在卸货期间因船上吊机绞车发生故障，分别在不同时间内造成一个舱或几个舱暂停卸货。按船上四个吊机每影响一个货舱卸货按四分之一计算影响卸货的时间，吊机绞车故障影响卸货的时间为36小时30.25分。1995年7月10日，原告将本航次运输的装卸时间事实记录和损失清单传真给被告，向被告收取亏舱费、滞期费、吊机维修费以及欠付的运费共计11 538.30美元。被告没有支付。

原告向海事法院提起诉讼，请求法院判令被告赔偿吊机修理费1000美元，支付运费、

亏舱费和滞期费共计 10 538.30 美元以及自 1995 年 7 月 30 日起至 1996 年 3 月 18 日止按年利率 10%计算的利息。起诉状副本和法院的应诉通知书送达后，被告应诉，没有提出管辖权异议。被告辩称：船舶实际载货量在合同约定的范围之内，没有造成亏舱。船舶没有联检，原告递交的装卸准备就绪通知书无效，装卸时间应从实际装卸起算。扣除合同约定的除外时间，船舶没有滞期。

资料来源：百度文库. 国际物流经典案件：轮运费、亏舱费、滞期费纠纷案[EB/OL].（2020-05-21）[2022-02-27]. https://wenku.baidu.com/view/eb467106b8f3f90f76c66137ee06eff9aff84948.html.

【考核要求】

该纠纷案应该怎样仲裁？

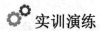 **实训演练**

请以进口澳洲牛肉运抵沈阳，采用冷藏货物海铁联运方式为例，考察其联运成本的构成。

第七章 国际多式联运实务

本章学习目标

- ❑ 了解多式联运的基础概念和特征。
- ❑ 掌握国际多式联运与一般国际货物运输的区别。
- ❑ 掌握国际多式联运的各种组织方法。
- ❑ 了解国际多式联运经营人的类型。
- ❑ 熟悉不同组织方式的国际多式联运的货运程序。

技能目标

- ❑ 能够基本合理地组织多种形式的国际多式联运货运。
- ❑ 能够辨明 IPI、MLB、OCP 运输的区别。

引导案例

2021 年 5 月 13 日上午，搭载着 13 车复合肥料的 X9101 次集装箱班列从南宁国际铁路港出发，由凭祥铁路口岸出境运往越南后转公路运抵老挝。这是广西开行的首趟"中国—越南—老挝"农资产品跨境多式联运班列，开辟了途经东盟两国的"铁路—公路"长距离运输新路线。

中国铁路南宁局集团有限公司南宁货运中心相关负责人介绍，通过打造跨境多式联运班列，采用铁路和公路联运的分段运输模式，货物仅需 4 天便可抵达老挝，运输时间较海运缩短 10 天以上，为货物按时运抵交付提供了可靠保障。

据介绍，这趟"中越老"农资产品跨境多式联运班列总行程约 1300 km，货物运抵老挝后将服务于当地农耕生产。据统计，截至 5 月 12 日，广西中越跨境班列已经开行 112 列，同比增长 69.7%。中越班列计划开至 300 列，更多的"中国制造"通过跨境班列走向东盟各国，服务"一带一路"倡议。

资料来源：光明网. 广西开行"中越老"跨境多式联运班列[EB/OL]. （2021-05-14）[2022-02-27]. https://m.gmw.cn/baijia/2021-05/14/1302292848.html.

第一节　国际多式联运概述

一、国际多式联运的定义与特征

（一）国际多式联运的定义

目前，关于多式联运（multimodal transport）最具有权威性和影响力的定义是1980年《联合国国际货物多式联运公约》中所提出的"按照多式联运合同，以至少两种不同的运输方式，由多式联运经营人将货物从一国境内接管货物的地点运至另一国境内指定交付货物的地点。为履行单一方式运输合同而进行的该合同所规定的货物接送业务，不应视为国际多式联运"。

（二）国际多式联运的特征

（1）必须订立多式联运合同。在国际多式联运中，多式联运经营人必须与托运人订立多式联运合同。所谓多式联运合同，是指多式联运经营人凭以收取全程运费，使用两种或两种以上不同运输工具，负责组织完成货物全程运输的合同。在分段联运中，托运人必须与不同运输区段的承运人分别订立不同的合同，而在多式联运中，无论实际运输有几个区段，也无论有几种不同运输方式，均只需订立一份合同——多式联运合同。托运人只与多式联运经营人有业务和法律上的关系，至于各区段的实际承运人，托运人不与他们发生任何业务和法律上的关系。

（2）必须由多式联运经营人对全程运输负责。按照多式联运合同，多式联运经营人必须对从接货地至交货地的全程运输负责，货物在全程运输中的任何实际运输区段的灭失损害以及延误交付，均由多式联运经营人以本人身份直接负责赔偿，尽管多式联运经营人可向事故实际区段承运人追偿，但这并不能改变多式联运经营人作为多式联运合同当事人的身份。

（3）必须是两种或两种以上不同运输方式组成的连贯运输。多式联运是至少包括两种不同运输方式的连贯运输，如海铁联运、海公联运、海空联运等。因此，判断一个联运是否为多式联运，不同运输方式的组成是一个重要因素。例如，目前许多船公司开展的海—海联运由契约承运人签发全程联运提单，对全段运输负责，通过一程船、二程船的接力形式将货物从起运港运至最终目的地，但这种联运只使用了一种运输方式，不属于多式联运的范畴。

（4）必须是国际货物运输。多式联运必须将承运的货物从一国境内接管货物的地点运至另一国境内指定交付货物的地点，是一种国际货物运输，这有别于同一国境内采用不同运输方式组成的联合运输。例如，国际海运与国内陆路运输属于多式联运。

（5）必须签发多式联运单证。多式联运经营人作为多式联运的总负责人，在接管货物后必须签发多式联运单证，从发货地直至收货地，一单到底，发货人凭多式联运单证向银行结汇，收货人凭多式联运单证向多式联运经营人或其代理人提领货物。因此，多式联运单证一经签发，表明多式联运经营人已收到托运人的货物并对货物的全程运输开始负有责任。多式联运单证的签发同时也证明了多式联运合同，即托运人和多式联运经营人是在多式联运合同下进行货物的交接和多式联运单证的签发的。

此外，多式联运单证一经签发，多式联运经营人应保证将货物运至另一国指定交付地并将货物交付指明的收货人或多式联运单证的持有人。

（6）必须是单一的运费率。海上、铁路、公路以及航空各种单一运输方式的成本不同，因而其运费率也不同。在多式联运中，尽管组成多式联运的各运输区段的运费率不同，但托运人与多式联运经营人订立的多式联运合同中的全程运费率是单一的，即以一种运费率结算从接货地至交货地的全程运输费用，从而大大简化和方便了货物运费的计算。

二、国际多式联运的优点和缺点

（一）国际多式联运的优点

（1）责任统一，手续简便。在国际多式联运方式下，无论货物的运输距离有多远，由几种运输方式共同完成，运输途中货物经过多少次转换，所有运输事项均由多式联运经营人负责办理，而托运人只需办理一次托运，订立一份运输合同，一次支付费用，一次保险，从而省去托运人办理托运手续的许多不便。

（2）节省费用，降低运输成本。由于多式联运采用一份货运单证，统一计费，因而也可简化制单和结算手续，节省人力和物力。此外，一旦运输过程中发生货损、货差，由多式联运经营人对全程运输负责，从而也可简化理赔手续，减少理赔费用。

由于多式联运可实行"门到门"运输，因此对货主来说，在货物交由第一承运人以后即可取得货运单证并据以结汇，从而提前了结汇时间。这不仅有利于加速货物占用资金的周转，而且可以减少利息的支出。

此外，由于货物是在集装箱内进行运输的，因此从某种意义上来看，可相应地节省货物的包装、理货和保险等费用的支出。

（3）缩短货物运输时间，减少库存和货损、货差事故，提高货运质量。在国际多式联运方式下，各个运输环节和各种运输工具之间配合密切、衔接紧凑，货物所到之处中转迅速、及时，大大缩短了货物的在途停留时间，从根本上保证货物能安全、迅速、准确、及时地运抵目的地，因而也相应地降低了货物的库存量和库存成本。

同时，多式联运是通过集装箱为运输单元进行直达运输的，尽管货运途中必须经过多次转换，但由于使用专业机械装卸且不涉及箱内货物，因而货损、货差事故大为减少，从而在很大程度上提高了货物的运输质量。

（4）运输组织水平提高，运输更加合理化。对于区段运输而言，由于各种运输方式的经营人自成体系，因而其经营业务范围受到限制，货运量也相对有限。而一旦由不同的经营人共同参与多式联运，经营的范围可以大大扩展，同时可以最大程度地发挥各经营人现有设备的作用，选择最佳运输线路，组织合理化运输。

另外，从政府角度来看，发展国际多式联运具有重要的意义：有利于加强政府对整个货物运输链的监督与管理；可保证本国在整个货物运输过程中占有较大的运费收入比例；

有助于引进新的、先进的运输技术；减少外汇支出；改善本国基础设施的利用状态；通过国家的宏观调控与指导职能保证使用对环境破坏最小的运输方式，达到保护本国生态环境的目的。

（二）国际多式联运的缺点

国际多式联运是一种比区段运输更高级的运输组织形式，20 世纪 80 年代开始，国际多式联运已逐步在发展中国家得到应用。目前，国际多式联运已成为一种新型的重要的国际集装箱货物运输方式，受到国际航运界的普遍重视。

国际多式联运需要高度的协调性，是将各相关工作部门有机结合在一起的复杂的运输系统工程。如果某一环节失误，必将影响全局，甚至导致运输生产的停顿和中断。国际多式联运的缺点具体体现在货主、多式联运经营人、实际从事运营的企业和场站三个方面，如表 7-1 所示。

表 7-1　国际多式联运的缺点

有 关 方 面	缺　　点
货主	面临多式联运承运人的能力风险、道德风险；运输方式更换，货物转运次数多，提高了货物丢失、损害的风险
多式联运经营人	面临实际承运人的抵制和竞争，需要对实际承运人及其分包商的过失承担向货主的赔偿责任；需要对货主未付运费或货源落空而向实际承运人或其他分包商承担违约责任
实际从事运营的企业和场站	需要大量的初始投资和人力资源；导致空箱调运成本和空箱堆存成本等增加；如果集装箱的调度调配不当，也会造成集装箱在场站的积压，产生大量的堆存费

三、国际多式联运与一般国际货物运输的区别

国际多式联运极少由一个经营人承担全部运输工作，多式联运经营人往往是在接受货主的委托后自行办理一部分运输工作，而将其余各段的运输工作再委托给其他承运人，这不同于单一的运输方式，这些接受多式联运经营人转托的承运人只是依照运输合同关系对多式联运经营人负责，与货主不发生任何业务关系。因此，多式联运经营人可以是实际承运人，也可以是无船承运人（non-vessel operating common carrier，NVOCC）。国际多式联运与一般国际货物运输的主要区别体现在以下几个方面。

（一）货运单证的内容与制作方法不同

国际多式联运大都为"门到门"运输，因此于货物装船、装车或装机的同时，应由实际承运人签发提单或运单，多式联运经营人签发多式联运提单，这是多式联运与任何一种单一的国际货运方式最根本的不同之处。在此情况下，海运提单或运单上的发货人应为多式联运经营人，收货人和通知方一般应为多式联运经营人的国外分支机构或其代理；多式联运提单上的收货人和发货人则是真正的、实际的收货人和发货人，通知方则是目的港或最终交货地点的收货人或该收货人的代理人。多式联运提单上除列明装货港、卸货港外，还要列明收货地、交货地或最终目的地的名称以及第一程运输工具的名称、航次或车次等。

（二）多式联运提单的适用性与可转让性与一般海运提单不同

一般海运提单只适用于海运，从这个意义上说，多式联运提单只有在海运与其他运输方式结合时才适用，但现在它也适用于除海运以外的其他两种或两种以上的不同运输方式的连贯的跨国运输（国外采用"国际多式联运单据"，可避免概念上的混淆）。

多式联运提单把海运提单的可转让性与其他运输方式下运单的不可转让性合而为一，因此多式联运经营人根据托运人的要求既可签发可转让的多式联运提单，又可签发不可转让的多式联运提单。如属前者，收货人一栏应采用指示抬头；如属后者，收货人一栏应具体列明收货人名称并在提单上注明"不可转让"。

（三）信用证上的条款不同

根据多式联运的需要，信用证上的条款应有以下三点变动。

（1）向银行议付时不能使用船公司签发的已装船清洁提单，而应凭多式联运经营人签发的多式联运提单，同时还应注明该提单的抬头如何制作，以明确可否转让。

（2）多式联运一般采用集装箱运输（特殊情况除外，如在对外工程承包下运出机械设备则不一定采用集装箱），因此应在信用证上增加指定采用集装箱运输条款。

（3）如不由银行转单，改由托运人（发货人）或多式联运经营人直接寄单，以便收货人或代理人能尽早取得货运单证，加快在目的港（地）提货的速度，则应在信用证上加列"装船单据由发货人或由多式联运经营人直寄收货人或其代理人"的条款。如由多式联运经营人寄单，发货人出于议付结汇的需要，应由多式联运经营人出具一份"收到货运单据并已寄出"的证明。

（四）海关验放的手续不同

一般国际货物运输的交货地点在装货港，目的地在卸货港，因而办理报关和通关的手续都是在货物进出境的港口。而国际多式联运货物的起运地大都在内陆城市，因此内陆海关只对货物办理转关监管手续，由出境地的海关进行查验放行。进口货物的最终目的地如为内陆城市，进境港口的海关一般不进行查验，只办理转关监管手续，待货物到达最终目的地时由当地海关查验放行。

第二节　国际多式联运的组织形式

国际多式联运是采用两种或两种以上不同运输方式进行联运的运输组织形式。这里所指的两种运输方式可以是海—陆、陆—空、海—空等，与一般的海—海、陆—陆、空—空等形式的联运有着本质的区别。后者虽也是联运，但仍是同一种运输工具之间的运输。众所周知，各种运输方式均有自身的优点与缺点。一般来说，水路运输具有运量大、成本低的优点；公路运输具有机动灵活、便于实现货物"门到门"运输的特点；铁路运输的主要优点是不受气候影响，可深入内陆和横贯内陆实现货物长距离的准时运输；而航空运输的主要优点是可实现货物的快速运输。由于国际多式联运严格规定必须采用两种或两种以上的运输方式进行联运，因此这种运输组织形式可综合利用各种运输方式的优点，充分体现社会化大生产、大交通的特点。

由于国际多式联运具有其他运输组织形式无可比拟的优越性，因而这种国际运输新形式已在世界各主要国家和地区得到广泛的推广和应用。目前，有代表性的国际多式联运组织形式包括海陆联运、陆桥运输、海空联运、江海联运。

一、海陆联运

海陆联运是国际多式联运的主要组织形式，也是远东—欧洲多式联运的主要组织形式之一。目前组织和经营远东—欧洲海陆联运业务的主要有班轮公会的三联集团、北荷、冠航和丹麦的马士基等国际航运公司以及非班轮公会的中国远洋运输公司、中国台湾长荣航运公司和德国那亚航运公司等。这种组织形式以航运公司为主体，签发联运提单，与航线两端的内陆运输部门开展联运业务。

海陆联运是由船舶和陆运工具相继完成的运输，可分为船舶与汽车、船舶与火车两种方式。由于汽车运费较高，经济运距较短，竞争力不如铁路，所以海陆联运主要是指海铁联运，竞争对手是陆桥运输。

二、陆桥运输

在国际多式联运中，陆桥运输（land bridge service）起着非常重要的作用，它是远东—欧洲国际多式联运的主要形式。

所谓陆桥运输，是指采用集装箱专用列车或卡车把横贯大陆的铁路或公路作为中间"桥梁"，使大陆两端的集装箱海运航线与专用列车或卡车连接起来的一种连贯运输方式。人们形象地把这种跨接大陆两端连接海运的铁路称为大陆桥。严格地讲，陆桥运输也是一种海陆联运形式。只是因为其在国际多式联运中具有独特地位，才在此将其单独作为一种运输组织形式。

利用大陆桥进行海铁海多式联运相比单一海运可缩短运输距离、节省运输时间和运输成本。

目前，国际多式联运主要有三座大陆桥，即位于欧亚大陆的欧亚大陆桥（西伯利亚大陆桥）、新欧亚大陆桥（中国大陆桥）和位于北美大陆的北美大陆桥。

（一）西伯利亚大陆桥

西伯利亚大陆桥（Siberian land bridge，SLB）是指使用国际标准集装箱，将货物由远东海运到俄罗斯东部港口，再经跨越欧亚大陆的西伯利亚铁路运至波罗的海沿岸如爱沙尼亚的塔林或拉脱维亚的里加等港口，然后再采用铁路、公路运输或海运将货物运到欧洲各地的国际多式联运的运输线路。

西伯利亚大陆桥于1971年由全苏对外贸易运输公司正式建立，是目前世界上最长的一条陆桥运输线。使用这条陆桥运输线的经营者主要是日本、中国和欧洲各国的货运代理公司。它大大缩短了从日本、远东、东南亚以及大洋洲到欧洲的运输距离和运输时间，由此可见它在沟通欧亚大陆、促进国际贸易中所处的重要地位。

西伯利亚大陆桥运输包括"海铁铁""海铁海""海铁公""海公空"四种运输方式，由俄罗斯的过境运输总公司（sojuztransit）担当总经营人，它拥有签发货物过境许可证的权利并签发统一的全程联运提单，承担全程运输责任。至于参加联运的各运输区段，则采用"互为托运、承运"的接力方式完成全程联运任务。可以说，西伯利亚大陆桥是较为典型的一条过境多式联运线路。

西伯利亚大陆桥凭借其所具有的优势承揽了不少远东、东南亚以及大洋洲地区到欧洲的货物运输业务，在短短几年内就有了迅速的发展。但是，西伯利亚大陆桥运输在经营管理上存在问题，港口装卸能力不足、铁路集装箱车辆不足、箱流严重不平衡以及严寒气候的影响等在一定程度上阻碍了它的发展。尤其是随着我国兰新铁路与中哈边境的土西铁路的接轨，一条新的"欧亚大陆桥"形成，为远东至欧洲的国际集装箱多式联运提供了又一条便捷的路线，使西伯利亚大陆桥面临严峻的竞争形势。

（二）新欧亚大陆桥

1990 年 9 月 12 日，随着我国兰新铁路与哈萨克斯坦土西铁路接轨，连接欧亚大陆的第二座大陆桥正式贯通。新欧亚大陆桥东起我国连云港，西至荷兰鹿特丹，途经哈萨克斯坦、乌兹别克斯坦、吉尔吉斯斯坦、塔吉克斯坦、俄罗斯、白俄罗斯、波兰、德国和荷兰等国，全长约 10 900 km。该陆桥为欧亚开展国际多式联运提供了一条便捷的国际通道。远东至西欧经新欧亚大陆桥的运距比经苏伊士运河的全程海运航线的运距缩短 8000 km，比通过巴拿马运河的运距缩短 11 000 km。远东至中亚、中近东经新欧亚大陆桥的运距比经西伯利亚大陆桥的运距缩短 2700～3300 km。新欧亚大陆桥运输线的开通缓解了西伯利亚大陆桥运力紧张的局面。

新欧亚大陆桥在我国境内经过陇海、兰新两大铁路干线，全长约 4131 km；在徐州、郑州、洛阳、宝鸡、兰州分别与我国京沪、京广、焦柳、宝成、包兰等重要铁路干线相连。新欧亚大陆桥于 1993 年正式运营，至此，亚太地区运往欧洲、中近东地区的货物可经海运至我国连云港上桥，出我国西部边境站阿拉山口后，进入哈萨克斯坦国境内边境站德鲁日巴换装，经独联体铁路运至其边境站、港，再通过铁路、公路运输或海运继至西欧、东欧、北欧和中近东各国。而欧洲、中近东各国运往亚太地区的货物则可经独联体铁路进入我国西部边境站阿拉山口换装，经我国铁路运至连云港后，再转船继运至日本、韩国、我国香港、我国台湾和菲律宾、新加坡、泰国、马来西亚等国家和地区。

（三）北美大陆桥

北美大陆桥（north american land bridge）是指利用北美的铁路从远东到欧洲的"海陆海"联运。该陆桥运输包括美国大陆桥运输和加拿大大陆桥运输。美国大陆桥有两条运输线路：一条是从美国西部太平洋沿岸至美国东部大西洋沿岸的铁路和公路运输线；另一条是从美国西部太平洋沿岸至美国东南部墨西哥湾沿岸的铁路和公路运输线。

美国大陆桥是于 1971 年年底由经营远东—欧洲航线的船公司和铁路承运人联合开办的"海陆海"多式联运线，后来几家美国班轮公司也投入营运。目前，主要有四个集团经营远东经美国大陆桥至欧洲的国际多式联运业务，这些集团均以经营人的身份签发多式联运单证，对全程运输负责。

加拿大大陆桥与美国大陆桥相似，由船公司把货物海运至温哥华，经铁路运到蒙特利尔或哈利法克斯，与大西洋海运相接。

北美大陆桥是世界上历史最悠久、影响最大、服务范围最广的陆桥运输线。据统计，从远东到北美东海岸的货物中有50%以上是采用双层列车进行运输的，因为采用这种陆桥运输方式比采用全程水运方式通常要快1～2周。例如，集装箱货从日本东京到荷兰鹿特丹港，采用全程水运，经巴拿马运河或苏伊士运河，通常需5～6周，而采用北美大陆桥运输仅需3周左右。

随着美国和加拿大大陆桥运输的成功营运，北美其他地区也开展了大陆桥运输。墨西哥大陆桥（Mexican land bridge）就是其中之一。该大陆桥横跨特万特佩克地峡，连接太平洋沿岸的萨利纳克鲁斯港和墨西哥湾沿岸的夸察夸尔科斯港，陆上距离约182 n mile。墨西哥大陆桥于1982年开始营运，目前其服务范围还很有限，对其他港口和大陆桥运输的影响还很小。

在北美大陆桥强大的竞争优势面前，巴拿马运河可以说是最大的输家之一。随着北美西海岸陆桥运输服务的开展，众多承运人开始建造不受巴拿马运河尺寸限制的超巴拿马型船（post Panamax ship），从而放弃使用巴拿马运河。可以预见，随着陆桥运输的效率与经济性的不断提高，巴拿马运河将处于更为不利的地位。

（四）其他陆桥运输形式

北美地区的陆桥运输不仅包括上述大陆桥运输，还包括小陆桥运输（mini land bridge，MLB）和微桥运输（micro bridge）等运输组织形式。目前，我国运往美国东海岸和内陆的货物主要以小陆桥和微桥运输方式安排运输。

小陆桥运输是指远东货物海运至美国西部太平洋沿岸港口，再转铁路将货物运至美国东部太平洋沿岸港口或加勒比海沿海地区交货的一种海铁多式联运方式。小陆桥运输是完整的多式联运，由运输经营人签发全程多式联运提单、收取全程运费并对全程运输承担责任。

MLB运输的前身为大陆桥运输，二者在运输组织方式上并无很大的区别，只是小陆桥运输货物的目的地为沿海港口。也就是说，北美小陆桥运输是指货物用国际标准集装箱从远东地区海运至美国西海岸港口，再由西部港口换装铁路集装箱专列或汽车运至北美东海岸和加勒比海区域的运输。大陆桥运输是把横贯美国的铁路作为"桥梁"，组成"海铁海"的多式联运方式，而小陆桥运输仅为海铁多式联运。按照国际多式联运的要求，其适用的贸易术语与传统海运采用的FOB、CFR、CIF不同，应为FCA、CPT或CIP。

微桥运输与小陆桥运输基本相似，只是其交货地点在内陆地区。例如，我国天津新港到美国内陆地区的货物，在美国西海岸港口卸货后，直接由陆路运到美国内陆地区的城市。这样就可免去收货人到港口办理报关、提货等进口手续的环节，方便货主。微桥运输也是完整的多式联运。

目前，美国是我国第一大贸易国，从我国运往美国内陆的集装箱货物中有相当一部分采用海铁联运或国际多式联运方式，除小陆桥和微桥运输外，还有 OCP 和 IPI 运输方式。

（五）OCP 运输

OCP（overland common point）是我国与美国签订贸易合同运输条款中的一个常见术语，译作"内陆公共点"。

所谓 OCP 运输，是指我国出口到美国的货物海运至美国西部港口（长滩、西雅图），卸货后再通过以铁路为主的陆路交通方式将货物运至 OCP 地区目的地交货的一种海铁分段联运方式。美国内陆区域以落基山山脉为界，除紧临太平洋的美国西部 9 个州以外，其以东的美国中部和西部约有 2/3 区域均属适用 OCP 的地区范围。

OCP 运输是一种特殊的国际运输方式，它虽然由海运、陆运两种运输形式来完成，但不是真正的多式联运。国际多式联运是由一个承运人负责的自始至终的全程运输，而 OCP 运输中，托运人必须分别与海运和铁运的承运人订立运输合同，两个承运人分别签发单据，运输与责任风险也是分段负责。因此，它是一种国际多式联营运输。

与过巴拿马运河、绕加勒比海至美国港口，再通过陆路运至美国东部或中部地区交货相比，OCP 运输可缩短运输距离、节省运输时间和运输成本，是一种较为合理的运输方式。

（六）IPI 运输

IPI（interior point intermodal）译作"内陆公共点多式联运"，所谓 IPI 运输，是指远东海运至美国西部港口，再转运铁路将货物运至 OCP 地区指定目的地交货的一种海铁多式联运。其运输方式、运输途径、运输经营人的责任和风险与 MLB 完全相同，只是交货地点不同。MLB 的交货地点是美国东部港口或加勒比海沿海地区，而 IPI 运输的交货地点是美国内陆主要城市。IPI 运输也是多式联运，运输经营人承担的责任从接收货物时起至交付货物时止，即对全程运输负责。

IPI 运输与 MLB 运输的相同之处是两者都是海铁多式联运，其主要区别是二者的交货地点不同；IPI 运输和 OCP 运输的运输线路和交货地点相同，但 IPI 运输是海铁多式联运，而 OCP 运输是海铁分段联运。

三、海空联运

海空联运又称为空桥运输（air bridge service）。在运输组织方式上，空桥运输与陆桥运输有所不同，陆桥运输在整个货运过程中使用的是同一个集装箱（不用换装），而空桥运输的货物通常要在航空港换入航空集装箱。不过，两者的目标是一致的，即以低费率提供快捷、可靠的运输服务。

海空联运方式始于 20 世纪 60 年代，但到了 80 年代才得到较大的发展。采用这种运输方式，运输时间比全程海运少，运输费用比全程空运便宜。20 世纪 60 年代，将远东船运至美国西海岸的货物，再通过航空运至美国内陆地区或美国东海岸，从而出现了海空联运。当然，这种联运组织形式是以海运为主，只是最终交货运输区段由空运承担。目前，国际海空联运线主要有以下几条。

（1）远东—欧洲。目前，远东与欧洲的航线有以温哥华、西雅图、洛杉矶为中转地的，也有以中国香港、曼谷、海参崴为中转地的。此外，还有以旧金山、新加坡为中转地的。

（2）远东—中、南美。近年来，远东至中、南美的海空联运发展得较快，因为此处港口和内陆的运输不稳定，所以对海空运输的需求很大。该联运线以迈阿密、洛杉矶、温哥华为中转地。

（3）远东—中近东、非洲、澳洲。这条联运线承担以中国香港、曼谷为中转地至中近东、非洲的运输服务。在特殊情况下，还有经马赛至非洲、经曼谷至印度、经中国香港至澳洲等联运线，但这些线路的货运量较小。

总的来讲，运输距离越远，采用海空联运的优越性就越明显，因为与完全采用海运相比，其运输时间更短；与直接采用空运相比，其费率更低。因此，从远东出发将欧洲、中南美以及非洲作为海空联运的主要市场是合适的。

四、江海联运

江海联运也叫作河海联运，是指利用发达的内陆水系进行的集装箱运输，是能耗最低、污染最小的联运方式。江海联运把海运和内河运输连接起来，能方便地把货物运至内河水系周围的广大地区。

目前世界范围内最典型的江海联运是利用莱茵河进行的欧洲内河连通海运的多式联运。莱茵河沿岸一些重要的工商业中心都通水路并建设了先进、高效的内河集装箱码头，开通了各内陆工商业中心到鹿特丹、安特卫普等海港的定期航班。频繁的定期航班既缩短了货物在海港的滞留时间，又保证了运输时间，方便又高效。

第三节　国际多式联运经营人

一、多式联运经营人概述

（一）多式联运经营人的概念

1980 年《联合国国际货物多式联运公约》第一条规定："'多式联运经营人'是指其本人或通过其代表订立多式联运合同的任何人，他是事主，而不是发货人的代理人或代表、参加多式联运的承运人的代表人或代表，并且负有履行合同的责任。"

多式联运经营人负责履行或者组织履行多式联运合同，对全程运输享有承运人的权利，承担承运人的义务。在运用集装箱运输开展多式联运业务时，国际多式联运经营人负责运输全程的安排、组织、协调与管理工作，将货物从发货人仓库途经海、陆、空等运输区段，最终运送到收货人仓库。通俗地说，国际多式联运经营人是经营国际多式联运的企业或机构，是全程运输的组织者，是负责完成或组织完成多式联运合同规定的货物全程运输的责任人。

多式联运经营人在全程运输中的职责是与托运人签订全程运输合同并对其负责，至于各运输区段的实际运输，则由联运经营人作为契约承运人分别与各运输区段的实际承运人签订分运输合同来完成，由实际承运人对契约承运人负责。联运经营人就是依据这种方式对全程运输实行统一组织、统一管理的。

由此可见，多式联运经营人是指本人或委托他人以本人名义与托运人订立一项多式联运合同并以承运人身份承担完成此项合同的责任人。

（二）多式联运经营人的类型和性质

1. 多式联运经营人的类型

按是否拥有运输工具并实际完成多式联运货物全程运输或部分运输，多式联运经营人可分为两种类型：承运人型和无船承运人型。

（1）承运人型多式联运经营人。这类多式联运经营人拥有或掌握一种或一种以上的运输工具，直接承担并完成全程运输中一个或一个以上的货物运输区段。因此，他不仅是多式联运的契约承运人，对货物全程运输负责，同时也是实际承运人，对自己承担区段的货物运输负责。这类经营人一般是由各种单一运输方式的承运人发展而来的。

（2）无船承运人型多式联运经营人。该类多式联运经营人不拥有或不掌握任何一种运输工具，而只是组织完成合同规定的货物的全程运输，仅是多式联运的契约承运人，对货物全程运输负责。这类经营人一般由传统意义上的运输代理人、无船承运人以及其他行业企业或机构发展而成。

我国规定，运输企业开展多式联运业务时，经营的多式联运部分应从原企业中分离出来成为独立法人。因此，我国的多式联运经营人均属于第二类。

2. 多式联运经营人的性质

国际多式联运经营人不是发货人的代理或代表，也不是参加联运的承运人的代理或代表，而是多式联运的当事人，是一个独立的法律实体。对于货主来说，他是货物的承运人，但对承运人来说，他又是货物的托运人。他一方面与货主签订多式联运合同，另一方面他又以托运人身份与分承运人签订各段运输合同，所以他具有双重身份。在国际多式联运方式下，根据合同规定，国际多式联运经营人只重视货物运输的总承运人，对货物负有全程运输的责任。

二、多式联运经营人应具备的条件及其经营方式

（一）多式联运经营人应具备的条件

从经营的角度来看，为了确保多式联运业务的稳定性，多式联运经营人必须具备以下基本条件。

（1）必须具有企业法人资格。经营多式联运的企业，必须在取得国家主管部门批准的经营资格后，到所在地区工商行政管理部门办理登记注册手续，取得企业法人资格。具备了独立经营权，企业或其委托代理人才能够与托运人、各区段承运人以及相关的其他关系人签订合同，从而经营货物多式联运，对货物的全程负责。

（2）具有从事多式联运所必需的专业知识、技能和经验。开展多式联运经营，必须具备丰富的专业知识、技能和经验，能全面、及时地了解和掌握贸易与运输的有关法律程序、

实务和市场的最新动态以及有关的实际承运人和码头、港站的费率水平与成本结构等，以便缮制多式联运单据和制定多式联运单一费率。

（3）具有一个较为完整的多式联运经营网络。开展多式联运经营，必须拥有覆盖客户业务范围、满足客户需要的服务网络，该网络通常由各分支机构、子公司、代理机构等组成；同时，应采用现代化的通信手段（如EDI）将网络的各机构和环节紧密地联系起来；要建立和开发自己的联运线路、集装箱货运站，以完善经营网络。

（4）具有与经营业务相适应的资金能力。开展多式联运经营，必须拥有足够的自有资金，以满足经营业务开展的需要；同时，一旦在运输全过程中发生货物的灭失、损害和延迟交付，必须有足够的资金能力承担对货主的赔偿责任。

（5）具有多式联运的运输单证。多式联运经营人从发货人或其代表手中接收货物后，即能签发自己的多式联运单据以证明合同的订立并开始对货物负责。为确保该单据作为有价证券的流通性，多式联运经营人必须在国际运输中具有一定的资信或令人信服的担保。

（6）具有组织社会各种运输方式的能力。多式联运经营人要完成运输任务，就要能把各具特色的运输方式融为一体，充分发挥不同运输方式的优越性，克服不同运输工具对单证、货物交接和设备等的要求不同造成的困难。

（二）多式联运经营人的经营方式

国际多式联运是国际货物的联合运输，根据国际多式联运和国际联运经营人必须具备的条件，联运线路的两端必须在两个不同的国家，在线路的两端以及中间各转接点上要有设备完整的派出机构、代理机构组成的网络，以完成货物交接和服务事宜，提供必要的信息，完成单证转递等业务。在这种情况下，承担国际多式联运业务的企业（即多式联运经营人）的经营方式通常有以下三种。

（1）企业独立经营方式，即企业在各线路两端和中间各转接点处均设（或派）有自己的子公司或办事处等形式的派出机构或分支机构，作为全权代表处理揽货、交接货、订立运输合同协议，处理有关服务业务等运输和衔接中所需要的一系列事务。一些较有实力的多式联运经营人在世界的重要地区、主要城市都设有办事处，联运过程中的所有工作（除各区段实际运输外）全部由自己的办事处或分支机构承担并完成。承运人型多式联运经营人多是这种经营方式（在成为多式联运经营人（MTO）以前，这类企业已经设立了许多办事处和分支机构）。

（2）两企业联营方式。这是指企业由位于联运线路两端国家的两个（或几个）类似的企业联合经营的方式，联营的双方互为合作人，分别在各自的国家内开展业务活动，揽到货物后，按货的流向和运输区段划分双方应承担的工作，在本国，自身是起运货物的总承运人，而对方企业是该项运输业务在对方国的代理，接续完成至交付货物为止的全部工作。两企业联合经营的紧密程度由双方协议确定，可以采用从互为代理、互付佣金直到双方分享利润、分摊亏损等不同形式。

（3）代理方式，即在线路的两端和中间各衔接地点委托国外（内）同业作为多式联运代理，办理或代为安排全程运输中的分承运工作和交接货物，签发或回收多式联运单证，制作有关单证，处理交换信息，代收、交费用和处理货运事故或纠纷等。这种代理关系可以是相互的，也可以是单方面的，在这种情况下，一般由国际多式联运经营人向代理人支付代理费用，不存在分利润、分摊亏损问题。

大多数无船承运人型国际多式联运企业均采用后两种形式。

 案例

日本邮船公司的多式联运服务

日本邮船公司（NYK）作为世界上著名的班轮公司之一，是传统的海运服务公司，该公司自 1896 年起便开始经营欧洲和远东的"港至港"服务。海运是 NYK 的主业，它拥有一支由 322 艘船舶组成的船队，每年承运七千多万吨货物。

航运业的利润下降和动荡使 NYK 开始重组和改变其经营战略，由提供单一的"港至港"服务转向更加细致、周到的"多式联运"服务。

NYK 集团提出了一个面向 21 世纪的公司战略，内部称为"NYK21"。"NYK21"的目标是使公司发展成为一个超越海上运输的全方位综合物流公司，也就是成为一个可以提供更广泛的服务种类的超级承运人。NYK 战略之一是计划首先通过其下属子公司在空运、货代、仓储和公路运输的运作上的协调一致来实现其战略联盟。

公司的目标是加强 NYK 的货运服务、物流活动、空运和陆上运输，使其占 NYK 年收入的 30%（目前占 10%）。NYK 努力建立一个围绕海、陆、空服务的多式联运体系，以实现其目标。该战略的核心部分在于 NYK 不断在世界主要地区发展其物流中心。1991 年，NYK 从联合承运集团（United Carriers Group）收购了三个欧洲运输和物流公司，作为其在欧洲建立物流网络体系的一部分。

NYK 的物流中心遍布全球并且不断有新的中心建成，这些中心经营的远远不只仓储业务，NYK 将它们看作集中向客户提供一定程度的物流服务的中心，如存货管理和订单处理。NYK 物流中心的经营理念是积极向客户推销，提供客户集中存货控制的好处，以达到缓解存货紧缺和减少运输设备的目的。每个中心均有陆、海、空运输的专业人才和自己的货物集中与分送网络。NYK 认为，信息技术是现代物流的重要基础并且使所有中心互相联网以提供全球货物跟踪。

一些 NYK 的物流中心甚至向客户提供更为广泛的物流服务。以新加坡物流中心为例，物流中心为日本电子产品制造商提供"物料需求计划服务"（MRP），NYK 认为这是一个物流提供者尚未开发的巨大的领域。

MRP 服务涉及将零件清单、卖方、日期和订单次数与主要生产计划相匹配，以保证生产进程能有最低费用和既定的物料。这种即定即到的服务可以建立在以及时生产（JIT）为经营理念的零库存的基础上。很明显，当零件数和卖方增加时，MRP 系统的复杂程度也随之提高。

NYK 认为，制造商与有经验的物流专家订立 MRP 合同，就可以获得优势。主要生产计划可以转换到 NYK 的计算机系统，MRP 就能同时执行，而且购货订单可以以 NYK 享有或不享有货物所有权的方式发到卖方手中。这样的系统对于客户来说，具有下列好处。

- 避免了采购安排和烦琐的文件。
- 避免了与卖方进行货币结算。
- 将人力释放到别的生产任务上。

过去，NYK有广泛的地理覆盖范围，但仅经营有限的业务。要在竞争中成为超级承运人，就必须在一些领域里加入复杂的技术，如存货管理和产品配送。NYK公司战略目标的确野心勃勃，然而，NYK的全球能力以及与许多有实力的制造商的牢固关系表明：他们在走向明日超级承运人的道路上正迈着坚定的步伐。

NYK的实践表明下列策略是值得借鉴的。

（1）改变原有单一的运输范围种类，向多式联运和服务多元化发展，同时不断根据客户的需求调整服务范围并提高服务质量。

（2）加强公司本部的协调，避免由于信息滞后或传达不及时而造成损失。

（3）根据本公司的发展战略，考虑采用兼并手段进入该国市场得到被兼并方的技术和网络体系。

（4）建立遍布全球各重要地区的物流中心，加强各物流中心的联络，以保证向客户提供及时准确的服务和信息，充分利用先进的信息技术发挥物流中心综合信息的功能。

资料来源：百度文库. 案例4：日本邮船公司的多式联运服务[EB/OL]. （2020-05-01）[2022-04-06]. https://wenku.baidu. com/view/a899c8ac571810a6f524ccbff121dd36a32dc48f.html.

第四节　国际多式联运货运业务程序

多式联运经营人是全程运输的组织者。国际多式联运的主要业务及其程序如下。

（一）接受托运申请，订立多式联运合同

发货人或其代理人根据双方就货物交接方式、时间、地点、付费方式等达成的协议填写场站收据（货物情况可暂空）并把其送至联运经营人处编号，多式联运经营人编号后留下货物托运联，将其他联交还给发货人或其代理人。

（二）空箱的发放、提取以及运送

多式联运中使用的集装箱一般应由经营人提供，这些集装箱的来源可能有以下三个。

（1）经营人自己购置使用的集装箱。

（2）向租箱公司租用的集装箱，这类箱一般在货物的起运地附近提箱而在交付货物地点附近还箱。

（3）由全程运输中的某一分运人提供，这类箱一般需要在多式联运经营人为完成合同运输与该分运人（一般是海上区段承运人）订立分运合同后获得使用权。

如果双方协议由发货人自行装箱，则多式联运经营人应签发提箱单或将租箱公司或分运人签发的提箱单交给发货人或其代理人，由他们在规定日期到指定的堆场提箱并自行将空箱拖运到货物装箱地点，准备装货。如果发货人委托，亦可由经营人办理从堆场到装箱

地点的空箱拖运（这种情况需加收空箱拖运费）。

如果是拼箱货（或是整箱货，但发货人无装箱条件不能自装），则由多式联运经营人将所用空箱调运至接收货物的集装箱货运站，做好装箱准备。

（三）出口报关

如果联运从港口开始，则在港口报关；如果联运从内陆地区开始，应在附近的内陆地海关办理报关。出口报关事宜一般由发货人或其代理人办理，也可委托多式联运经营人代为办理（这种情况需加收报关手续费并由发货人负责海关派员所产生的全部费用）。报关时应提供场站收据、装箱单、出口许可证等有关单据和文件。

（四）货物装箱及接收货物

如果是发货人自行装箱，发货人或其代理人提取空箱后在自己的工厂和仓库组织装箱，装箱工作一般要在报关后进行并请海关派员到装箱地点监装和办理加封事宜。如需理货，还应请理货人员现场理货并与之共同制作装箱单。

如果是拼箱货物，发货人应负责将货物运至指定的集装箱货运站，由货运站按多式联运经营人的指示装箱。

无论装箱工作由谁负责，装箱人均需制作装箱单并办理海关监装与加封事宜。

对于由货主自装箱的整箱货物，发货人应负责将货物运至双方协议规定的地点（door或 CY），多式联运经营人或其代表（包括委托的堆场业务员）在指定地点接收货物。如果是拼箱货，经营人在指定的货运站接收货物。验收货物后，代表联运经营人接收货物的人应在场站收据正本上签章并将其交给发货人或其代理人。

（五）订舱及安排货物运送

多式联运经营人在合同订立之后，即应制订该合同涉及的集装箱货物的运输计划。该计划应包括货物的运输路线，区段的划分，各区段实际承运人的选择、确定以及各区段间衔接地点的到达、起运时间等内容。这里所说的订舱泛指多式联运经营人要按照运输计划安排洽定各区段的运输工具，与选定的各实际承运人订立各区段的分运合同。这些合同的订立可以由经营人本人（派出机构或代表）或其委托的代理人（在各转接地）办理，也可以请前一区段的实际承运人作为代表向后一区段的实际承运人订舱。

货物运输计划的安排必须科学并留有余地，同时工作中应相互联系，根据实际情况调整计划，避免彼此脱节。

（六）办理保险

在发货人方面，应投保货物运输险。该保险由发货人自行办理或由发货人承担费用，由经营人代为办理。货物运输保险可以是全程投保，也可以分段投保。

在多式联运经营人方面，应投保货物责任险和集装箱保险，由经营人或其代理人向保险公司或以其他形式办理。

（七）签发多式联运提单，组织完成货物的全程运输

多式联运经营人的代表接收货物后，多式联运经营人应向发货人签发多式联运提单。在把提单交给发货人前，应注意按双方议定的付费方式及内容、数量向发货人收取全部应付费用。

（八）运输过程中的海关业务

按惯例，国际多式联运的全程运输（包括进口国内陆段运输）均应视为国际货物运输。因此，该环节的工作主要包括货物和集装箱进口国的通关手续、进口国内陆段保税（海关监管）运输手续及结关等内容。如果陆上运输要通过其他国家海关和内陆运输线路，还应包括这些海关的通关和保税运输手续。这些涉及海关的手续一般由多式联运经营人的派出机构或代理人办理，也可由各区段的实际承运人作为多式联运经营人的代表代为办理。由此产生的全部费用应由发货人或收货人承担。

如果货物在目的港交付，则结关应在港口所在地海关进行。如果在内陆地交付，则应在口岸办理保税（海关监管）运输手续，海关加封后方可运往内陆目的地，然后在内陆海关办理结关手续。

（九）全程运输的协调管理

（1）不同运输方式之间的转运。国际多式联运是以至少两种不同运输方式组成的连贯运输，不同运输方式之间的转运衔接是保证运输连贯性、及时性的关键。由于运输工具、装卸设备和设施、转运点的选择以及各国规定和标准的不同，因此多式联运经营人或其代理人事前应对相关事项有充分的了解，以便根据各种不同具体情况和要求实现快速、顺利的转运。

（2）各运输区段的单证传递。多式联运经营人作为全程运输的总负责人，通常要与各运输区段实际承运人订立分运输合同，在运输区段发送地以托运人的身份托运货物，在运输区段的目的地又以收货人的身份提领货物。为了保证各运输区段货物运输的顺利进行，多式联运经营人或其代理人在托运货物后要将有关运输单证及时寄给区段目的地代理人。同时，如果该实际运输区段不是最后一程运输，多式联运经营人的代理人做好接货准备的同时，还要做好下一程运输的托运准备。

（3）货物的跟踪。为了保证货物在多式联运全程运输中的安全，多式联运经营人要及时跟踪货物的运输状况，如通过电报、电传、EDI、互联网在各节点的代理人之间传递货物信息，必要时还可通过GPS（全球定位系统）进行实时监控。

（十）货物交付

当货物运至目的地后，由目的地代理人通知收货人提货。收货人必须凭多式联运提单提货，经营人或其代理人需按合同规定收取收货人应付的全部费用，收回提单，签发提货单（交货记录），提货人凭提货单到指定堆场和地点（CFS）提取货物。

对于FCL交货的，如CY条款，货物卸船、收货人办妥进口清关手续后，委托集装箱码头整箱交货；如以door交货的，则由公路运输至收货人的工厂或仓库交货，交接双方以

箱体外表状况良好、封志完整为条件。对于以 LCL 交货的，交货地为合同指定的集装箱货运站，由集装箱货运站代表多式联运经营人拆箱、分票、堆存于仓库，收货人办妥进口清关手续后，以散件方式提运。

课后练习

主要概念

国际多式联运　陆桥运输　OCP 运输　多式联运经营人

应知考核

一、单项选择题

1. 国际多式联运具有的特点不包括（　　）。
   A. 签订一个运输合同
   B. 采用一种运输方式
   C. 采用一次托运
   D. 一次付费

2. 在国际货运中，拼箱货一般由承运人在（　　）对不同发货人的货物进行拼装。
   A. 集装箱堆场
   B. 集装箱货运站
   C. 发货人仓库
   D. 码头

3. NVOCC 是指（　　）。
   A. 托运人
   B. 班轮公司
   C. 无船承运人
   D. 国际海上货运代理人

4. 多式联运经营人对货物承担的责任期限是（　　）。
   A. 自己的运输区段
   B. 全程运输
   C. 实际承运人运输区段
   D. 第三方运输区段

5. （　　）不属于水路运输的优点。
   A. 运量大
   B. 成本低
   C. 速度快
   D. 货损少

6. 在集装箱多式联运中，（　　）成为典型工艺流程的第一个和最后一个环节。
   A. 航空运输
   B. 公路运输
   C. 水路运输
   D. 管道运输

7. 下列就集装箱货物积载和堆存的说法错误的是（　　）。
   A. 货物在箱子内的重量分布应当均衡
   B. 货物之间一般不能留有空隙
   C. 空箱、实箱应分别堆存
   D. 不得装载危险货物

8. 在 FOB 的贸易术语下，由（　　）负责租船订舱。
   A. 买方
   B. 卖方
   C. 船舶代理人
   D. 承运人

二、多项选择题

1. 在国际货物运输中，集装箱可以用于（　　　）。
   A. 多式联运　　　　　　　　　　B. 公路运输
   C. 铁路运输　　　　　　　　　　D. 海洋运输

2. 世界上比较有影响的陆桥运输线是指（　　　）。
   A. 西伯利亚大陆桥　　　　　　　B. 北美陆桥
   C. 新欧亚大陆桥　　　　　　　　D. 海空联运

3. （　　　）属于国际货物运输代理企业的经营范围。
   A. 国际展品运输代理　　　　　　B. 国际多式联运
   C. 私人信函快递业务　　　　　　D. 报关、报检

4. 开展多式联运的基本条件包括（　　　）。
   A. 多式联运经营人必须与发货人订立多式联运合同，多式联运经营人必须对全程运输负责
   B. 即使是国际多式联运，多式联运经营人接管的货物也无须是国际运输的货物
   C. 使用两种或两种以上的不同运输方式，而且必须是不同运输方式下的连续运输
   D. 多式联运的费率为全程单一运费费率

5. NVOCC 是（　　　）。
   A. 订合同的人　　　　　　　　　B. 收运费的人
   C. 收差价的人　　　　　　　　　D. 对运输承担责任的人

三、简答题

1. 简述国际集装箱多式联运的构成要件和优越性。
2. 国际多式联运的基本特征有哪些？

🔍 应会考核

一、案例分析

　　印度孟买某电视机进口商与日本东京一厂家签订了货物买卖合同。合同规定采用集装箱进行"门到门"运输。负责运输的货运代理向卖方计收了全程运费并签发了 FIATA 的联运提单，承担合同承运人的责任。

　　货物是拼箱货，货运代理在其东京货运站装箱后，用卡车运至神户装船发运孟买。买方不愿意承担交货前的风险，卖方不愿意承担海运和在孟买的风险。此时，买卖双方选择何种价格条款为好？货运代理的风险应如何转移？

资料来源：百度文库.【国贸】案例分析[EB/OL].（2011-11-27）[2022-04-06]. https://wenku.baidu.com/view/28957f096c85ec3a87c2c5ac.html.

二、技能题

　　中国香港某出口商委托一多式联运经营人作为货运代理，将一批半成品的服装经孟买

转运至印度的新德里。货物由多式联运经营人在其货运站装入两个集装箱且签发了清洁提单，表明货物是处于良好状态下接收的。集装箱经海路从中国香港运至孟买，再由铁路运至新德里。在孟买卸船时发现其中 1 个集装箱外表损坏。多式联运经营人在该地的代理将此情况于铁路运输前通知了铁路承运人。当集装箱在新德里开启后发现，外表损坏的集装箱所装货物严重受损；另一集装箱虽然外表完好，铅封也无损，但内装货物已受损。中国香港出口商要求多式联运经营人赔偿其损失是否合理？

资料来源：百度文库. 国际贸易实务货运代理案例分析[EB/OL]. （2018-11-21）[2022-04-06]. https://wenku.baidu.com/view/625a4d86900ef12d2af90242a8956bec0875a500.html.

实训演练

大连某冰箱空调厂计划每月从大连工厂将 2000 台空调运至鹿特丹某销售商场，需要运输承运人。假设你是一家国际多式联运企业的负责人，现承接此项业务，请简述运输方案设计中的影响因素，列举出可能的运输方案并提出最佳方案。

第八章 集装箱运输与多式联运货损事故处理与保险

本章学习目标

- ❑ 了解发生集装箱事故的主要原因。
- ❑ 熟悉集装箱货运事故理赔和索赔的手续和程序。
- ❑ 了解多式联运经营人的赔偿责任及其限额。
- ❑ 掌握国际集装箱多式联运保险的特征。
- ❑ 理解多式联运货损事故处理的主要特点。

技能目标

- ❑ 能够找出发生集装箱事故的原因。
- ❑ 能够做好国际多式联运货损事故处理工作。

引导案例

海上集装箱运输经过近 60 年的发展，以经济、高效、便利的优势为各国之间的贸易来往和全球经济发展提供了强有力的支撑，已经成为当前国际航运的重要方式。

然而在运输过程中，集装箱重量超过安全载重上限的情况时有发生，轻则出现箱体变形、底板脱落，重则造成集装箱堆放坍塌、设备和货物损坏，甚至可能导致人员伤亡，给码头作业和船舶航行造成不可预估的风险。

2007 年 2 月，Unifeeder 的 "Annabell" 轮箱堆总重量严重超过箱堆底部最大承受力，导致集装箱受损；2015 年 5 月，"MAERSKKARACHI" 轮在码头装卸期间由于货物超重导致起重机吊臂断裂并造成人员伤亡；2017 年 1 月，"MSC Napoli" 轮在英吉利海峡遭遇恶劣天气，主机失灵，在被拖回附近波特兰港途中船身发生裂缝，事后调查发现集装箱重量瞒报超载是导致船舶在拖航过程中断裂的主要原因。

为保障海上集装箱运输安全，国际海事组织海上安全委员会于 2015 年第 94 届会议上通过了《1974 年国际海上人命安全公约》第 VI/2 条修正案[第 MSC.380（94）号决议]，要求载货集装箱在交付船舶运输前应当对其重量进行验证并于 2016 年 7 月 1 日起强制生效。

资料来源：信德海事. 新规实施下集装箱强制称重的监管现状及建议[EB/OL]. （2020-10-06）[2022-02-27]. https://mp.weixin.qq.com/s/znTGoSoiQICdS0Cx9vfc8w.

第一节　集装箱运输货损事故处理

一、集装箱运输货损事故发生的主要原因

集装箱运输货损事故发生的原因是多方面的，主要包括以下几个。

（1）货物本身或包装方面存在缺陷。例如，木板箱包装没有足够的强度，造成木箱破损、货物倒塌。又如，进口采用"门到门"运输方式的奶粉，因其包装纸太薄，在拆箱时造成破损。再如，装箱配载时忽视了货物可能产生的互抵性，造成箱内不同性质的货物相互损害等。

（2）集装箱本身的缺陷。集装箱自身结构、材料或设备的不足以及操作不当也可能造成货损，如因集装箱防雨密封性能不良、附属器具不良、箱内清扫不彻底、选用不适货的集装箱等造成的对箱内货物的损害。

（3）货物装毕封箱或掏箱取货不当。货物装毕封箱或掏箱取货不当主要是指由于工作人员缺乏业务知识或工作经验，在操作时导致货物损坏。例如，箱门密封垫损坏、损缺或密封垫老化等原因造成箱门不密封，而使箱内货物受潮损坏。

（4）箱内货物积载或系固不当。集装箱在运输过程中不断地受到振动、颠簸和摇晃，装在箱内的货物如果缺乏必要的绑扎、衬垫和加固或者重量分布不均匀，一旦遇上大风浪，就会在剧烈晃动中相互撞击和摩擦，导致货物受损。

（5）运输途中对温度、湿度的变化考虑不周。在众多影响货物质量的因素中，周围环境的温度、湿度是最重要的，它会引起货物自身的物理变化，使货物受损，而集装箱运输是国际性的，要经过热带、温带和寒带地区，周围环境的变化很大。

（6）集装箱种类选择不当。例如，需装在封闭式集装箱内的货物却选择了开顶集装箱，结果造成货物损坏。又如，运输钢铁制品采用开顶集装箱，但没有采取遮盖物遮盖，而导致货物生锈。

（7）集装箱内货物被盗，如由于封箱铅封破损或不严等原因导致集装箱箱内货物被盗等。

（8）集装箱处理不当和外来事故。例如，装卸作业中的碰撞、破损、跌落等，航海运输中的箱位移动、海水侵入、积载不当、加固不良、暴风雨袭击等，陆路运输中的装载、加固不当或发生交通事故等，还有因保管不善引起的，如堆场里的集装箱，上层空箱由于受台风影响而发生移位现象，擦伤下层集装箱的箱顶以及诸多的偷盗灭失、错装误发等。

（9）集装箱装卸操作中的问题。这是指由于操作人员的技术不精湛、操作不熟练而发生的货损事故等。例如，吊运作业中集装箱发生碰撞而导致箱体受损等。

（10）偶然性事故的发生。这是指不可抗力等原因造成的事故，如集装箱堆场遭受台风影响，集装箱货堆上层空箱发生位移，导致下层集装箱箱顶破损而使箱内货物受损。

二、集装箱保险

为了减少由于集装箱运输货损事故造成的损失，通常采用为集装箱和集装箱货物购买保险的措施。

（一）集装箱保险的类别

集装箱保险的险别有全损险和综合险。

（1）全损险。全损险是针对集装箱全部损失的保险。

（2）综合险。综合险是针对集装箱全部损失或部分损失的保险，保险内容包括沉没、触礁、搁浅、碰撞引起的全部损失或部分损失，陆上或空中运输工具的碰撞、倾覆及其他意外事故引起的全部损失或部分损失和外来的火灾、爆炸等引起的全部损失或部分损失。

（二）集装箱保险的除外责任

集装箱保险的除外责任是指在下列情况下，保险公司可免除责任。

（1）由于集装箱不符合国际标准或其内在缺陷、特性以及工人罢工等引起的损失和费用。

（2）正常磨损和修理的费用。

（3）集装箱战争险条款规定的承保责任、除外责任和费用。

（4）与投保集装箱经营有关的或由其引起的第三者责任和费用。

（三）保险的责任起讫

定期保险的起讫时间以保险单规定的日期为准。

（四）保险赔款

保险的赔款额应按下列因素确定。

（1）集装箱全损时，全部赔付。

（2）集装箱部分损失时，部分赔付修理或作为推定全损处理。

（3）赔付保险费后，追赔权属保险公司。

三、集装箱货物保险

对集装箱货物保险的责任应做以下认定。

（1）进口集装箱货物运输保险责任按原运输保险单责任范围认定，但保险责任至原保险单载明的目的港收货人仓库终止。

（2）集装箱货物运抵目的港，原箱未经启封而转运内地的，其保险责任至转运目的地的收货人仓库终止。

（3）如果集装箱货物运抵目的港或目的港集装箱转运站，经启封开箱，全部或部分箱内货物仍需继续转运内地，被保险人或其代理人必须征得目的港保险公司同意，按原保险条件和保险金额加批加费手续后，保险责任可至转运单上标明的目的地收货人仓库终止。

（4）集装箱在目的港转运站收货人仓库或转运至目的地收货人仓库，被发现箱体明显损坏、铅封被损坏或灭失或铅封号码与提单、发票所列号码不符时，被保险人或其代理人或收货人应保留现场，保存原铅封并立即通知当地保险公司进行联合检查。

（5）凡集装箱箱体无明显损坏、铅封完整，经启封开箱后发现内装货物数量、规格等与合同规定不符，或因积载或配载不当导致残损，不属于保险责任。

（6）进口集装箱货物残损或短缺涉及承运人或第三方责任的，被保险人有义务先向有关承运人或第三方取证，进行索赔和保留追索权。

（7）装载货物的集装箱必须具有合格的检验证书，如因集装箱不适货而造成货物残损或短少，不属于保险责任。

四、集装箱货运事故的理赔和索赔

理赔是指受理他人提出的事故经济损失的责任赔偿的事务性处理工作；索赔是指向他人提出的因事故造成经济损失的追索经济补偿的事务性处理事宜。也就是说，一旦事故发生，当事人之间也可能涉及负有连带责任的第三方之间将进行事故善后处理的全过程，称为理/索赔过程。负有赔偿或经济给付责任的一方称为理赔方；享有经济补偿或责任赔偿权利的一方称为索赔方；既是理赔方又是索赔方的一方，称为负有连带责任的第三方。要说明的是，第三方虽与事故发生有直接的因果关系，在经济赔偿上，既有可能会因合约或协议的免除责任、限额赔付等免赔条件而免责，又有可能因权利转让后追偿不足而遭受一定的经济损失。

（一）事故处理和施救措施

对集装箱码头，无论采取多么完善的安全防范措施，总是难免会有事故发生。即使码头不发生负有责任的意外事故，不会造成他人的损失，但他人在装卸作业过程中也难免会发生事故。一旦事故发生，集装箱码头应进行以下事故处理工作。

（1）保护现场，维护秩序，拍摄现场，记载事实。

（2）事故责任部门或涉及者应立即向上一级主管部门报告。

（3）召开事故分析会。

（4）通知事故涉及方和保险人。

（5）采取行之有效的施救措施，减少事故损失，不致扩大损失。

（6）当事人之间约定事故损失，不能约定者可请第三方参与。

（7）确定事故责任，按责任承担经济赔偿。

（8）码头责任者根据责任大小、有关法律条文以及定损公估报告等事实依据给予赔付。

（9）事故类别涉及相关的风险责任保险的，编制向保险人提出经济补偿的索赔报告并根据保险合约追索应该享有的损失补偿和经济给付。

（10）根据事故分析报告，落实相应的整改和防范措施，踏踏实实抓好安全生产，杜绝重复事故，遏制重大、大事故的发生。

在进行事故处理的同时，应积极对伤员进行医疗救助。

（二）事故经济损失

事故经济损失分为两种：一种是直接损失；另一种是间接损失。间接损失在一般情况下不予计算，如因事故发生而影响的利润收入以及影响第三方以外的经济收入（另有约定的除外）。

直接损失包括以下内容。

（1）事故本身的实质性物资损害。

（2）事故保护、整理、抢救等施救费用。

（3）修理费以及因修理而产生的其他必要费用。

（4）定损公估鉴定费。

（5）事故处理的必要行政开支。

（6）银行贷款利息。

（7）需要重新进口的物资，则增加运输费、保险费、理货费、检验费、仓储费等相关费用。

（8）诉至法院或提至仲裁机构的，则发生律师费、诉讼费以及其他必要的合理费用。

（9）事故发生之前，当事人已同第二方订有合约、协议者，其违约责任也应计算在内。然而，虽有违约的存在，但尚未产生或可以补救以致无任何经济损失的，可以不计。

（10）造成人身意外伤害、伤亡的，涉及抢救费、医疗费、医药费、丧葬费、抚恤费、抚养费或伤残补贴费、营养费、误工费、护理费、生活困难补助费等相关费用。

（三）理/索赔材料

合同成立通常有两种形式：一种是口头合同；另一种是书面合同。在事故处理的理/索赔过程中，口头承诺、口头合同一般不予采纳和接受，所以在事故处理和交涉中必须以书面材料进行交流、沟通，当事人之间互相收集、提供、整理、归卷入档，以便历史审查。

理/索赔的材料包括以下内容。

（1）事故的现场记载。内容要求原始、真实。

（2）现场录像、拍照。要求从前后、左右、上下各种角度拍摄。

（3）事故报告。详细说明事故发生的日期、时间、地点、环境、当事人、涉及者、事故原因、损害品名、目测损坏或伤害程度、初步处理意见。

（4）商检的检验报告或公估行的鉴定报告或理货报告等。

（5）事故损失的物体清单、价值、合同、发票等有效凭证。

（6）向责任方追索赔偿的索赔报告或受理损失方提出赔偿给付的理赔报告。

（7）如果是货损、货差、箱损、箱差、机损、船损事故，则需进出口仓单、装箱单、船舶规范等日常业务流转的有关单据。

（8）对于道路交通事故，需要公安局交警机关的责任认定书、裁决书、调解书、损失清单等有关单据。

（9）对于人身伤亡事故需要医疗报告、病史记录、医药费凭证、伤残证明、死亡证明等医院证明。

（10）与事故发生和事故损失或在事故处理中有因果关系的各种有效凭证等。

（四）理/索赔操作程序

在理/索赔操作过程中，要将事故的经济损失降低到最低程度，必须注意其操作程序，必要时还需要进行适当的技术性处理。目前，就码头的理赔而言，事故一发生，应立即通知事故损失方、保险人等有关单位进行现场查看，确定损坏或损失事实，然后对损害的主体进行检查、鉴定、测试、定损。如果损害主体是物体，该修理的立即修理，该重新购买或进口的则购买或进口。如果损害主体是人身，应住院医疗或医治至康复。如果造成伤残或死亡，则根据政府有关赔偿规定办理。最后由受损方向码头出具索赔报告。如果码头在该事故中确系事故的责任者，应按事故的责任大小进行比例赔付，如采取码头服务条款、运用海运提单背书条款或政府机构的有关法律规定的有限责任者进行限额责任赔付。如果该事故类别系码头责任保险，应编制索赔报告，就该码头赔付金额损失向保险人提出补偿，直至码头得到保险人的赔偿给付为止。但在此过程中需要注意的是：如果该事故的损害主体原已购买相关的风险责任保险，其受损方应首先向该损害主体的保险人提出索赔。由其保险人首先对该损害主体做出赔偿，同时由得到赔偿的受损方出具其权益转让书给保险人，然后由该保险人凭该权益转让书和有关赔偿凭证向码头提出追偿。码头根据国际惯例或经协商进行一次性协议赔偿。随后，码头仍可按协议赔偿的损失金额向负有码头操作风险责任的保险人提出经济补偿，保险人将根据同码头间的合约扣除免赔额后赔付给码头。

索赔程序则与理赔程序相反，码头则作为事故的受损方，一旦受损事故发生，除施救和收集有关证人、证词或事实证据、物权凭证、残损记录、货损价值等有关技术部门的测定报告外，尚需编制一份严密的、具有事实依据的、合情合理的索赔报告，向事故责任方提出全额赔偿。当然，也可以向码头的责任保险人提出索赔。但应注意的是，如果向其保险人提出索赔，得遭受保险合约中的免赔额损失，所以一般不急于采纳，除非该事故的责任方无能力赔偿或得不到应付的损失赔偿。

（五）索赔时效

当发生集装箱装卸或业务操作进行中的行为、自然灾害和外来的意外原因导致的任何事故或事件，任何一方都应以书面形式及时通知另一方。经事故施救、损失鉴定、分清责任、确定损失程度后，就应该及时向责任方或保险人提出索赔。如延误索赔时间，将会受到时效限制，受损方将由此而增加麻烦或蒙受更大的损失。

索赔时效包括以下几个方面的规定。

（1）财产保险项下的资产物资遭受损失之日起，必须在 1 年内提出索赔，如果遭盗窃，应在通知保险人后 10 天内提出索赔请求。

（2）海洋运输的保险货物，从被保险货物在最后卸载港全部卸离远洋海轮后起算，向保险人提出索赔的时效最多不超过 2 年。

（3）向承运人提出索赔的时效，最多不得超过 1 年；在时效内或者时效届满后，要向第三方提出追偿请求的，时效为 90 天。

（4）由集装箱码头责任造成货物或船舶损失的，索赔时效从码头编制货运记录或船损记录的次日起，不超过 180 天；涉及国外的，则索赔时效不超过 1 年（另有合约或法律规定的除外）。

（5）码头道路交通事故的保险车辆自事故车辆修验或交通民警对事故做出处理结果之日起 3 个月内不提出索赔或不提供各种必要大单证，即视作自愿放弃权益。

（6）码头员工的人身意外伤害应在事故发生之日起 30 天内通知保险人，2 年内必须以书面形式提出索赔申请，否则视作自动放弃权益处理。

（7）当事人之间相互索取各项违约金、滞纳金、速遣金或滞期费的时效均遵从有关规定或当事人之间的约定。

第二节　国际多式联运经营人的赔偿责任

一、国际多式联运经营人与业务相关人的责任关系

国际多式联运是由国际多式联运经营人将货物从一国境内接管货物的地点运至另一国境内指定地点交付货物。这里最重要的是必须订立国际多式联运合同。由于国际多式联运全过程要通过各种代理人、实际承运人等共同完成，因而各有关方之间的法律关系十分复杂。其中，既有国际多式联运经营人与托运人之间的合同关系，又有国际多式联运经营人与其受雇人之间的雇佣关系、与其代理人之间的代理关系、与分包承运人之间的承托关系以及托运人、收货人与多式联运经营人及其受雇人、代理人、分包承运人之间可能发生的侵权行为关系。对于如此错综复杂且权利、义务各不相同的法律关系，应掌握一点，即国际多式联运下的法律结构是调整国际多式联运经营人与托运人之间的合同关系的，而其他法律关系都附着在这一合同关系上并比照这一合同关系统一其权利和义务。

根据《联合国国际货物多式联运公约》的有关规定，国际多式联运合同的一方是国际多式联运经营人，包括其本人或通过其代表订立多式联运合同的任何人，他是事主，而不是托运人的代理人或代表、参加国际多式联运的承运人的代理人或代表，并且负有履行合同的责任。国际多式联运合同的另一方是托运人，托运人也是指其本人或通过其代理与国际多式联运经营人订立国际多式联运合同的任何人。国际多式联运经营人和他的受雇人、代理人和分包承运人的关系都适用代理关系，货物交由他们掌管应视为与交给国际多式联运经营人掌管具有相同效力。所以，《联合国国际货物多式联运公约》规定，国际多式联运经营人应对他的受雇人或代理人在其受雇范围内行事时的行为或不行为负赔偿责任，或对他为履行国际多式联运合同而使用其服务的任何其他人在履行合同的范围内行事时的行为或不行为负赔偿责任，一如他本人的行为或不行为。

同样，虽然托运人和收货人与国际多式联运经营人的代理人、受雇人没有合同关系，但可依据侵权行为提起诉讼。不过，在这种诉讼中，国际多式联运经营人的代理人、受雇人可享受与国际多式联运经营人同样的辩护理由和责任限制。这样既有利于货主与承运人之间行使追偿的权利，又使承运人一方得到应有的保护，而且也保障了以各种形式起诉都能得到同一法律效果，达到法律的统一性和公正性。

二、国际多式联运经营人的赔偿责任基础

关于国际多式联运经营人对承运人赔偿责任的基础，各单一运输公约的规定不一，但大致可分为严格责任制和过失责任制两种。严格责任制是指排除了不可抗力等有限的免责事由后，不论有无过失，承运人对于货物的灭失或损坏均负责赔偿。《国际铁路货运公约》《国际公路货运公约》等都采用了该种责任制。过失责任制是当承运人和其受雇人在有过失时负赔偿责任。这种责任制为《海牙规则》和1929年的《华沙公约》所采用。但海运过失责任制并不是完全过失，它附有一部分除外规定，如航行过失（船舶碰撞、触礁、搁浅）。至1978年通过的《汉堡规则》实行过失推定原则，才实现了较完整的过失责任制。

《联合国国际货物多式联运公约》对国际多式联运经营人赔偿责任基础的规定如下。

（1）国际多式联运经营人对于货物的灭失、损坏和延迟交付所引起的损失，如果造成灭失、损坏或延迟交付的事故发生于货物由其掌管期间，应负赔偿责任，除非国际多式联运经营人证明其本人、受雇人、代理人或其他人为避免事故的发生及其后果已采取一切符合要求的措施。

（2）如果货物未在明确议定的时间交付或者如无此种协议，而货物未在按照具体情况对一个勤奋的国际多式联运经营人所能合理要求的时间内交付，即延迟交付。

（3）如果货物未在上述条款确定的交货日期届满后连续90日内交付，索赔人即可认为这批货物业已灭失。

从上述规定可以看出，《联合国国际货物多式联运公约》在赔偿责任基础上仿照了《汉堡规则》实行的推定过失责任制。

此外，如果货物的灭失、损坏或延迟交付是由多式联运经营人本人，其受雇人、代理人或有关其他人的过失或疏忽与另一原因结合而产生的，根据《联合国国际货物多式联运公约》的规定，国际多式联运经营人仅对灭失、损坏或延迟交货可以归之于此种过失或疏忽的限度内负赔偿责任。但该公约同时指出，国际多式联运经营人必须证明不属于此种过失或疏忽的灭失、损坏或延迟交货的部分。

在国际货物运输中，一般的国际货运公约对延迟交货均有相应的规定，如《国际铁路货运公约》《国际公路货运公约》《华沙公约》等对延迟交货的规定较为明确。但有的对此则无明确规定，如海上运输，由于影响海上运输的因素很多，较难确定在什么情况下构成延迟交货，因而《海牙规则》对延迟交货未做任何规定。相比之下，《联合国国际货物多式联运公约》的规定是明确的。

在运输实务中，延迟交货的情况一旦发生，收货人通常会采取以下处理办法。

（1）接收货物，提出由于延迟交货而引起的损失赔偿。

（2）拒收货物并提出全部赔偿要求。

在上述第一种情况下，收货人提出的仅是由于运输延误而引起的损失赔偿，如由于延误造成工厂停工、停产，市场价格下跌等引起的损失以及由于延迟交货使收货人积压资金而产生的损失。

第二种情况的发生通常是指延迟交货超过《联合国国际货物多式联运公约》规定的期

限，即超过"确定的交货日期届满后连续 90 日"仍未交货，收货人则视该货物已经灭失。对此，收货人必须以书面形式通知国际多式联运经营人，否则国际多式联运经营人对延迟交货造成的损失不予赔偿。

三、国际多式联运经营人的赔偿责任限制

在现有的国际货运公约中，对于承运人的赔偿责任限制（limitation of liability），采用的赔偿标准不尽相同。《海牙规则》采用的是单一标准的赔偿方法，即只对每一件或每一货运单位负责，而不对毛重每千克负责。这种规定方法在实际应用中存在较大的缺陷，不符合国际贸易和运输业发展的需要。为此，1968 年制定的《维斯比规则》列入双重标准的赔偿方法，即既对每一件或每一货运单位负责，又对毛重每千克货物负责，同时，该规则对集装箱、托盘或类似的成组工具在集装或成组时的赔偿也做了规定，1978 年制定的《汉堡规则》也采用了这种赔偿方法。

《联合国国际货物多式联运公约》仿照《汉堡规则》的规定，也将这种双重赔偿标准列入了公约。不同的是，《联合国国际货物多式联运公约》不仅规定了双重标准的赔偿方法，也规定了单一标准的赔偿方法。

《联合国国际货物多式联运公约》按国际惯例规定国际多式联运经营人和托运人之间可订立协议，制定高于《联合国国际货物多式联运公约》规定的经营人的赔偿限额。在没有这种协议的情况下，国际多式联运经营人按下列赔偿标准赔偿。

（1）如在国际多式联运中包括了海上或内河运输，也就是在构成海陆、海空等运输方式时，国际多式联运经营人对每一件或每一货运单位的赔偿按 920 个特别提款权（special drawing right，SDR）或毛重每千克 2.75 个特别提款权，两者以较高者为准。

关于对集装箱货物的赔偿，《联合国国际货物多式联运公约》基本上采用了《维斯比规则》规定的办法。因此，当根据上述赔偿标准计算集装箱货物的较高限额时，《联合国国际货物多式联运公约》规定应适用以下规则。

① 如果货物是采用集装箱、托盘或类似的装运工具集装，经国际多式联运单证列明装在这种装运工具中的件数或货运单位数，应视为计算限额的件数或货运单位数。否则，这种装运工具中的货物视为一个货运单位。

② 如果装运工具本身灭失或损坏，而该装运工具并非国际多式联运经营人所有或提供的，则应视为一个单独的货运单位。

《联合国国际货物多式联运公约》的这一赔偿标准中还包括了延迟交付赔偿限额的计算方法。根据《联合国国际货物多式联运公约》的规定，不管多式联运是否包括海上或内河运输，多式联运经营人对延迟交货造成损失所负的赔偿责任限额相当于被延迟交付的货物应付运费的 2.5 倍，但不得超过多式联运合同规定的应付运费的总额。同时，延迟赔偿与损失综合赔偿的限额不能超过货物全损时经营人赔偿的最高额。

（2）如果在国际多式联运中不包括海运或内河运输，即构成公铁联运、铁空联运或公空联运时，则国际多式联运经营人赔偿责任限额按灭失或损坏货物毛重每千克不得超过 8.33 SDR 计算。

《联合国国际货物多式联运公约》还规定，国际多式联运经营人对延迟交货造成损失的赔偿责任限额为延误交付的货物应付运费的 2.5 倍，但不得超过多式联运合同规定的应付运费的总额。

在货物的灭失、损坏与延迟交付同时发生时，赔偿总额以货物全部灭失时应负的责任为限。

以上是《联合国国际货物多式联运公约》按统一责任制形式规定的国际多式联运经营人的赔偿责任，由于《联合国国际货物多式联运公约》目前尚未生效，在实际运作中大多数多式联运合同中均采用网状责任制。因此，目前在国际多式联运中，各国际多式联运经营人仍按各种单一运输方式适用的法规规定的责任限额计算赔偿数额。

为了防止国际多式联运经营人由于责任限制的规定对货物的运输安全掉以轻心或故意造成损害，使货方遭受不必要的损失，《联合国国际货物多式联运公约》还规定，如经证明，货物的灭失、损害或延误交付是由国际多式联运经营人有意造成的或其明知有可能造成货物的灭失、损害或延误交付却毫不在意地作为或不作为，国际多式联运经营人则无权享受《联合国国际货物多式联运公约》规定的赔偿责任限制权益。对国际多式联运经营人的受雇人、代理人或在履行国际多式联运合同为其服务的其他人，也是如此。

四、多式联运经营人的赔偿责任限额

海上运输风险巨大，为了鼓励船东投资海运业，以法律的形式给予船东责任限制是手段之一。《海牙规则》采用单一责任制，规定承运人的责任限额是每件货物 100 英镑。但是如果托运人在装货前已经申报了每件货物的实际价值并根据规定按货价的一定比例支付运费或者承托双方达成最高赔偿额超出 100 英镑的协议，当这种货物发生灭失或损坏时，承运人应按货物的实际价值或协议的赔偿限额赔偿。

《维斯比规则》将承运人的赔偿责任限额改为每件 10 000 金法郎并增加了一项以货物重量为准的计算方法，就是每千克 30 金法郎，两者取其高者。但实际上，《维斯比规则》还规定了以集装箱、托盘方式承运的货物的赔偿限额按提单上所记载的内装件数为依据。《维斯比规则》规定的 10 000 金法郎的赔偿限额并不比《海牙规则》规定的 100 英镑高，只是部分地降低通货膨胀的影响。

《汉堡规则》由于是代表第三世界发展中国家的利益，大大提高了承运人的赔偿限额，规定每件（package）或每一装运单位（shipping unit）835 特别提款权（special drawing right）或以每千克 2.5 特别提款权计算。这一责任限制的赔偿限额比《维斯比规则》提高了 25%。

《联合国国际货物多式联运公约》关于多式联运经营人责任限额的规定如下。

（1）联运若包括海运在内，多式联运经营人对货物的灭失或损坏造成的损失负赔偿责任，其赔偿责任按灭失或损坏货物的每包或其他货运单位计不得超过 920 记账单位（特别提款权）或按毛重每千克计不得超过 2.75 记账单位，以较高者为准。

（2）根据《联合国国际货物多式联运公约》第十八条第 1 款计算较高限额时，适用下列规则。

① 如果货物是用集装箱、货盘或类似的装运工具集装，经多式联运单据列明装在这种

装运工具中的包数或货运单位数应视为计算限额的包数或货运单位数。否则，这种装运工具中的货物应视为一个货运单位。

② 如果装运工具本身灭失或损坏，而该装运工具并非多式联运经营人所有或提供的，则应视为一个单独的货运单位。

（3）虽有《联合国国际货物多式联运公约》第十八条第 1 款和第 2 款的规定，国际多式联运如果根据合同不包括海上或内河运输，则多式联运经营人的赔偿责任按灭失或损坏货物毛重每千克不得超过 8.33 记账单位计算。

（4）多式联运经营人根据《联合国国际货物多式联运公约》第十六条的规定对延迟交货造成损失所负的赔偿责任限额相当于延迟交付货物应付运费的 2.5 倍，但不得超过多式联运合同规定的应付运费的总额。

（5）根据《联合国国际货物多式联运公约》第十八条第 1 款和第 4 款或第 3 款和第 4 款的规定，多式联运经营人赔偿责任的总和不得超过《联合国国际货物多式联运公约》第十八条第 1 款或第 3 款所确定的货物全部灭失的赔偿责任限额。

（6）经多式联运经营人和发货人之间协议，多式联运单据中可规定超过《联合国国际货物多式联运公约》第十八条第 1 款、第 3 款和第 4 款所定的赔偿限额。

（7）"记账单位"是指《联合国国际货物多式联运公约》第三十一条所述的记账单位。

如果货物的灭失或损坏发生于多式联运的某一特定阶段。而对这一特定阶段适用的一项国际公约或强制性国家法律规定的赔偿限额高于适用《联合国国际货物多式联运公约》第十八条第 1 款至第 3 款所得出的赔偿限额，则多式联运经营人对这种灭失或损坏的赔偿限额应按照该项国际公约或强制性国家法律予以确定。

五、多式联运经营人赔偿责任限制的丧失

《联合国国际货物多式联运公约》明确规定了多式联运经营人在一定的情况下将丧失责任限制。如经证明，货物的灭失、损坏或延迟交付是由多式联运经营人有意造成的或其明知可能造成货物的灭失、损坏或延迟交付却毫不在意地的作为或不作为，则多式联运经营人无权享受《联合国国际货物多式联运公约》所规定的赔偿责任限制权益。

此外，货物的灭失、损坏或延迟交付是由多式联运经营人的受雇人、代理人或履行多式联运合同而使用其服务的其他人有意造成的，或其明知可能造成货物的灭失、损坏或延迟交付却毫不在意地作为或不作为，则该受雇人、代理人或其他人无权享受该公约所规定的赔偿责任限制权益。

《联合国国际货物多式联运公约》的规定保证了货物所有人无论根据运输合同还是根据侵权行为提起诉讼都可以得到适用，避免了货物所有人以侵权行为提起诉讼而绕过责任限制。

第三节　国际集装箱多式联运保险

国际货物运输保险是一种对被保险货物遭受承保范围内的风险而受到损失时由保险人

（insurance）负赔偿责任的制度。它通常分为两种类型：运输货物保险和运输工具保险。前者包括海上、陆上和航空等运输货物保险以及国际货物多式联运保险等；后者包括船舶、火车、卡车、飞机以及船东互保等。随着现代货物运输方式的不断变化，运输保险的内容、范围和方式也随之发生变化。运输保险已从原来单一形式的海上运输保险发展成为与现在的陆上运输、航空运输保险同时并存的综合运输保险体系。

一、国际集装箱多式联运保险的主要范围

国际集装箱多式联运的发展在为货主提供便利的"门到门"服务，减少了部分集装箱货物运输风险的同时，也引发了一些新的风险，从而给运输保险提出了一些新的问题，如保险人责任期限的延长、承保责任范围的扩大、保险费率的调整以及集装箱运输责任保险等。

与传统的运输方式相比，国际集装箱多式联运使得货物在运输过程中的许多风险得以减少，具体体现在以下几个方面。

（1）装卸过程中的货损事故。

（2）货物偷窃行为。

（3）货物水湿、雨淋事故。

（4）污染事故。

（5）货物数量溢短现象等。

然而，随着集装箱多式联运的开展也出现了以下一些新的风险。

（1）由于货物使用集装箱运输，货物包装从简，因而货物在箱内易发生损坏。

（2）由于货物在箱内堆装不当、加固不牢造成损坏。

（3）在发生货物灭失或损坏时，责任人对每一件或每一货运单位的赔偿限额大大提高。

（4）装运舱面集装箱货物的风险增大等。

由于上述原因，尤其是舱面装载集装箱的运输风险增大，保险公司会据此提出缩小承保责任范围、对舱面集装箱征收高保险费率或征收保险附加费。

与此同时，在多式联运方式下，保险利益所涉及的范围也有所变化，主要体现在以下几个方面。

（1）海运经营人。从某种意义上讲，由谁投保集装箱与谁拥有集装箱或对集装箱承担责任有关，如果集装箱归船公司所有，则应该由船公司进行投保。可采取的投保方式包括延长集装箱船舶保险期、扩大承保范围、单独的集装箱保险等。在实际保险业务中，单独的集装箱保险比延长集装箱船舶保险期应用得更广泛。

（2）陆上运输经营人。陆上运输经营人通常是指国际货运代理人、公路承运人、铁路承运人等。当他们向货主或用箱人提供集装箱并提供全面服务时，必须对集装箱进行投保，以保护其巨额资金投入。

（3）租箱公司。在租箱业务中，不仅要确定租赁方式，还要确定由谁对集装箱进行投保。根据目前的实际情况看，无论是集装箱的长期租赁，还是程租，较为实际的做法是由租箱公司继续其保险，而向承租人收取费用。

（4）第三者责任。在集装箱多式联运过程中，除因箱子损坏而产生经济损失外，还有

可能对第三方引起法律责任，如集装箱运输过程中造成人身伤亡以及其他财产损失等。由于对第三者的损失责任可能发生在世界上任何用箱地，因此其签订的保险单也必须是世界范围的。

二、国际集装箱多式联运保险的特征

国际集装箱多式联运保险承保的是运输货物从一国（地区）到另一国（地区）之间的"位移"风险。由于所承保的保险标的在整个运输过程中，地理位置、运输工具以及操作人员等均频繁变更，承保标的时刻暴露在众多的自然风险或人为风险之中，因此与其他财产保险相比，多式联运运输保险有着以下不同的特征。

（一）事故发生的频率高，造成损失的数量大

国际集装箱多式联运以其安全、简便、优质、高效和经济的特点广为国内外贸易界和运输业所青睐，业务量迅猛增加。与此同时，由于其覆盖面广、涉及环节多，因而不可避免地使得货物在运输过程中发生事故的频率提高，造成的损失也增大。

（二）国际集装箱多式联运保险具有国际性

国际集装箱多式联运保险的国际性主要表现在它涉及的地理范围超越了国家的界限，所涉及的保险关系方不仅包括供箱人、运箱人、用箱人和收箱人，而且包括不同国家和地区的贸易承运人和货主等。因此，运输保险的预防与处理必须依赖国际公认的制度、规则和方法。这是国际集装箱多式联运保险的一个显著特征。

（三）运输保险人责任确定的复杂性

国际集装箱多式联运保险涉及多种运输方式，一般以海运为主体，以铁路运输、公路运输以及内河运输等为辅助。在承运过程中，对于保险人对被保险货物所遭受的损失是否负赔偿责任，首先应以导致该损失的危险事故是否属于保险合同上所约定的承保事项为依据。也就是说，只有对因保险合同上所约定的危险事故造成的损失，保险人才负赔偿责任。其次是货物受损的程度限制。当损失尚未达到保险合同约定的程度时，保险人也不负赔偿责任。由此可见，多式联运中货物损失赔偿的确定是一个非常复杂的问题。它不仅涉及保险合同本身的承保范围，也涉及与运输有关的货物承运人的责任问题。因此，为了划清损失的责任范围，必须深入了解各国以及国际公认的法律和惯例。

三、国际集装箱多式联运与海上货物运输保险

无论是从保险的基本概念来看，还是从保险合同条款的内容来看，海上货物运输保险与国际集装箱多式联运的风险保护在某种意义上说是一致的。

目前，以国际贸易运输货物为承保对象的英文保险单大都是以英国《1906年海上保险法》为依据的。该法第三条规定："海上保险合同可以根据明文规定或商业习惯扩大其承保范围，向被保险人赔付因海上航行前后发生于海上或陆上的风险所造成的损害。"也就

是说，在货物运输过程中，货运保险人应就运输全程所发生的危险向被保险人提供连续、不间断的保险。从这一传统的海上货物运输保险的基本概念来看，海上货物运输保险与保护因集装箱化而出现的真正意义上的多式联运过程中所发生的货物风险，从体制上讲是相适应的。

此外，从构成保险合同的条款和保险期限等方面看，海上货物运输保险也能提供适应于集装箱化和国际多式联运下的"门到门"运输的全程货物保险体制。以目前世界各国保险市场上一贯使用的英国《伦敦保险协会货物保险条款》为例，根据该条款（运输条款）中所规定的"仓到仓"条款（warehouse to warehouse clause），不论贸易当事人之间对于货物的风险、责任转移的时间和地点等的约定有什么差异，从货物离开起运地仓库或其他场所时开始至进入最终目的地仓库时止（但有时有卸船后 60 天的限制或其他约束），货物保险均应对货物运输给予全程保险。

四、货物保险和责任保险的特点

在货物保险中，保险人面临激烈的自由竞争。货物保险的保险费率是在考虑了货物的性质、数量、包装、运输船舶或其他运输工具的详细情况、运输区间、港口条件、季节和其他自然条件、签约人（被保险人）过去承保的得失等因素后精确计算出来的。由于签约人可以直接和保险人交涉保险条件和费率，所以他可以将货物的运费和保险费置于自己的管理之下。发生索赔时，只要损害是由保险所承保的危险造成的，被保险人就能迅速地从分布于世界各地、各港口的理赔代理人那里得到保险金。

与此相对，在责任保险中，承运人以一定的赔偿责任限额为基础，将根据运输合同应由自己承担的责任向保险人投保。因此，这种保险费率的确定难以考虑各种货物和不同货主的差别，只能以承运人的责任限额和船舶吨位为基准统一确定。如果从货主的角度来看这一问题，这种做法是很不利的，因为即使货主在包装、托运、运输工具、保管方法或其他方面都采取了确实非常细致的防止损害的措施，他也不能直接享受到因采取这些措施而取得的实效。而且，这种保险不论对过去索赔保险费比率（损失率）低的货主，还是比率高的货主，都是以同一保险费率承保。另外，即使货主是与承运人签订运输合同的当事人，对于承运人承保的责任保险来说，他也是局外人，所以发生损害时，仅由承运人举证证明所发生的损害属于运输合同所规定的承运人的责任范围，而货主则只能通过承运人间接地享受责任保险的利益。

因此，可以说，虽然同属于保险制度，但是货物保险和货物损害赔偿责任保险是功能完全不同的两种保险。作为国际贸易主体的货主，在责任保险中只能通过承运人间接地享受保险利益，而在货物保险中，货主本身就是保险合同的当事人，他可以直接享受全部保险范围内的利益。

如果从多式联运的货主（托运人或收货人）、多式联运经营人和保险公司之间的关系来看，货物保险和责任保险之间也存在差别。在货物保险中，通过签发保险单，保险公司与托运人和收货人建立了关系，不过，索赔求偿则是仅由收货人与保险公司的索赔代理人直接发生关系。而在责任保险中，保险公司与托运人和收货人之间并无直接关系，通常只是以承运人（经营人）为媒介，享受保险赔偿的利益。

五、全程联运保赔协会

全程联运保赔协会是 1968 年 6 月 1 日在伦敦建立起来的一种机构，它是由船公司互保的保险组织。这一组织是为了对集装箱运输中承运人可能遭受的一切责任、损害以及费用等进行全面的统一保险。参加该协会的主要成员：一是利用集装箱进行海上运输货物的承运人；二是除海运以外的陆运、空运、沿海、内河的集装箱承运人。

全程联运保赔协会的补偿范围涉及以下几个方面的内容。

（一）货物或集装箱的灭失或损坏

通常，集装箱的灭失或损坏可向保险公司投保全损险以取得在箱子灭失或损坏时的补偿。但是，一般保险公司不承保集装箱的固有瑕疵、自然耗损以及因箱子的特性而引起的灭失、损坏，而这些正是集装箱运输中不可避免地会发生的。为了承担集装箱运输经营人应负的责任和风险，全程联运保赔协会对集装箱承保了两大项目：一是集装箱作为货物的灭失和损坏的补偿；二是集装箱作为运输工具所引起的灭失、损坏。

（二）对其他财产的损坏

这是指在集装箱的运输中，对所产生的固定的或移动的一切财物的灭失或损坏，会员对此应负的责任。

（三）人身伤亡赔偿

这是指在集装箱运输中所发生的人身伤亡或疾病（包括住院、治疗、丧葬费用），会员对此应负的责任。

（四）集装箱运输中共同海损分摊和救助费用

这是凡属会员所有、租借或经营的集装箱应分摊的共同海损补偿和救助费用。

会员受提单条款或其他合同条款的约束而负有义务时，或是会员根据违反运输合同，从货物中不能追回的共同海损或救助费用的货物分摊。

（五）起除坏箱

当集装箱成为港口、航运、公路、铁路或其他财产的障碍物，有关消除、破坏、照明、设置标志和其他措施所需的费用，采用强制的办法，或按法律规定由会员负担的。

（六）检疫或熏蒸的损失

根据检疫或有关公共卫生的法律、规则或命令的规定，对于某些有特殊要求的货物或集装箱的消毒费（包括为消毒而移动货物和集装箱的费用以及货物的拆箱、装箱费用在内）和按照其他检疫法所直接产生的费用。

（七）罚款

这是指会员由于对其负有责任的个人所进行的违法行为。

除以上内容，还包括诉讼费、附带责任和费用。

第四节　国际多式联运货损事故处理

一、国际多式联运货损事故的索赔

货损、货差事故是货物运输中经常发生的，这就产生了受损方向责任方要求损害赔偿，责任方根据受损方提出的赔偿要求进行处理的索赔和理赔工作。

货物的索赔和理赔是一项政策性较强、涉及面较广、情况复杂并具有一定法律原则的涉外工作。

（一）多式联运中货损事故处理的一般原则

1．实事求是

实事求是就是应根据所发生事故的实际情况，分析造成事故的原因，确定损失程度和金额。也就是说，该索赔的，必须坚持原则行使索赔权利。

2．有理有据

有理有据是处理货物索赔的基础，在向承运人或其他有关当事人提出索赔时，应掌握造成货损事故的有力证据并依据合同有关条款、国际惯例提出索赔。

3．合情合理

合情合理即所发生的事故合理确定责任方应承担的责任和赔偿金额，必要时也可做出一些让步，其目的主要是使货损事故合理地、尽早地得以处理。

4．区别对待

区别对待就是应根据我国的对外政策、对方的态度和有关业务往来，根据不同对象，有理、有利、有节，采取不同方式区别处理。

5．讲究实效

讲究实效是指在货损事故索赔中要注重实际效果，充分保护自身的经济利益、政治利益以及对外影响和业务发展。

（二）多式联运中的索赔

国际贸易、运输中货物索赔的提出一般有这样几种情况：货物数量/件数的缺少或货物残损、灭失；货物的质变或货物实际状况与合同规定的要求不符；承运人在货物运输途中没有适当地保管和照料货物；货物的灭失、损坏属保险人承保的责任范围；等等。因此，根据货物发生灭失或损坏的不同原因，受损方提出索赔的对象也是不同的。

1．索赔对象

（1）向发货人索赔。如果货物是由于下列原因造成灭失或损坏，收货人凭有关部门、机构出具的鉴定证书向发货人（卖方）提出索赔。

① 原装货物数量不足。

② 货物的品质与合同规定不符。

③ 包装不牢致使货物受损。

④ 未在合同规定的装运期内交货等。

（2）向承运人索赔。如果货物是由于下列原因造成灭失或损坏，由收货人或其他有权提出索赔的人凭有关部门、机构出具的鉴定证书向承运人提出索赔。

① 在卸货港交付的货物数量少于提单中所记载的货物数量。

② 收货人持有正本清洁提单提取货物时，货物发生残损、缺少且属于承运人的过失。

③ 货物的灭失或损坏是由于承运人免责范围以外的责任所致等。

（3）向保险公司索赔。如果货物的灭失或损坏属下列范围，由受损方凭有关证书、文件向保险公司提出索赔。

① 承保责任范围内，保险应予赔偿的损失。

② 承保责任范围内，由于自然灾害或意外原因等事故使货物遭受损害。

③ 在保险人责任期限内。

2．索赔时应具备的条件

（1）提赔人要有正当提赔权。提出货物索赔的人原则上是货物所有人，或提单上记载的收货人或合法的提单持有人。此外，还可能是货运代理人或其他有关当事人。

（2）责任方必须负有实际赔偿责任。事实上，索赔人提出的索赔并非都能得到赔偿，如属于承运人免责范围之内的，或属于保险人承保责任外的货损，在很大程度上是不能得到赔偿的。

确定或证明责任方负有实际赔偿责任的文件通常有以下几项。

① 卸货记录。

② 检验报告。

③ 交货记录。

④ 残损报告。

⑤ 合同责任条款等。

（3）索赔时应具备的单证。

① 索赔申请书。索赔申请书是表明受损方向责任方提出赔偿要求的书面文件，主要内容包括：索赔人的名称和地址；船名、抵港日期、装船港及接货地点名称；货物有关情况；短缺或残损情况；索赔日期、索赔金额、索赔理由。

② 提单。提单是划分责任方与受损方责任的主要依据，在提出索赔时，索赔人应出具提单正本或其影印本。

③ 货物残损检验证书。发生货损的原因不明或不易区别时，受损方应向检验机构申请对货物进行检验，该机构出具的单证即货物残损检验证书。

④ 货物残损单。该单是对货物运输、装卸过程中货物残损所做的实际记录，受损方依据经责任方签署的货物残损单提出索赔。

⑤ 索赔清单。索赔清单主要列明货损事故所涉及的金额，通常按货物的到岸价计算。

另外，提出索赔时应出具的单证还有商业发票、短损单、修理单等。

（4）赔偿的金额必须是合理的。合理的赔偿金额是以货损实际程度为基础的。

但是，在实际业务中，责任方往往受赔偿责任限额的保护，如承运人的赔偿可享受提单中的赔偿责任限额，保险人的赔偿以保险金额为基础。

（5）在规定的期限内提出索赔。一项有效的索赔必须在规定的期限内提出，这就是通常所说的"索赔时效"。否则，即使货物的损害的确由责任方的过失所致，索赔人提出的索赔在时效过后也很难得到赔偿。

二、多式联运货损事故处理

（一）多式联运货损事故处理的主要特点

由于多式联运在运输组织、实际运输过程等方面与传统的分段运输有较大区别，多式联运的货损事故处理与传统的分段运输相比也有一些新的特点，主要表现在以下几个方面。

1. 索赔与理赔的多重性（多层次性）

根据国际多式联运的特点及条件可以看出，国际多式联运具有简单化的特点，货主通过与多式联运经营人订立一份全程运输合同就可完成货物的全程运输，根据这份合同，多式联运经营人承担货物全程运输任务，对全程运输中发生的货物损害负责；而多式联运经营人为了完成全程的运输任务，需要与各区段的实际承运人（多式联运经营人如果具有某种运输工具，亦可充当某一区段的实际承运人）订立分运合同并通过与各区段之间衔接地点的代理人订立代理合同来实现各区段的运输和各区段间的衔接工作。各实际承运人与代理人根据与多式联运经营人订立的合同分别对自身所承担区段的运输与服务负责。

如果把各实际承运人与装卸公司订立的装卸作业合同，代理人与其他第三者订立的货物保管、储存等合同与多式联运比较一下，多式联运中各当事人之间的合同关系则表现出多重性的特点。

在多式联运中，各当事人的责任、义务和权利是根据他们之间订立的合同确定的，因此多式联运的货损事故处理也明显地具有多重性，与传统分段运输是有很大区别的。

多式联运中的货损事故一般发生在货物保管、运输、装卸过程中，造成这些事故的直接责任人可能是货主本人或多式联运经营人本人及其代表、各区段实际承运人及其代理人。货方在目的地接收货物时（后）发现货物发生了灭失、损坏和延误，发货人（或收货人）只能根据多式联运合同向多式联运经营人提出索赔，而多式联运经营人根据该合同规定应承担全程运输中任何时期、任何区段发生货损的责任，这就形成了货损事故处理中的第一层的索赔和理赔。多式联运经营人在做出了适当的赔偿，取得了这部分货物的所有权后，还要根据相应的合同向造成该货损事故的直接责任者（各区段的实际承运人等）索赔，实际责任人应进行理赔，这是多式联运货损事故处理中第二层的业务，该层事故处理的依据不再是多式联运合同，而是多式联运经营人与责任人之间订立的分运合同。

在货主投保全程运输险和多式联运经营人投保运输责任险的情况下，货损事故处理中索赔和理赔的次数还会增加，如货主已投保全程货物运输险，则会增加多式联运经营人根据多式联运合同向受损方承担责任后，向保险人（根据保险合同）索赔，保险人赔偿后，再根据分运合同向责任人索赔。

2. 多式联运经营人采用的责任形式对货损事故的影响

在传统的分段运输下，各种运输方式适用的国际公约对承运人的责任形式、责任基础和责任限制都有明确的规定，在货损事故处理中，承运人只要根据所在国家加入的国际公约规定的责任限制对自己应承担的责任进行赔偿就可以了。但在多式联运中，情况要复杂得多。多式联运经营人可采用的责任形式有两种，即统一责任制和网状责任制。

在这两种责任形式中，确定多式联运经营人责任的原则和赔偿限额的规定有很大的区别。

在统一责任制下，多式联运经营人要对全程运输负责，各区段的实际承运人要对自己承运的区段负责。无论事故发生在哪一个区段，都按统一规定的限额进行赔偿。如果在多式联运中采用统一责任制，一般规定的统一赔偿限额比航空、铁路和公路运输公约规定的限额要低，但比海运公约规定的要高，因此各运输区段的实际承运人出于长期的习惯难以接受这一限额，特别是海运区段的承运人。这就会造成在能确知货损事故发生区段和实际责任人的情况下，多式联运经营人按统一限额做出赔偿后，向实际责任人追偿时得不到与已赔额相等的赔偿，特别是事故发生在海运区段，而事故原因又符合海运公约规定的免责规定时，多式联运经营人甚至得不到任何赔偿，以致遭受不应有的损失。

在网状责任制下，多式联运经营人对全程运输负责，各区段的实际承运人对自己承运的区段负责，在确知事故发生区段的情况下，多式联运经营人或实际承运人都按事故发生区段适用的国际公约或地区法律规定的限额进行赔偿。如果在多式联运中采用网状责任制，则在可以确定事故发生区段和实际责任人的情况下，多式联运经营人对货主的赔偿与实际承运人向多式联运经营人的赔偿，都可按相同的责任基础和责任限额处理。由于目前的保险业也是以各种单一运输方式适用的法规和地区性法规为基础的，因此在投保情况下，也可以有效地避免上述问题的发生。这也是目前在多式联运中大多采用网状责任制的原因。但采用这种责任形式会给货主索赔带来一定的麻烦，与多式联运的初衷有所违背。

3．多式联运中对隐藏损害的处理

集装箱货物多式联运是由多种运输方式、多个实际承运人共同完成一票货物的全程运输。该运输过程中发生的货物的灭失、损坏有两种情况：一种是能确定货损发生的运输区段及实际责任人，另一种是不能确定货损发生的运输区段及实际责任人。后者即在运输全过程中，集装箱均处于外表状况良好、铅封完整状况，在所有交接、运输、装卸过程和有关文件、单证和记录中，没有发生和可能发生货损的记录，而多式联运经营人在最终目的地交付货物，收货人（整箱交接）或货运站（拼箱交接）拆箱后却发现货物已发生损坏或灭失。这种损害由于无法确定事故发生区段和实际责任人，一般称为"隐藏损害"，是多式联运中所特有的。

无论发生哪一种损害，根据合同，多式联运经营人均应承担责任，但在隐藏损害发生时，多式联运经营人对货主进行赔偿后，由于不能确定事故发生区段和实际责任人，不能进一步地追偿，可能会造成多式联运经营人独自承担赔偿责任的局面，使其遭受不应有的损失。因此，对隐藏损害的处理也成为多式联运货损事故处理中的一个特点。

为了避免隐藏损害造成多式联运经营人独自承担赔偿责任，可能采取的处理方式有两种：① 多式联运经营人按统一责任制规定的限额对货主赔偿后，不再追究实际责任人，而由参加多式联运的所有实际承运人共同承担赔偿费用（一般按各承运人收取运费的比例分摊）。这种做法很难被各实际承运人接受，他们可以根据不能提出是自己造成损害的证据而拒绝承担任何责任，所以这种做法很少在实际中使用。② 假定该事故发生在海运区段（出于海运区段的运输风险最大，这种推断有其合理性）。这种做法一般要与多式联运经营人投保运输责任险（特别是海运段责任险）相结合。多式联运经营人按统一责任标准或网状标准向货主赔偿后，可从保险人处得到进一步的赔偿，而保险人能否得到进一步的赔偿则是另外一回事了。这种做法目前已得到各方面的认可，在实际隐藏损害处理中大多采用这种方式。

（二）多式联运货损事故处理的依据

多式联运货损事故处理涉及海运货损事故处理、铁路运输货损事故处理、公路运输货损事故处理等。

多式联运货损事故处理应根据货物运输过程中环节作业的特点，有关合同条款、法律、公约等的规定，对所发生的货损事故进行处理。

对货物数量不足，货物的外表状况或品质与提单上记载的情况不符，应根据提单条款的规定，将货物短缺或损坏的事实以书面的形式通知承运人或代理人，以此表明提出索赔的要求。如果货物的短缺或残损不明显，也必须在提取货物后的规定时间内向承运人或其代理人提出索赔通知。

在货损事故索赔或理赔中，提单、收货单、过驳清单、卸货报告、货物溢短单、货物残损单、装箱单、积载图等货运单证均可作为货损事故处理和明确责任方的依据，应该妥善处理这些单证。

多式联运货损事故发生后，收货人与承运人之间未能通过协商对事故的性质和程度取得一致意见时，则应在共同同意的基础上，指定检验人对所有应检验的项目进行检验，检验人签发的检验报告是确定货损责任的依据。

货物一旦发生灭失或损坏，通常由收货人向承运人或其代理人提出索赔。但是，当收货人根据货物保险条款从承保货物的保险人那里得到了赔偿后，保险人可代位（指代替收货人）向承运人或其代理人进行追偿。

作为举证的手段，索赔方出具的索赔单证不仅可证明货损的原因、种类、程度，还可确定最终责任方。

主要货损索赔单证有索赔申请书或索赔清单、提单、过驳清单或卸货报告、货物残损单和货物溢短单、重理单等。提出索赔时使用的其他单证还有货物发票、修理单、装箱单、拆箱单等。

当收货人从保险人那里得到赔偿后，则通过签署一份权益转让证书将向承运人提出索赔的权利转让给保险人，保险人凭以向承运人进行索赔。

提出赔偿必须予以举证，责任方企图免除责任或减少责任则必须予以反举证和举证。反举证是分清货损责任的重要手段，有时在一个案件中会多次进行，直到最终确定责任。

审核是处理货损事故时的一项重要工作，审核的主要内容有索赔期限、出具的单证是否齐全、单证之间有关内容是否相符、货损是否发生在承运人的责任期限内、有关单证上签字确认、理货计数量是否准确等。

承运人免责或减少责任应出具主要单证。

通过举证与反举证，虽然已明确了责任，但在赔偿金额上未取得一致意见时，则应根据法院判决或决议支付一定的索赔金。

（三）共同海损处理

共同海损是在海上运输区段，船舶和货物遭遇自然灾害、意外事故或其他特殊情况时，为了解除船货共同危险采取合理措施所引起的损失和合理的额外费用由各受益方按比例分摊的法律制度，是海上货物运输特有的。在通过多种运输方式（包括海运）进行多式联运时，一旦在海运区段发生共同海损，海运区段实际承运人将会要求各货主承担共同海损的分摊。作为海上运输区段分运合同中发货人（或收货人）的多式联运经营人，有义务补偿因共同海损引起的货物和箱子灭失及损坏的金额，分摊其价值。分摊的损失额一般按共同海损发生后各货主发运货物的实际净值（或商业发票价值）在所有货物、船舶、箱子等的总价值中所占的比例确定。

在货物运至最终目的地向最终收货人交付时，多式联运经营人向收货人提出有关共同海损的文件，要求货主承担其分摊额。为使海上承运人就共同海损分摊和牺牲得到充分的付款保证，一般在订立海上分运合同时会要求多式联运经营人提供共同海损担保函。因此，为取得向货主追偿的保障，多式联运经营人在订立多式联运合同时应使货主了解这一问题，必要时也应要求货主提供共同海损担保函。

（四）发货人的赔偿责任

根据《联合国国际货物多式联运公约》，发货人是指发货人本人及其代表或以其名义同多式联运经营人订立多式联运合同的任何人，或按照多式联运合同将货物实际交给多式联运经营人的任何人。根据该定义，多式联运的发货人有两种：与多式联运经营人订立多式联运合同的人和把货物交给多式联运经营人的人。这两者有时是相同的，即与多式联运经营人订立合同的人也是交货人，如 CIF 贸易术语中的卖方；有时两者是分立的，订立合同的人与交货的人并不是同一个人，如 FOB 贸易术语中的卖方。关于如何认定后者，主要有两种不同的意见：一种意见认为，实际向承运人交货的人与承运人没有订立运输合同，其与承运人的关系以提单的记载为准，因此交货人应将其名称写进提单发货人一栏，否则将丧失提单当事人的地位，也就不享有提单项下的诉权。另一种意见认为，认定发货人不依赖于提单的记载，如在 FOB 贸易合同下，只要是卖方实际将货物在装运港交给承运人，就应认定卖方是发货人。

1. 发货人与多式联运经营人之间的法律关系

国际多式联运牵扯的法律关系较为复杂，其中最重要的就是发货人与多式联运经营人之间通过多式联运合同建立起来的法律关系。根据多式联运合同，发货人将货物交给多式联运经营人或其代理人之后，货物在运输过程中发生的灭失或损害不论发生在运输的哪一个区段，都由多式联运经营人以本人的身份负赔偿责任。由此可见，在国际多式联运中，发货人与多式联运经营人之间的法律关系不同于传统运输中发货人与承运人之间的关系，还要牵扯多式联运经营人与实际承运人之间的法律关系。

《汉堡规则》首先提出了契约承运人与实际承运人的概念。契约承运人是指与发货人订立运输合同的人，原则上契约承运人应对货物的全程运输负责。实际承运人是指接受契约承运人的委托，从事全部货物运输或者部分货物运输的人，包括接受转委托从事此项运输的其他人。在国际多式联运中，实际承运人根据与多式联运经营人之间订立的分运合同，承担某一个或某几个运输区段的运输。在这些分运合同中，多式联运经营人是以发货人的身份与实际承运人订立运输合同的。根据合同的相对性原则，如果在某一区段中发生了货物灭失或损害，无论是由于什么原因，发货人只能向多式联运经营人要求违约赔偿，多式联运经营人向发货人赔偿后，可以再根据分运合同以发货人的身份向实际承运人要求损失赔偿。

以上是根据合同的相对性原则进行的分析，但无论如何，发货人还是货物的物权所有人，在发货人有足够的证据证明货损发生的具体区段和该区段的实际承运人时，发货人可以追究该实际承运人的侵权责任。发货人追究侵权责任并不以与实际承运人签订运输合同为前提。

2. 发货人的义务和赔偿责任

（1）发货人的义务。发货人应当按照与多式联运经营人的约定或根据多式联运经营人的要求，在规定的时间、地点向多式联运经营人提供托运的货物。

发货人对托运的货物应当妥善包装并向多式联运经营人保证货物装运时所提供货物的品名、标志、包装、件数、重量或体积的正确性。

如果发货人使用自备集装箱，应当保证集装箱符合有关国际公约和标准的规定，集装箱与附属设备能适应多种运输方式。

发货人托运危险货物的，应当依照有关危险货物运输的规定，妥善包装，做出危险品标志和标签并将正式的名称和性质以及应当采取的预防措施书面通知承运人。

发货人应当及时向港口、海关、检疫、检验和其他主管机关办理货物运输所需的各项手续并将已办理的各项手续的单证交给多式联运经营人。

发货人应当按照约定向多式联运经营人支付运费。

（2）发货人的赔偿责任。对于国际多式联运中发货人应承担的基本责任，《联合国国际货物多式联运公约》从一般原则和对危险货物的特殊规则两个方面分别加以规定。《联合国国际货物多式联运公约》中对发货人赔偿责任的一般原则的规定是："如果多式联运经营人遭受的损失是由于发货人的过失或疏忽，或者他的受雇人或代理人在其受雇范围内行事时的过失或疏忽所造成的，发货人对这种损失应负赔偿责任。"但如果发货人的受雇人或其代理人由于其本身的过失或疏忽给多式联运经营人带来损失，则应由该受雇人或代理人对这种损失负赔偿责任。

发货人或其受雇人、代理人因过失或疏忽造成的损失不仅包括给多式联运经营人造成的损失，也包括由于他们的过失或疏忽导致多式联运经营人要赔付给实际承运人的损失。

发货人的赔偿责任一般包括以下几个方面的内容。

① 对于自行装箱不当、积载不妥引起的多式联运经营人和其他第三者的损失负责。

② 对使用自备箱造成的货物损害及其引起的多式联运经营人和其他第三者的损失负责。

③ 对其自己负责的内陆托运过失造成的箱、货或其他损失负责。

④ 对其受雇人、代理人引起的损失负责。

⑤ 对由于发货人没有履行应尽的义务造成的多式联运经营人和其他第三者的损失负责。

在实际的运输过程中，发货人与其受雇人、代理人之间的关系视各国的法律规定而有所不同，有的国家法律将这一关系视为合同关系，有的国家法律将这一关系视为雇佣关系，但这些不影响《联合国国际货物多式联运公约》关于发货人责任的规定。发货人与多式联运经营人之间的权利、义务一般在多式联运提单背面条款中都有详细的规定，如由发货人负责装箱、计数，不知条款，海运承运人检查条款，发货人对货物内容申诉条款等。

除此之外，发货人对危险货物的责任包括：发货人应以合适的方法在危险货物上注明危险标志或标签。无论是在集装箱上，还是在包件上，都应有明显、准确的标志或标签。

课后练习

主要概念

全程联运保赔协会　统一责任制　网状责任制　共同海损

应知考核

一、单项选择题

1. 所谓赔偿责任限制是指多式联运经营人对每一件或每一货运单位负责赔偿的（　　）。

    A. 最低限额   B. 最高限额

    C. 边际限额   D. 平均限额

2. 在一般的国际货运公约规定中，对货物提出诉讼的时效通常为（　　）。

    A. 1 年   B. 2 年

    C. 3 年   D. 4 年

3. 根据《联合国国际货物多式联运公约》，多式联运经营人对延迟交付货物，同时伴随货物的灭失或损坏时的赔偿责任限制为（　　）。

    A. 延迟交付货物应付运费的 2.5 倍

    B. 延迟交付货物应付运费的 2 倍

    C. 应付运费的 5 倍和责任限额的总和

    D. 以《联合国国际货物多式联运公约》规定赔偿责任限额为最高限额

4. 在多式联运经营中，各区段适用的责任按该区段的法律予以确定的赔偿责任形式称为（　　）。

    A. 过失责任制   B. 网状责任制

    C. 严格责任制   D. 统一责任制

二、多项选择题

1. 单一责任制目前有（　　）两种形式。

    A. 过失责任制   B. 网状责任制

C．严格责任制   D．统一责任制

 2．《联合国国际货物多式联运公约》规定的多式联运经营人对货物灭失、损坏的责任限额是（　　　）。

  A．国际货物多式联运如包括水运在内，每件货物为 920 SDR

  B．国际货物多式联运如包括水运在内，按货物毛重每千克 2.75 SDR

  C．国际货物多式联运如不包括水运在内，赔偿限额为货物毛重每千克 8.33 SDR

  D．国际货物多式联运如不包括水运在内，每件货物为 920 SDR

 3．托运人提交的危险货物单证有（　　　）。

  A．危险货物说明书

  B．包装危险货物安全适运申报单

  C．危险货物包装容器使用证书

  D．集装箱装运危险货物装箱证明书

 4．国际多式联运的优点主要表现在（　　　）。

  A．无货损   B．降低运输成本，节约运杂费用

  C．安全、迅速   D．手续简便、提早结汇

三、简答题

 1．简述集装箱运输保险的险别。

 2．简述集装箱运输索赔的程序。

 3．简述全程联运保赔协会补偿的范围。

 4．简述国际集装箱多式联运保险的特征。

🔍 应会考核

一、案例分析

【背景资料】

  2001 年 11 月 18 日，华映公司与特灵台湾公司签订了进口 3 套冷水机组的贸易合同，交货方式为 FOB 美国西海岸，目的地为吴江。2001 年 12 月 24 日，买方华映公司就运输的冷水机组向人保吴江公司投保一切险，保险责任期间为"仓至仓条款"。同年 12 月 27 日，原告东方海外公司从美国西雅图以国际多式联运方式运输了装载于三个集装箱的冷水机组经上海到吴江。原告签发了空白指示提单，发货人为特灵台湾公司，收货人为华映公司。

  货物到达上海港后，2002 年 1 月 11 日，原告与被告中外运江苏公司约定，原告支付被告陆路直通运费、短驳运费和开道车费用共计人民币 9415 元，将提单下的货物交由被告陆路运输至目的地吴江。但事实上，被告并没有亲自运输，而由吴淞公司实际运输，被告向吴淞公司汇付了运费人民币 8900 元。同年 1 月 21 日，货到目的地后，收货人发现两个集装箱破损，货物严重损坏。收货人依据货物保险合同向人保吴江公司索赔，保险公司赔付后取得了代位求偿权，向原告进行追偿。原告与保险公司达成了和解协议，已向保险公司做出 11 万美元的赔偿。之后，原告根据货物在上海港卸船时的理货单记载"集装箱和货物完好"以及集装箱发放设备交接单（出场联和进场联）对比显示的"集装箱出堆场完好，

运达目的地破损"认为被告在陆路运输中存在过错，要求被告支付其偿付给保险公司的 11 万美元及利息损失。

资料来源：法律快车. 货运代理人的法律定性及多式联运中集装箱货损[EB/OL]. （2020-04-23）[2022-04-06]. https://www.lawtime.cn/info/maoyi/mydl/201009073989.html.

【考核要求】

根据上述案情，分析如下问题：

1. 买方华映公司应向谁进行索赔？为什么？
2. 原告东方海外公司是否应该承担责任？为什么？
3. 被告中外运江苏公司是否应该承担责任？为什么？

二、技能题

1990 年 2 月，海湾公司与中国香港东如行有限公司签订乙腈购销合同，海湾公司为卖方。海湾公司为履行购销合同，委托江南公司代理出口。江南公司与海湾公司约定，江南公司负责出口报关，异地报关由海湾公司协助代办；有关货物质量、运输、催开信用证等由海湾公司负责。同年 3 月，江南公司与中国香港东如行有限公司签订售货合同，江南公司为卖方，货物由上海经中国香港到美国口岸。上述外贸合同和报关单、信用证及发票上标明价格条件均为 FOB 上海。之后，江南公司在空白的货运委托书上的"委托方"处盖上本公司公章后交给海湾公司转给上海外运，委托其代办报关、订舱出运业务。上海外运接受货运委托后，代为报关、订舱，于同年 5 月安排"NEWHAI TENG"轮第 9020 航次将货物出运至美国巴尔的摩，因江南公司在货运委托书上未注明运费支付方式，上海外运在海运提单上亦未注明。承运人根据航运惯例，凡未在提单上注明运费支付方式的视为运费预付，向上海外运收取了运费 25 568 美元。事后，上海外运于同年 8 月 4 日开具收费账单向海湾公司托收，遭拒付；又于 1992 年 6 月和 7 月向江南公司托收，亦被拒绝。同年 12 月，上海外运与江南公司达成还款协议：江南公司确认委托上海外运代理出口配舱、运输业务，同意在 1993 年 5 月 31 日前将此笔运费付给上海外运。届时，江南公司仍未支付，因此上海外运起诉。

资料来源：法律快车. 深圳 bb 经济开发总公司货运代理合同纠纷案[EB/OL]. （2020-01-15）[2022-04-06]. https://www. lawtime.cn/zhishi/a1969044.html.

（1）本案中江南公司、上海外运、海湾公司相互间的法律关系如何？
（2）本案应由谁向上海外运支付运费？相互关系应如何处理？

⚙ 实训演练

1988 年 10 月，中国土畜产进出口公司××畜产分公司委托××对外贸易运输公司办理 333 只纸箱的男士羽绒滑雪衫出口手续，外运公司将货装上××远洋运输公司的货轮并向土畜产进出口公司签发了北京中国对外贸易运输总公司的清洁联运提单，提单载明货物数量共为 333 箱，分装 3 个集装箱。同年 6 月 29 日，货轮抵达目的港日本神户。7 月 6 日，日方收货人在港口装卸公司开箱发现其中一个集装箱的 11 只纸箱中，5 箱严重湿损、6 箱轻微湿损。7 月 7 日，运至东京日方收货人仓库，同日由新日本商检协会检验，10 月 11 日出具的商检报告指出货损的原因是集装箱有裂痕，雨水进入造成箱内货物损坏，实际货损约合 1 868 338 日元。在东京进行货损检验时，商检会曾邀请××远洋运输公司派人共同勘察，但该公司以"出港后检验无意义"为由拒绝。日方收货人从 AIU 保险公司取得赔偿后，AIU 保险公司取得代位求偿权，于 1989 年 9 月 25 日向上海海事法院提起诉讼，要求被告货运代理人和实际承运人赔偿日方损失并承担律师费和诉讼费。两被告答辩相互指出应由另一被告承担全部责任并要求原告进一步对减少货损的合理措施进行举证。

资料来源：找法网．多式联运案例[EB/OL]．（2019-10-21）[2022-04-06]．https://china.findlaw.cn/hetongfa/jingjihetong/ huowuyunshu/61349.html.

【案件结果】

上海海事法院认为，根据两被告于 1982 年签订的集装箱运输协议以及提单条款，两被告有相当的责任牵连，但日方收货人与××远洋运输公司在开箱时交割不清，商检又在港口外进行，因此原告对货物损害索赔及所受损害的确切数额的请求举证不力。

经法院调解，1990 年 3 月 28 日，原告、被告三方达成协议，两被告根据损害事实及提单条款规定，赔付原告人民币 8000 元（其中 300 元为原告预支的诉讼费），赔款由货运代理人先行给付，再由他与实际承运人自行协商解决，案件受理费由原告负担。

根据以上案例结果，对案例进行分析。

参 考 文 献

[1] 田聿新，杨永志，汤玮．集装箱运输系统与操作实务精讲[M]．北京：中国海关出版社，2009．

[2] 江静．国际集装箱运输与多式联运[M]．北京：中国商务出版社，2006．

[3] 曹晓发．集装箱运输实务[M]．北京：北京理工大学出版社，2010．

[4] 江少文．集装箱运输管理与实务[M]．北京：中国铁道出版社，2007．

[5] 高明波．集装箱物流运输[M]．北京：对外经济贸易大学出版社，2008．

[6] 林敬松，黄细洋．集装箱运输管理理论与实务[M]．北京：清华大学出版社，北京交通大学出版社，2011．

[7] 刘迪．集装箱运输理论与实务[M]．长沙：中南大学出版社，2014．

[8] 汪益兵．集装箱运输实务[M]．北京：机械工业出版社，2006．

[9] 杨茅甄．集装箱运输实务[M]．北京：高等教育出版社，2007．

[10] 楼伯良．集装箱运输管理[M]．上海：华东师范大学出版社，2007．

[11] 段满珍．国际集装箱运输与多式联运[M]．北京：清华大学出版社，2010．

[12] 朱艳茹．集装箱运输与多式联运[M]．南京：东南大学出版社，2013．

[13] 王鸿鹏．国际集装箱运输与多式联运[M]．大连：大连海事大学出版社，2006．

[14] 孙家庆，张赫，姚景芳．集装箱多式联运[M]．北京：中国人民大学出版社，2013．

[15] 杨立刚，王立坤，周鑫．国际集装箱多式联运实务法规与案例[M]．北京：人民交通出版社，2006．

[16] 谢东建．集装箱运输管理[M]．北京：中国物资出版社，2007．